比较政治学研究（学术辑刊）

主　编：李路曲
执行编辑：陈　媛　李　辛　吕同舟

学术委员会
(中方学术委员以姓氏笔画为序)

宁　骚（北京大学）　　　张小劲（清华大学）
李路曲（上海师范大学）　杨光斌（中国人民大学）
杨雪冬（中共中央编译局）周淑真（中国人民大学）
徐湘林（北京大学）　　　曹沛霖（复旦大学）
常士訚（天津师范大学）　景跃进（清华大学）
谭君久（武汉大学）
〔英〕克特·理查德·路德 Kurt Richard Luther（英国基尔大学）
〔日〕坂本胜（日本龙谷大学）

● 本辑刊由上海市教委重点学科J50406资助

比较政治学研究

主编 李路曲
主办 上海师范大学法政学院
承办 上海师范大学比较政治学研究中心

第8辑

目录 / Contents

卷首语 ·· 1

| 特稿 |
李光耀的现代意识和开放意识 ···················· 李路曲 / 3

| 比较视野下的地区和国别研究 |
新加坡与中国国家治理方式的比较分析 ········ 李路曲 李雪君 / 9
社区组织在培植新加坡共同价值观中的作用 ············ 肖 榕 / 50
地区一体化、政治联盟与菲律宾政治发展 ············ 赵银亮 / 69
责任强调与能力提升：国外社会救助权的当代发展 ········ 冀慧珍 / 105

| 比较政治学理论和方法研究 |
权力生态学视角的权力理论比较研究 ················ 刘清江 / 135
全球治理的内在逻辑与模式 ························ 王金良 / 152
2011—2012年国外政治文化研究综述 ················ 王晓飞 / 164

| 西方政治思想研究 |
论马克思主义的自由观 ···························· 王秋红 / 183

霍布斯政治哲学中的理性 ················· 张　君 / 197

|比较视野下的中国政治研究|

比较视野下新中国政党制度的正当性原因的探求 ········· 姚选民 / 219

|海外专论|

马来西亚和新加坡：强国家的民主化
　　　　················ 〔美〕丹·斯莱特　著　凌海　译 / 245
历史制度主义和实验方法
　　　　················ 〔意〕斯文·斯坦默　著　段宇波　译 / 264

《比较政治学研究》投稿须知 ················· / 284
《比较政治学研究》投稿格式 ················· / 286

卷首语

　　本刊以提高中国比较政治学的学术研究和应用水平，促进比较政治学学科的发展为理念和宗旨，以团结学界精英才俊致力于政治学学术繁荣为宗旨，集中开辟了"理论和方法研究"、"案例研究"、"海外专论"、"比较视野下的地区和国别研究"和"比较视野下的中国政治"等栏目。感谢政治学界同仁的大力支持，本刊第 8 辑又与大家见面了。在组织本辑文章的过程中，惊悉"新加坡之父"李光耀辞世，这是新兴国家中最后一位有影响的开国领导人离世，特刊发李路曲主编的《李光耀的现代意识和开放意识》一文以资纪念。

　　建构比较分析的理论和方法并利用它们进行全球、地区及国别比较研究是比较政治学的主要研究内容。本辑我们重点推出"比较视野下的地区和国别研究"专栏，特别编排了三篇新加坡研究文章，以期对即将到来的新加坡大选作出学术上的应和。其中，李路曲和李雪君的《新加坡与中国国家治理方式的比较分析》从国家比较的方法论入手，对新加坡与中国的政治发展路径进行了比较分析，指出两国都是先进行政治理性化建设，然后是理性化与民主化并进。在 1960 年代末和 1970 年代末，新加坡执政的人民行动党和中国共产党先后开始了国家战略中心从以政治斗争为中心向以现代化建设为中心的转变，此后，两国政治的现代性和理性化建设相继得到了不同程度的推进。自 1980 年代初以后，新加坡的政治发展在坚持其理性化和政治稳定的基础上从强国家向体制内的多元民主发展，中国几乎与新加坡在同一时期开始了民主化进程，不过中国更加注重政治稳定，并在这一过程中始终以政治理性化建设为主，进而将为中国的政治理性化建设成为民主化即中国特色的协商式民主的发展创造条件。肖榕在《社区组织在培植新加坡共同价值观中的作用》中提出，价值观是解读国家发展和社会治理理论的一个重要视角。新加坡作为世界上第一个由国家明确规范和政府推广国家价值观教育的国家，基于政府组屋计划而成立的人民协会、公民协商委员会和居民委员会等社区组织，以及政府在社区开展的系列参与计划，成功地协调了不同种族、不同宗教信仰所固有的不同价值观的关系，对正处于社会转型、大力推进城镇化建设，尤其是全面构建社会主义核心价值观的当代中国，有着重要借鉴意义。赵银亮在《地区一体化、政治联盟与菲律宾政治发展》中以菲律宾为研究样本，考察了菲律宾地区一体化、政治联盟和国内政治发展之间的关联性，展示了地区一体化对外部市场准入的变化作用。这些变化又通过对一国的政治经济联盟的影响，改变执政联盟对于财富分配、政治结构、个人权利等制度性变革的预期，并最终推动政治发展。地区一体化重构了菲律宾精英和大众的关系及决策体制，也深刻影响了精英阶层的嬗变和政治共识的形成。大众联盟和公民社会的成长正极力改变菲律宾的权力结构，围绕发展、民主和社会进步等议题，菲律宾的政治发展得以推进。冀慧珍的《责任强调与能力提升：国外社会救助权的当代发展》为我们梳理了国外社会救助权理念的转变历程。一方面，社会救助权作为一项体现政治善德的政府责任，是社会文明的体现；另一方面，当代的社会救助权并不仅仅单方面彰扬权利，更加强调受助者的责任，通过加强对受助者能力的提升，达到使其彻底摆脱贫困的目的。

在"理论和方法研究"一栏中刊发了三篇文章，刘清江的《权力生态学视角的权力理论比较研究》试图超出传统社会科学领域，在现有权力话语体系的基础上突破性地对权力的思维逻辑进行梳理，并在此基础上，导出权力生态学的权力思维逻辑。这在政治权力研究领域具有极强的理论创新价值。王金良在《全球治理的内在逻辑与模式》中根据理论界各种代表性的观点,将全球治理划分为四种不同的模式,即国家中心治理、国际机制治理、超国家中心治理和多层次全球治理。并认为,国家间建立的国际组织以及重要的国际机制,是为了需求合作以解决全球性问题,这也是未来全球治理转型的关键点。王晓飞的《2011—2012年国外政治文化研究综述》一文对2011—2012年国外发表的关于政治文化研究文献进展进行梳理和评述,用分类的方法概述了政治文化与族群政治、政治文化与社会资本以及全球化背景下的政治文化的国别与地区研究三方面内容,对于政治文化的本土化研究具有理论积淀作用。

当下对西方价值理念的研究有利于为中西方政治制度的研究提供理论支持,为此我们在"西方政治思想研究"中收录了两篇文章。王秋红《论马克思主义的自由观》指出,自由不是自由主义的专利,马克思主义也有自己的自由观。与自由主义强调个人自由相比,马克思主义的自由是全面的,即自由是人类对自然、社会和个人的认识和控制。这种自由观同历史唯物主义相联系,强调人类对自然的自由水平决定了人类对社会和个人的自由水平;它认为人类要超越资本主义,到共产主义实现彻底的、全面的自由。马克思主义创始人过于强调物质自由,忽视了人们精神层面的自由;过于强调同质性的自由,忽视了人们个体之间的差异;公民自由是马克思主义强调的,但所有的社会主义国家在这方面都还没有完全成功。在市场经济成为潮流的形势下,精神自由、个人自由和公民自由的建设是马克思主义、社会主义国家建设的必要课题。张君的《霍布斯政治哲学中的理性》对霍布斯的理性概念作了研究,指出理性概念的地位和作用,并从理性与激情、主权、宗教这三个概念之间的关系角度予以探究。

在"比较视野下的中国政治研究"专栏下收录了姚选民的《比较视野下新中国政党制度的正当性原因的探求》一文,他指出,缘于西方政党制度的示范效力背景,在《新中国政党制度研究》中,林尚立教授等依凭近代以来中国社会政治经验事实,娴熟运用现代政治学这一社会科学论理方式,有力地展现了新中国政党制度的合理性或合法性。然林先生等的这样一种对新中国政党制度之正当性的探求却并不能有效抵御奠基于现代政治学中基本原理之西方政党制度对新中国政党制度之正当性的示范性效力质疑。应对当下西方政党制度之示范性效力问题的更有效进路似乎是，基于西周以来之大历史中国这一特定时空，运用对现代政治学所预设之前提进行深刻反思的政治哲学方法，从中国人的政治性格维度来探求和诠释西方政党制度示范效力背景下新中国政党制度的正当性：中国共产党领导的多党合作与政治协商制度是西周以来或古代中国及其以前时代中国社会所逐渐形成之中国人政治性格的一种表征或结果，具有历史文化层面的或人性层面的正当性。

在"海外专论"栏目下收录有两篇译作。凌海的译作《马来西亚和新加坡：强国家的民主化》通过比较马来西亚和新加坡这两个稳定而持久的威权主义国家，揭示出能够使马来西亚和新加坡平稳地民主化的主要因素同时也可能是使民主化不发生的主要因素正是威权主义国家强国家机器本身。段宇波的译作《历史制度主义和实验方法》指出，国家做了什么和如何做的，一定会影响公民心目中的国家应当怎样做的态度和观点。然而，事实上，政治学家们从来没有真正能够检验这个论点。本文认为检验历史制度主义的一个方法是将一些实验社会科学的方法和技术整合到我们的分析当中。当然，大多数历史制度主义学者的兴趣不在于学科或实验室实验，确切讲是因为这些都是过去的东西。但是，对于那些想用历史来解释现代世界中的结果和变量的话，实验方法和推理或许可以成为我们方法论中合适的一员。

尽管，中国的比较政治学正处于起步阶段，但其学术吸引力和号召力出现强势劲头，比较政治学的学科化进程也正在加速。当今的比较政治学重视理论和方法的研究，与此同时也更加关注中国比较政治学的发展和前景。对此，我们《比较政治学研究》辑刊将持续关注国际上比较政治学的最新研究题域以及中国比较政治学的发展状况。上海师范大学比较政治学研究中心，也将继续致力于在中国比较政治学学科完善的漫漫里程中，贡献自己的一份力量。

《比较政治学研究》编辑部

2015年3月22日 于学思湖畔

特 稿

李光耀的现代意识和开放意识

李路曲

2015年3月23日，新加坡开国领袖李光耀辞世，终年91岁。这是新兴国家中最后一位有影响的开国领导人离世，因而也可以说是一代政治领袖的终结。本刊以此文纪念李光耀先生。

李光耀不仅是"新加坡之父"，而且成为当今世界最有影响的政治家之一，因而有"小国家、大领袖"之说，为什么？这既与新加坡自建国以来迅速发展成一个经济发达、政府高效和法治严明的楷模性国家有关，也与他对国际环境有深刻的认识和把握有关。

李光耀出生于1923年9月16日，当时的新加坡是英国殖民地，他从小就随父亲说英语，并于1940年进入当时新加坡最好的英校莱佛士学院学习，在"二战"后又赴英国剑桥大学留学，所以他受西方文化的影响较深。1950年回国后正值民族解放运动方兴未艾之时，李光耀立刻积极投入到反对英国殖民统治的斗争之中。1954年11月人民行动党成立，他担任党的秘书长，成为党内最有实权的领导人，最终领导人民行动党于1959年终结了英国殖民统治并上台执政至今。

新加坡的成功与李光耀身上的一个重要的特质有密切的关系。我们知道，第二次世界大战后独立的新兴国家领导人一般都是职业革命家，他们经历过长期的革命斗争或民族斗争的考验，具有强烈的革命斗争意志，品质刚强。但他们大都缺乏专业背景和开放意识，因而在领导国家建设时并不成功。**而李光耀则有所不同**，由于新加坡的民族运动相对平和，因而他缺乏激烈的革命斗争的历练，但他在英国的留学经历和以律师这一专业身份领导革命运动的历练，使他具有现代意识和开放意识，这两种意识在以后他领导国家建设的过程中大派用场。

其现代意识表现在他领导民族运动推翻英国的殖民统治后，刻意保留了英国的行政和法律制度。他说，英国人给我们留下了很好的民事服务系统和法律体系，它们已经扎根于新加坡社会，我们要保留并运用它。我们知道，英国是世界上最早现代化的国家，它的制度具有现代性，也正如马克思所言，殖民统治虽然残酷，但是它给当地带来了现代化。正是基于此，新加坡保留英国的行政和法律系统是明智之举，这也是它建立起高效而廉洁的国家治理体系的重要原因之一。

再者，新加坡一直在威权主义体制内不断地推进民主政治的建设，尽管这一过程是缓慢的，但也是有序而不断前进的，从而使政治体制与经济和社会同步向前发展，既没有出现急速的政党轮替或政治转型，也没有使政治过于僵化。这一点被有人称为"优质性民主"。尽管对新加坡的政治体制还存有争议，但是人民行动党把新加坡的人均GDP从执政之初的100美元发展到今天的55000美元，使新加坡成为世界上很少几个人均GDP超过5万美元的最富裕国家之一，这使人很难否定它的制度。这样的成就与李光耀和人民行动党坚持在保证政治稳定的前提下推进民主建设的治国理念是分不开的。

李光耀的开放意识表现在，他在上台执政之初就镇压了党内的激进派，确立了发展市场经济的路线，并让新加坡向世界开放，成为全世界经济上最自由的国家。开放，让技术、管理与市场进入新加坡。同时他还大力推广英语，使新加坡成为一个英语国家，这一点使新加坡很快与国际接轨。这些都是新加坡的经济和社会发展的重要因素，尤其是这在当时的新兴国家中非常难能可贵。

这个开放意识还表现在李光耀对形势的把握和实用主义方面，其中最重要的一点是对华关系。尽管新加坡自身越来越西方化，新加坡也不希望中国在东亚一国独大，但它却利用华人的身份与中国建立了最重要的经济关系，这表现在利用种族和语言优势对华大量投资、建立新中苏州工业园和天津生态园等，为新加坡找到了甚至大于本国领域面积的直接运营的市场。

直到今天，李光耀仍是新加坡最有影响的人物，尽管新加坡的政治、经济和法治建设已经有了发展和变化，但仍没有**突破**李光耀当年建立的模式，**甚至这些变化也是李光耀的变化所至。可以说，**李光耀和人民行动党开创了一种新的发展模式，这就是把"秩序"与"民主"进行了一种优质的结合，为政治家和学者留下了诸多的思考。CPS

比较视野下的地区和国别研究

Comparative Politics Studies

新加坡与中国国家治理方式的比较分析

李路曲　李雪君[*]

【内容摘要】关于我国国家治理方式改革的比较研究大致有两条学术理路：一条是把我国的渐进式国家治理方式的改革与激进式国家治理方式的改革相比较；另一条是学习渐进式改革国家的较为具体的治理经验，也包括一些在学习中自身试错的改革尝试，这也是一种潜在的比较。前一种比较使中国增加了对渐进式改革的自信，但这是一种建立在对相异案例进行比较基础上的研究，因此其结论往往会过于宽泛而缺乏量性及可操作性；后一种学习或比较是一种相似案例的比较，它可以提供一些可操作的具体措施或经验，但由于比较的潜在性或非系统性，不能使相关的干预性变量得到充分的证伪或证实，因此也就失去了深度的可操作性。由此，我们在包括激进式和渐进式改革的诸多案例的比较基础上选择新加坡与中国这两个渐进式改革的典范进行集中比较。从新加坡看中国，从市场化、国家构建与民主化的视角来分析两国在经济、政府治理、政治和法律方面的改革和治理方式，可以弥补以上两条学术理路或比较方式的不足，从而在一定程度上阐明中国的改革和治理方式的进度、深度以及相关干预变量，即渐进性改革中一定的量性和可操作性

---

[*] 李路曲，上海师范大学法政学院教授；李雪君，上海师范大学法政学院研究生。

的应然程度。

【关键词】 新加坡；中国；渐进式改革；激进式改革；市场化；民主化；国家治理方式

一、问题的提出与不同学术理路的方法论意义

对中国的渐进式转型或改革模式的自信，有两个基本的来源，一个来源是与激进式转型或改革模式的比较，例如与苏联—俄罗斯、东欧以及东亚一些国家的比较；① 另一个来源是由于30年来实行渐进式转型或改革推动了经济的高速发展。这种从中国的现实需要或现实关怀出发，以中国为中心建立起的相关的比较框架，将中国与苏联—俄罗斯以及东欧和东亚的转型进行比较，阐明了中国的渐进式改革模式及其特点，增加了对中国模式的自信。但是，我们要看到这一视角或这一比较方法的局限性，即这种建立在相异案例比较基础上的研究，由于结论过于宽泛而缺乏量性和可操作性。尽管在现实中我们可能不乏可操作的经验，但那又不是在系统而严格的比较的基础上产生的，因而它又过于单一而缺乏对相关变量的考察。要解决这一问题既可能需要进行统计分析，也要进行相似案例的集中比较，后者在我们的现实情况下更为需要，也有优势，它能更有系统性和深度地得出具有可操作性的结果。

中国30多年来因经济的较快发展而对自己的渐进式改革及其治理方式充满信心，但在经济发展放缓并且下行压力增大的情况下，企图通过深化改革来释放改革红利的努力受到了固有的经济发展方式的惯性影响和利益集团、传统的经济政治体制与意识形态的阻碍，这样，仅仅按照过去的方式即完全通过经济体制的改革来释放改革红利的局限性越来

---

① 例如中国苏联东欧史研究会编：《现代化之路：中国、俄罗斯、东欧国家改革比较》，当代世界出版社2003年版。

越明显,效果越来越小。这就向我们提出了一个问题,要想进一步地释放改革红利需要在多大程度上和哪些领域中进行改革?过去我们以试错和经验学习的方式进行改革,是一种操作性较强和比较稳健的发展或治理方式,给我们提供了一些有益的借鉴。但是,这种试错和经验学习的改革方式,由于没有直接而明确的集中比较,因此无法对相关干预变量进行充分的证实与证伪,也就无法确定比较对象之间的真实或完整的相似性或差异性,使我们无法全面认识到相似的制度或经验为什么会有不同的效果?而那些把中国的渐进式改革或转型与一些进行激进式改革或转型的国家相比较的研究,虽然较多地运用了比较方法,但这种相异案例的比较只能说明这两种改革或治理方式之间的差异,尤其是我们的研究者主要阐述了渐进式改革的优点和激进式改革的缺点,而无法说明渐进式改革本身如何改革,或者说这种渐进的程度如何才能达到最佳?这需要我们建立一个有多个相关国家改革与治理模式的比较框架,进行系统的比较。尽管从比较方法来说一般是可比较的案例越多越好,但实际上我们通常只有能力对有限的案例进行深入而系统的集中比较。这里就有一个选择什么样的案例与中国的改革或治理方式进行比较在当前最为需要或最为合适的问题。换言之,与不同的案例或国家进行比较有不同的意义,但在我国特定的情况下选择特定的案例或国家进行比较的意义会更大一些。

这里选择新加坡作为比较对象的主要原因是,过去以我国为中心进行的国家治理方式改革的比较研究大致有两条学术理路,一条是把我国的渐进式国家治理方式的改革与激进式的国家治理方式的改革进行比较,另一条是把我国与渐进式的改革或国家治理方式进行比较,但无论是哪一种学术理路或比较方式,都是从当时的需要出发,也都只是部分地完成了改革和国家治理方式比较研究的使命,尽管进一步的研究或者说任何一种研究都不可能终结这一领域的研究,也不可能完美,但面对已经走上渐进式改革道路并需要对当下的国家治理问题进行深刻理解的中国来说,面对前两种比较研究的不足,我们需要在前人研究的基础上进行进一步的比较研究,换言之,从当前中国发展的现实出发,拿这两个渐进式改革的典型案例进行比较,是相似案例的直接而明确的比较,它既有利于阐明中国改革和治理方式的进度、深度，也有利于对相关干预变量进行证实和证伪，确定它们的影响，从而使我们的判断更为全面，尤其是它有利于进行量性的和可操作性的阐述。

实际上，我们之所以把我国的改革界定为渐进式改革，并不断增强对这一改革的信心，与我们的现实关怀是分不开的，即学者和政治家在改革开放启动以来以及之后的很长时间里，一直对另一个社会主义大国——苏联的改革非常关注，先是关注和研究1980年代苏联的改革，1990年代后又更加关注苏联—俄罗斯的政治经济转型以及普京时代俄罗斯的改革和国家治理。① 由此看来，我们之所以把中国的转型过程或改革定性为渐进式的，主要的比较对象是苏联—俄罗斯的激进式转型或改革。相对于戈尔巴乔夫和叶利钦时代（1985—1999）苏联—俄罗斯较为激进的转型和改革，中国的改革确实是渐进性的，尽管这一改革导致的社会变迁和发展比中国历史上任何一个时期都要快得多。这一比较研究以及与其他的东欧与东亚的激进式转型国家的比较，包括中国经济较快发展这一重要的自变量的出现，增加了我们对中国的渐进式改革或治理模式的自信。国内外学者大多对东欧国家和俄罗斯的激进的民主化和市场化转型所付出的高昂的社会成本和政治动荡持批评态度。②

---

① 这方面的著述丰厚，重要的成果有吴玉山：《俄罗斯转型（1992—1999）：一个政治经济学的分析》，（台北）五南图书出版公司2002年版；关海庭：《中俄体制转轨模式的比较》，北京大学出版社2003年版；黄宗良：《书屋论政》，人民出版社2005年版；陆南泉等主编：《苏联兴亡史论》，人民出版社2004年版；曹长盛等主编：《苏联演变中的意识形态研究》，人民出版社2004年版；王长江：《苏共：一个大党衰落的启示》，河南人民出版社2002年版；许志新主编：《重新崛起之路：俄罗斯发展的机遇与挑战》，世界知识出版社2005年版；冯绍雷、相蓝欣主编：《转型理论与俄罗斯政治改革》，上海人民出版社2005年版。国际比较政治学界研究的代表性成果有 Arend Lijphart (ed.), *Parliamentary versus Presidential Government*, Oxford: Oxford Univ. Press, 1992; Larry Diamond (eds.), *Consolidating the Third Wave Democracies*, Baltimore: Johns Hopkins Univ. Press, 1997。

② 关海庭：《中俄体制转轨模式的比较》，北京大学出版社2003年版；〔美〕亚当·普沃斯基：《民主与市场：东欧与拉丁美洲的政治经济改革》，包雅钧等译，北京大学出版社2005年版；徐湘林：《转型危机与国家治理：中国的经验》，载《经济社会体制比较》，2010年第5期，第1—14页；金雁：《从"东欧"到"新欧洲"——20年转轨再回首》，北京大学出版社2011年版；〔法〕巴富马尔：《从"休克"到重建：东欧的社会转型与全球化—欧洲化》，陈象淦、王淑英译，社会科学文献出版社2010年版。

这一学术理路及其相关研究成果为中国的改革进程及其国家治理方式提供了重要的参考,发挥了积极的作用,但是其局限性也是明显的,正如前述,这种相异案例的比较由于相关变量的差异较大而只能得出较为质性的结论,即它主要是得出激进式改革与渐进式改革或苏联—俄罗斯及东亚与东欧诸多国家的转型与改革与中国的改革相比较哪一个更好的结论,它无法得出激进性改革或渐进性改革在什么数量、程度或速度上会更好的量性结论。从与苏联—俄罗斯比较的角度来认识和界定中国的改革或治理方式,其方法论上的合理性表现在,由于俄罗斯与中国同为社会主义大国,有着历史和制度的相似性,并在同一时期发生了转型,因而这一比较对中国的模式选择和发展的参考意义非常重要。从比较方法来说,两个相似案例的集中比较容易离析出它们发生不同变化的原因,即在俄罗斯为什么发生了激进式转型而在中国没有发生?当时我们更关心的是中国如何避免发生这种转型。中国学界在这一比较研究中深度解读了导致社会主义大国转型或不发生转型的原因。

　　在此基础上,就苏联—俄罗斯的激进式转型与中国的渐进式转型这两个相异案例进行比较,解决了哪一种转型方式更好的问题,即中国的渐进式的转型比苏联—俄罗斯的激进式转型更有利于国家的稳定和经济发展。从苏联—俄罗斯的情况来看,它的激进式转型及自由主义的改革使这个国家的经济发展一度陷入全面停滞甚至倒退,迫使其重新选择发展战略,正是在这种背景下,普京这样的铁腕人物呼之欲出。[①] 普京时期采取的向威权主义或国家主义治理方式的回归及其相对成功从纵向的比较上也证明了渐进式改革的成功。但是无论是拿中国的渐进式与俄罗斯期的激进式改革还是普京时期的渐进式改革与叶利钦时期的激进式改革相比,都只能说明渐进式比激进式改革更好的质性问题,而无法说明渐进在什么程度上更好的量性问题。这种集中比较由于案例过少而必然带来理论概括本身或然率低的问题,或者说这种由相异个案比较所得出的

[①] 杨光斌、郑伟铭:《国家形态与国家治理——苏联—俄罗斯转型经验研究》,载《中国社会科学》,2007年第4期,第42页。

理论概括，可能会过于宽泛而缺乏实际意义，即它无法说明多大程度的渐进性改革更好、多大程度的激进性改革较差的"度"的问题。具体来说，苏联—俄罗斯的激进改革因导致了经济危机而广受批评，中国的渐进式改革因导致了经济的持续发展而受到应有的肯定，但近两年来中国以 GDP 为导向的发展模式显现出了严重的缺陷，经济发展放缓和环境破坏严重使其难以为继，同时转变增长方式或新的改革却受到阻碍而步履维艰，改革的动力明显不足。① 同时普京的国家主义的治理方式尽管稳定了政局并在一定程度促进了经济的发展因而一度受到国内民众的支持，但它由于过于集权并在一定程度上限制了经济和社会发展的活力而使俄罗斯发展的效果明显下降。② 也就是说，似乎我们都没有找到目前最佳的治理方式，或者说在渐进式改革的程度的量性变化方面没有取得共识。

同时，那些向进行渐进式改革的国家的一些经验学习尽管也是一些量性的潜在比较，具有一定的可操作性，但这种经验学习由于缺乏对干预性变量的系统而明确的比较研究，即没有从学习对象或两个比较案例的所有重要的相关变量来考量问题，例如，同样建立了完备的法律体系，但新加坡的法治社会建设已经成功而中国还有很长一段路要走。因此，就法治社会建设进行比较不能只从是否建立了完备的法治体系来考量，还要比较影响法律体系运作的政治诸因素以及人的法治观念等。因此，缺乏系统的变量分析的经验学习只具有表层的效用。缺乏与渐进式改革的直接比较，一方面是学术或方法问题，有待于在积累的基础上进一步深化我们的研究，另一方面是过于自信，从而使我们一度忽视了渐进式改革自身还存在着程度和方式的差异性，即我们是否进行了最好的

---

① 郑永年也持同一看法："今天中国社会所面临的风险，大都是过去没有改革，或者没有足够的改革所导致的，例如经济方面的金融风险、地方债务风险、房地产泡沫风险等；政治领域的官员腐败、政府官员不作为、政府信任危机等；社会领域的社会分化、激进化甚至暴力等。"见《中国不改革的政治风险》，联合早报网，2014 年 7 月 1 日。

② 据世界银行和 IMF 发布的统计数据，近年来俄罗斯的 GDP 增长率连年下降，自 2008 年的 8% 已经降至 2013 年的 1.5%，预计 2014 年为 0.5%，见 http://zjw381222.blog.163.com/blog/static/165869022201241011 4525560/。

渐进式改革？从各国的改革情况来看，不同的改革会解决不同的问题，也会引发不同的问题，没有绝对完美的改革，只有与发展水平和国情是否适应的改革。各国在发展和改革的过程中都会因各种阻碍改革的因素而迟滞或扭曲改革和治理方式及政策的推进和实行，从而大大降低改革的效力，甚至导致改革的停滞。

  为了解决相异案例比较所得出的结论过于宽泛而缺乏针对性和可操作性的问题，我们既可以建立一个有更多相关案例的比较框架或真伪对照表，用政治转型、经济转型、渐进式改革、激进式改革、国家稳定、治理方式和经济发展等因素作为这个比较框架中的自变量、干预变量和因变量，把这一时期东亚与东欧发生政治转型的国家放在这个比较框架中进行分析。① 我们知道，20世纪80年代到本世纪以来很多国家包括东亚和东欧的数十个国家都发生了不同程度的政治转型或治理方式的改革②，这两个群体一个是前社会主义国家，另一个是"东亚模式"国家，中国都是其中的一员，这两个实际是一个变量群对中国的转型发展与治理方式有着直接可比的重要意义。这一类研究的工程大而复杂，需要进行长期的研究或比较分析，当然结论会更加全面。同时也可以在这些相关的比较和经验研究的基础上选择一个已经进行了渐进式治理方式改革的国家来与我国进行比较分析，这是一种可以更快得出相关结论的比较研究方法。实际上，这种研究由于是建立在前者初步的比较研究框架的基础之上，所以也是科学的。尽管这两种研究会有所差异，但是在相关问题上会殊途而同归，有基本相同的结论，因为后一种比较分析实际也是在前一种比较框架内进行了初步的分析后而选择的相关对象。

  具体来说，前一种比较分析就是将这一时期东亚和东欧发生激进式转型和渐进式转型的诸多国家或案例放在这个比较框架中。当我们按照

---

① 〔法〕马太·杜甘：《国家的比较：为什么比较，如何比较，拿什么比较》，文强译，社会科学文献出版社2010年版，第99—115、127—169页。
② 〔美〕胡安·J.林茨、阿尔费弗莱德·斯泰潘：《民主转型与巩固的问题：南欧、南美和后共产主义欧洲》，孙龙等译，浙江人民出版社2008年版；Case, William, *Politics in Southeast: Democracy Or Less*, Routledge Curzon 11 New Fetter Lane, London, 2003。

转型的渐进性或激进性排列这些国家时，可以发现越是渐进，国家治理越是稳定；越是激进，国家会越发不稳定，国家的权威会越弱。同时，越是渐进，治理改革的动力就越小，制度变迁也越慢，并且容易受到阻碍；反之，越是激进性的改革，改革的动力就越大，越容易冲破改革的阻力。继而，越是激进，国家权威回归的可能性会越大，民主的巩固并不一定快。最后，只有相对的稳定和适度的治理改革才可能使转型更为成功，使经济发展得更快。因此，我们需要找出在国家稳定和改革力度这两个变量中能够取得相对平衡以达到最大效益的改革或治理方式，也就是说，找出既有利于消除传统的弊端又有利于保持国家制度稳定发展的改革和治理方式。

在这个排列组合中我们可以看到新加坡的位置和发展模式值得我们关注。它与我国一样处于渐进式转型的相近位置，它也保持了国家的威权和稳定，但经济发展要快得多。自1959年人民行动党执政后，它从人均GDP 100美元发展到2013年的人均52000美元①，并且已经建成了自由市场和法治社会。这主要是由于它持续地推动治理方式的现代化改革，力度也比我国更大一些。在这一过程中它解决了党政分开和机构臃肿问题，解决了政府效率问题②，解决了利益集团对现代化的阻碍问题等。同时，我国与新加坡的比较是相似案例的比较，也就是说，如果我们过去主要的学术理路或国家治理方式的比较研究是完成了渐进式改革与激进式改革的比较的话，如果我们仅仅在渐进式改革的比较中进行了"经验学习"这种潜在比较的话，那么中国与新加坡之间的集中比较则可以在更大程度上阐明渐进性改革的程度这一量性问题，或者说阐明什么样的渐进式改革才能在保持国家的治理权威与化解阻碍改革的因素这一对矛盾中达到次优平衡状态？此外，作为相似案例，新加坡与我国的

---

① 根据IMF发布的2013年全球各国人均GDP排名，2013年中国的人均GDP为6730美元（http://gz.kblcdn.com/new/detail.aspx?id=2007），而中国1949年建国之时的人均GDP约为人均100美元。

② Ho Khai Leong, *Shared Responsibilities, Unshared Power: The Politics of Policy-Making in Singapore*, Eastern University Press, 2003, pp. 14 – 25.

国情有诸多相似之处，或者说有较多重要的衡定变量，例如一党长期执政，威权主义体制，传统文化是儒家文化，都是在第二次世界大战后取得民族独立并启动现代化进程的，因此，这一相似案例的比较可以使我们较为准确地离析出两者之间发生不同变化的原因。正是在这个意义上，对新加坡与中国的转型与治理进行较为系统而深度的比较研究具有不可替代的作用。

  这里有必要对激进式改革和渐进式改革的相对性和优缺点作一阐述。我们知道，这种类型划分主要是为了认识这一现象的方便，实际上没有哪个国家是绝对激进或绝对渐进的，不但一个国家在特定时期治理方式的改革是渐进性还是激进性本身就是相对的，例如，如果与朝鲜的改革相比，中国就是一种激进性的改革，而如果与罗马尼亚的转型相比，苏联—俄罗斯的转型就是一种渐进性的转型；而且实际上每个国家的改革大多是激进性和渐进性并存，或在一定时期相对激进，而在另一时期相对渐进。同时激进与渐进没有绝对的优劣之分，各有其优点和缺点，有时需要更激进一些，有时则需要更渐进一些，例如，激进式改革更易解决特权利益集团或传统集团阻碍改革的问题，但会使国家不稳定而失序；渐进式改革容易保持国家的稳定而使经济有序的发展，但不易解决特权利益集团和传统集团对改革的阻碍。这就是说，任何治理方式的改革都需要在保持稳定和改变旧的体制方面寻求一种平衡，即改革在什么时间点和什么程度上更适于一个共同体的发展？每个国家都要在这一范围内选择自己的治理方式。①

  当代激进的政治转型一般是指在较短的时间内对原有的威权主义体制进行直接而强有力的冲击，导致其解体，并建立起一个新的民主体制。激进式转型或改革的优点在于，它可以对传统的体制及其特权利益集团进行强有力的冲击，这在传统体制根深蒂固的情况下有时是一种难以避免的选择，否则转型很难完成。一般来说，在从传统社会向现代社

---

① 可参阅樊钢：《两种改革成本与两种改革方式》，载《经济研究》，1993年第1期，第3—15页。

会过渡的时代这种转型是一种常规的选择,也相对有效。但是,我们应该看到,既使在那一时期,真正的政治和社会转型也需要一个较长的历史时期,因为这需要生产力的提高和生产关系的变化,需要人的价值观念或社会关系发生变化,因此近代历史上的资产阶级革命虽然是激进而短暂的,但要真正完成资产阶级革命的任务却需要上百年甚至更长的时间①,最终,激进性转型变成了渐进性转型,激进式治理变成了渐进式治理。其实,这也可以说明为什么渐进式转型在当代更为有效。因为在当代,随着人类文明程度的提高和知识的增长,人们越来越可能主动地推进社会变迁或改革,越有可能在更多领域或更大程度上对改革形成共识,因而更易去化解阻碍改革的因素。与此相适应,转型或改革的任务也不再是要完全取代原有的体制,而是逐渐地更新原有的体制。在这种情况下,激进式转型的作用就会变得越来越消极。尤其是激进式转型使国家处于一种不稳定状态,从而削弱国家治理的有效性。

渐进的政治转型及其与此相适应的国家治理方式的改革是指在一定时期内仅仅推动政治体制实行一定程度的变化,或者说由执政者进行有限度的改革,它没有导致政权的更迭或国家体制由威权主义向多元民主体制的转型。渐进性改革的缺点在于它的改革措施是初步的、局部性而非整体性的,对体制和社会的改变程度有限,因而在改革者或反对者之间力量对比悬殊时很容易被反对改革的力量所瓦解。② 渐进性转型或改革的优点则表现在,由于它对反对者或既得利益集团的冲击是渐进的,因而受到的抵制在一定时期内也要弱得多,这会使改革者有回旋的余地,它更易避免激烈的矛盾冲突和政治的失序,因而也较少会削弱国家的稳定性和治理的有效性。同时,它也符合政治文化变迁的规律,只有渐进性的变化才更易为人所内化,才会实质性地导致人的价值观念的变化,而这是社会变迁的根本所在。

我们看到,在世界现代化进程中,一些国家的改革之所以中断而另

---

① 吴于廑、齐世荣主编:《世界史·近代史》,高等教育出版社2001年版,第14—28页。

② 吴敬琏:《全面深化改革遏制权贵资本主义》,凤凰网,2013年6月15日。

一些国家的改革持续推进，一些国家在一个时期的改革被中断而在另一个时期得以推进，其基本原因就是改革的动力是否充足，改革是否成为人们的共识，改革的广度和深度是否足够大；在此基础上，改革的战略和策略是否运用得当，包括始终使领导权掌握在愿意推动改革的领导者手中。至于改革采取哪种形式，在什么时期和什么程度上实行哪些改革措施，则要根据实际情况来决定。实际上，我们发现，越是在现代社会，渐进性改革越可能成为主要的改革方式，也越可能为人们所接受。

二、政治转型与国家治理的比较分析

本文对新加坡与中国的比较分析是在一个更大的比较框架下进行的，这就是对苏联—俄罗斯、东欧与东亚的政治转型方式与国家治理方式的比较，当然，这主要是在学界已有成果的基础上进行一个经验性的判断。① 我们知道，任何一个政治共同体一旦卷入现代化进程，其经济、社会、政治和文化的转型就是一个持续的历史过程，因此，当我们谈国家治理时，除了少数特定的历史时期外，都是在谈转型时期的国家治理。如果说转型是指政治共同体的变迁过程的话，那么国家治理就是指国家是如何管理这一变迁过程的，而改革就是指对国家治理方式的改变，因此改革与国家治理在一定条件下具有相同的涵义，即当我们说改变国家治理方式时，就意味着改革。

国家治理是指国家的最高权威通过国家机构对社会实施控制和管理的过程，其首要的和最基本的目标是维护政治秩序，在此基础上保障政府能够持续地对社会价值进行分配。② 因此，国家治理的绩效是评判国家治理的主要标准，而国家治理的绩效与国家及政府的合法性、组织

---

① 中国苏联东欧史研究会编：《现代化之路：中国、俄罗斯、东欧国家改革比较》，当代世界出版社2003年版；李路曲：《当代东亚政党政治的发展》，学林出版社2005年版。

② 〔美〕塞缪尔·亨廷顿：《变化社会中的政治秩序》，张岱云等译，上海人民出版社1989年版，第153页。

性、有效性和稳定性等要素相关。正是在这一点上,亨廷顿将国家之间的重要政治分野确定为政府安邦定国的有效程度而不是政府的形式①,并将有效的国家治理的必要条件确定为"具备强大的、能适应的、有内聚力的政治体制"②。正是由于社会变迁或转型是现代化时期一个持续不断的过程,因此推动国家治理方式的现代化或改革也就是一个持续的过程。

一般来说,在急剧的经济和社会转型时期,国家治理方式的改革及治理能力的提高往往会滞后于实际发生的变化,因为转型是经济、社会、政治和文化等各种因素的变化及交互作用的结果,是一个复杂的系统性变化,人们一时很难对其有全面而深刻的认识,所以,无论是国家的管理者还是社会中的弄潮儿,都难以准确地认识和预测其变化或转型的具体路径和程度,加之国情的差异性,也无精确的经验或治理方式可寻,他们只能尽可能地探求和预测变化或转型的情况,或从他国的治理方式中寻求基本可行的治理经验,更多地则是根据变化了的情况调整自己的治理方式。这样,在治理能力与转型的现实之间就可能出现不相衔接的情况,这就是转型危机或"民主的危机"。也就是说,在经济和政治转型过程中,国家如果不能有效地控制转型危机,就可能导致社会的无序,这必然会大大削弱治理的绩效。

从当代后发展国家的政治转型来看,一些国家在体制内发生了经济、社会、文化和政治的变化或转型,例如新加坡、马来西亚、中国、越南等,更多的国家或地区则是发生了政权的更替或政治体制的转型,例如苏联和东欧的社会主义国家③,东亚的菲律宾、印度尼西亚、韩国、

---

① 〔美〕塞缪尔·亨廷顿,《变化社会中的政治秩序》,张岱云等译,上海人民出版社1989年版,第1页。
② 〔美〕塞缪尔·亨廷顿,《变化社会中的政治秩序》,张岱云等译,上海人民出版社1989年版,第1页。
③ Juan Linz and A. Valenzuela (eds.), *The Failure of Presidential Democracy: Comparative Perspectives*, Baltimore: John Hopkins Univ. Press, 1994.

泰国和台湾地区等。① 两种类型相比，前者是处于一种渐进性的转型或改革状态，尽管有时也存在着治理与转型之间不相适应的一面，但这种不适应性表现的要缓和得多，或者说处于一种基本的适应状态，同时它也保持了国家的权威和社会的稳定。当然，在这些国家之间也存在着很大的差异，即体制内的转型和改革的程度有很大的差异，新加坡和马来西亚的渐进性改革推行的时间较长，改革的程度较大，现在已经面临着较大的体制转型的压力；中国和越南改革的时间相对较短，改革的程度较小，面临体制转型的压力也较小，但两国存在的问题是，社会和政治结构抑制了进一步的改革，例如既得利益集团不愿意进一步的改革，致使改革的动力不足，因而政府权力过大、党政不分和政府效率较低的问题难以解决，国家治理现代化的努力受到较大的阻碍。

在激进型的转型或变革中，尽管国家政体和政府都发生了变化，但各国或地区的激进式转型本身的"激进"程度也有很大差异，例如罗马尼亚、菲律宾、印度尼西亚和苏联依次更为激进一些，而东德、捷克斯洛伐克、波罗的海沿岸三国、韩国和台湾地区的转型要相对温和一些，这表现在一定时期内国家权威缺失的程度有很大不同，一些国家在较长一段时间内无法控制社会力量，国家处于不稳定状态，缺乏治理效率，而另一些国家不稳定的时间很短，国家很快就恢复了有效治理。

苏联—俄罗斯是较为典型的激进式转型。1990年代初苏联的解体和俄罗斯的"休克疗法"即叶利钦的激进的新自由主义政策导致了全国性的分配性冲突，瓦解了新政权的政治同盟，形成了举世闻名的以总统为代表的自由派与以国会为代表的保守派的冲突，从而严重削弱了中央的权威，出现了地方与中央争夺权力的情况，丧失了民意和政治同盟的叶利钦政权转而依赖新兴的寡头集团，形成了一个典型的"依附性国家"，这根本性地破坏了"国家统一主权治下的中央与地方权力与治理共享"

---

① Kingsbury, Damien, *Southeast Asia: A Political Profile*, London: Oxford University Press, 2005.

这一国家的基本规则，使俄罗斯沦为典型的"失效国家"。① 在已经发生了政权更替或政治转型的东亚国家中，韩国的转型较为温和。尽管在1990年代政治转型时期它也经历了国家和社会的不稳定状态，经历了国家或政府权威丧失、治理绩效低下和经济发展缓慢的过程，但它的国家权威很快就得到恢复，尤其是国家没有过多地因为党争而失去有效治理的能力。②

作为对政治失序的回应，这些国家或地区的国家或政府治理方式发生了向国家主义或威权主义的回归。在俄罗斯，普京上台后迅速地进行了强化国家权力体系的改革，改变了由选民直接提名和选举地方行政长官的制度，代之以由联邦总统提名、地方议会批准的制度。普京的集权制改革得到社会和国家杜马的支持，显示出当时吃尽新自由主义之苦的俄罗斯形成了支持新国家主义的社会基础，因而他所建立的具有一定民主性的新的威权主义体制得到了普遍的拥护。普京在政治集权的同时，在行政上和经济上进行了分权改革，下放给地方更多的行政管理权和经济自主权。③ 这样，普京时期的俄罗斯形成了政治集权和经济分权的二元化国家治理结构。

东亚各国或地区也在不同程度上发生了类似的变化。由于转型后出现的政局不稳定和经济衰退引起了普遍的不满情绪，民粹主义和民族主义思潮被激发起来，在政治上民众普遍要求政府采取有效而强硬的政策来改变现状，其结果是主张加强国家权力的政党和领导人执掌政权，采取软权威主义与民主治理相结合的治理方式。在菲律宾，受到精英治国理念支持、出身名门的阿罗约夫人之所以能把平民化的阿斯特拉达赶下台，其根本原因是人们对政治无序和经济停滞的不满，民众盼望国家的稳定。在这种思潮的支持下，执政后的阿罗约政府以及此后的阿基诺政

---

① 杨光斌、郑伟铭：《国家形态与国家治理——苏联—俄罗斯转型经验研究》，载《中国社会科学》，2007年第4期，第31—44页。
② Jürgen Rüland, Clemens Jürgenmeyer, Michael H. Nelson, Patrick Ziegenhain, "Parliaments and Political Change in Asia", Institute of Southeast Asian Studies, Singapore, 2005, pp. 18 – 54, 232 – 281.
③ 许志新主编：《重新崛起之路》，世界知识出版社2005年版，第51页。

府的内外政策已经越来越强硬,出现了向威权主义治理方式的一定回归。在泰国,民主的乱局使很多民众产生了回归权威的渴望,这使他信的为泰党从多党纷争中迅速崛起,形成一党独大的局面,一度几乎垄断了国家政治,2014年军人政权的重建也是威权回归的一种延续,在近几十年中泰国的民主进程总是要以威权主义的一定程度的回归来结束。①在印尼,具有民主形象的梅加瓦蒂和民主斗争党在2004年的大选中败北,而早年由苏哈托建立的专业集团成为第一大党,尤其是这一年执政的加西洛总统是苏哈托时期的军队总参谋长,这样的军人而不是政治家执政显然标志着强人政治的到来。而印尼的民众也正是在对无序的民主感到厌烦尤其是对日益恶化的经济形势和腐败痛恨之时才把这样的铁腕人物推举出来的,他执政时期的经济较快发展和执政绩效也证明了这一点。②在韩国,在经历了1990年代民主的动荡后,本世纪初的一个时期民族主义和民粹主义的诉求一度压倒了民主的诉求,老牌的民主代表人物金泳三、金大中成为历史,而具有较浓重平民色彩和威权色彩的卢武铉成为新时期的象征,他一度获得了很高的支持率并担任总统。2004年民主派企图弹劾卢武铉,但民众已经对于纷乱的党争感到厌烦,在全民公决中否决了包括金大中在内的许多民主人士和反对党提出的弹劾议案。卢武铉政府及其以后的各届政府的内外政策与金大中时期相比,显然多了几分威权主义的色彩,而少了几分对民主的追求。③

当然,这时威权主义的回归决不是回到政治转型前一党政治的威权主义时代,而只是从无序的多党政治向国家理性的回归,民主机制仍是主要的治理机制,但这又与政治学家所讲的"民主的巩固"有很大不

---

① 饶伟讯(Kevin Hewison):《泰国的政治变化》,薛学了译,厦门大学东南亚研究中心、香港城市大学东南亚研究中心,第1—28页;任一雄:《以民主机制之形,载威权政治之实:从泰国的议会看威权为体,民主为用》,见李文主编:《东亚宪政与民主》,中国社会科学出版社2005年版,第152—176页。

② 房宁等:《自由·威权·多元:东亚政治发展研究报告》,社会科学文献出版社2011年版,第195—226页。

③ 房宁等:《自由·威权·多元:东亚政治发展研究报告》,社会科学文献出版社2011年版,第142—160页。

同,它并不完全是甚至在一些国家主要不是民主的治理。在这方面,东亚各国或地区与俄罗斯不同的是,它们在转型前市场经济相对发达,威权主义统治也没有苏联那么专制,因此转型后的危机也不像俄罗斯那么深重,最终国家主义的反弹和回归也不像俄罗斯那样强势,但趋势是相同的。

从"民主的危机"向威权主义的回归之间的政治逻辑就是国家自主性的回归或国家治理能力的重新构建。也就是说,由于转型削弱了国家的自主性,因而也必然削弱国家的治理能力。如果在转型过程中或转型后国家能够在吸收一定的民主机制的基础上重建自己的权威和自主性,以在新的环境中增强自己的治理能力,或者说国家治理机制通过自身矫正的方式得到改进和完善,那么它就可能有效地化解转型过程中所发生的社会政治矛盾,使政治转型渐进而平衡地推进[1],从而不至于发生重大的转型危机,并在更高的发展水平或发展阶段上构建有效的国家治理。

我们应该看到,无论是威权主义体制还是民主体制,是否能够进行有效的治理,最重要的前提之一是国家体制是否稳定而有序地运转。国家是秩序的维护者、规则的制定者和实施者,因此国家的稳定性及其治理能力是保证社会经济和政治运作的最重要的制度保障。在转型时期国家稳定的重要性似乎更为重要,这时国家面临的失序压力很大,保持有效治理的难度就更大一些。我们看到,在当代一些政治共同体的转型过程中,凡是国家或政府保持着相对稳定性的共同体,转型就相对成功,其表现是政府的治理相对有效、社会稳定、经济发展较好。一般来说,要想使国家保持稳定,从短期来看,要适当降低改革或转型的速度,就是要避免激进性改革,实行渐进性改革;从长期来看,国家治理体制也要进行一定的调整,要不断地推进国家治理的现代化,否则不能适应变化社会的治理需要。

---

[1] 可参阅徐湘林:《转型危机与国家治理:中国的经验》,载《经济社会体制比较》,2010年第5期,第7页。

比较视野下的地区和国别研究
新加坡与中国国家治理方式的比较分析

　　苏联—俄罗斯戈尔巴乔夫和叶利钦时代的政治和经济改革以及东亚一些国家在政治转型后的一个时期中国家治理的失效就是因为他们在改变旧的国家政权和经济制度时没有或无力建立起新的有自主性或足够权威的稳定的国家体制，当然也就无法建立有效的国家治理体系，也就是说，它们的激进式的转型无法在新旧之间进行有效的衔接，当然有时也与人们没有认识到这种有效衔接的必要性有关。普京时期的俄罗斯和东亚一些国家对威权主义的回归则是因为他认识到了强大的国家权力体系是它们复兴的唯一可以依赖的资源①，尽管回归的方式和程度并不相同，且都要与自己的国情相适应。

　　这一时期各国发展的情况可以说明经济发展与有效的国家治理之间的关系。新加坡、马来西亚、中国和越南等渐进式转型的国家近几十年一直保持着较快的增长率，尽管由于各自的情况不同，发展速度也有差异。韩国和台湾地区在激进式转型或已经发生了执政党更迭的国家中是较为渐进的，转型时国家或政府保持着基本的稳定，因而发展也较快。尤其是韩国较快地走出了转型的危机或"民主的危机"，因而提高了国家治理水平。在这方面韩国比台湾地区更好一些，因而它的发展速度超过了台湾。韩国的人均GDP在2013年已经达到25051美元②，目前是东亚除新加坡和日本之外最高的。台湾的发展也较快，从2000年政治转型时的人均13000美元达到2013年的21141美元③。台湾的发展在一定程度上是由于政府干预较少而实现的，所以尽管它的党派斗争在一定程度上影响了政府治理，但因政府在发展中的作用较小而缓解了这一不利因素的影响。所以，台湾的问题是，它虽然在转型时保持了基本的政治稳定和政府的自主性，但转型后这种稳定性和自主性一直没有进一步的发展，转型时期产生的民粹主义长期没有消退，由此而削弱了政府的治

---

　　① 可参阅杨光斌、郑伟铭：《国家形态与国家治理：苏联—俄罗斯转型经验研究》，载《中国社会科学》，2007年第4期，第43页。

　　② 2013年全球各国人均GDP排名出炉（IMF权威发布），见http://gz.kblcdn.com/new/detail.aspx? id=2007。

　　③ 2013年全球各国人均GDP排名出炉（IMF权威发布），见http://gz.kblcdn.com/new/detail.aspx? id=2007。

理水平。菲律宾和印尼在转型时国家都受到了很大的冲击，国家治理发生了严重的危机，但经过一段时期的动荡后，国家的权威和自主性又有所恢复，尤其是印尼的国家治理能力有较大提高。尽管东亚的情况与俄罗斯有所不同，在转型苏联——俄罗斯是全能主义体制，而东亚是威权主义体制，这使它们面临的转型压力和转型方式有所不同，前者的压力更大，困难也更多，但其维持或调适国家治理所要求的政治逻辑和基本路径是相同的，就是在转型后要构建国家的权威和自主性。

需要指出的是，进行有效的国家治理仅仅保持国家的自主性或建构国家的权威是不够的。对很多后发展国家来说，发展国家及其治理的现代性是同样不可或缺的条件。缺乏现代化的国家治理一定是僵化的治理，尤其是在渐进的转型过程中，它不能随着社会的发展和转型而改变自己，最终会导致治理与现实发展的严重脱节，激进的转型就是在这种情况下发生的。因此，哪个国家在转型过程中——包括发生政权更迭和在体制内转型的国家——能够及时地提高自己的国家治理的现代化水平，它在促进经济发展和恢复社会秩序方面就会有更显著的成绩。从近几十年来东亚与东欧转型国家的情况来看，国家权威的重建多是与要求提高国家治理的现代化水平相一致的，两者的结合是这一时期国家治理能力提高的主要保证。

从这一时期转型的东亚与东欧国家来看，在转型前尽管各国"党"与"国"结合的程度并不完全相同，但都是一党执政，都是一种党国体制，甚至可以说这是第二次世界大战后独立的新兴民族国家在一定发展阶段的一个较为普遍的现象。在这些国家中，强大的革命或民族主义政党领导革命或民族主义运动取得了胜利，必然会建立一个由强大的政党支配的国家体制。[①] 但是，当民族国家的主要任务不再是革命和独立而是国家建构和经济发展时，就要求这些政党由革命性政党向执政性政党转变，这时，大多数国家以不同方式先后进行了转变，与这一转变相伴随的是党国体制或威权主义体制向民主体制的转变，无论是体制的转型

---

① 陈尧：《新权威主义政权的民主转型》，上海人民出版社2006年版。

还是体制内的有限民主,都是如此。因此,党国体制是特定历史时期的产物,它在一定时期内可能有利于社会和经济的管控和发展,但是从各国的现实发展来看,它一定要发生变化,因为它不能与高度市场化和社会结构多元化的要求相适应,与这种变化相适应的一定是国家治理体制的民主化和现代化,尽管各国民主化和现代化的模式会有所不同。从当代的发展来看,无论是一党长期执政还是多党轮流执政,都可能在一定程度上推动民主和法律的建设,都可能推动国家治理体系的现代化建设。

三、新中治理方式的比较

我们知道,无论是早发现代化国家还是后发现代化国家,世界现代化进程的基本趋势是沿着经济的市场化和政治的民主化这两条主线发展的,尽管有的国家的现代化进程相差了几百年的时间,但也都是如此。时至今日,所有后发展国家仍然面临着市场化和民主化的问题,尽管具体的任务有所不同。对于一些发达国家来说,国家面临的主要任务是引导和融入世界市场和构建与此相适应的国家与国际治理体制的问题;对于后发展国家来说,尽管也面临着上述两项任务,但它们仍然主要是面临着现代化的基本问题,即本国经济的市场化和政治的民主化问题。在市场经济发展到一定水平时,政治上的民主化是其必然要求,尽管这种影响不是线性的。[①] 这时,就需要对政治体制进行改革,其主要目标是国家治理方式的现代化。一般来说,每个国家都要依次完成市场化转型和民主化转型,尽管转型的时序和具体路径可能会有很大差异。早发现代化国家的市场化和民主化转型是前后不同时期完成的,在这点上不同

---

① Bäck, H., & Hadenius, A., "Democracy and State Capacity: Exploring a J-Shaped Relationship", in *Governance*, Vol. 21, No. 1, 2008, pp. 1 – 24; Boix, Carles, Michael Miller, Sebastian Rosato, "A Complete Data Set of Political Regimes, 1800 – 2007", in *Comparative Political Studies*, Vol. 46, No. 12, 2013.

的是，后发现代化国家由于发展环境的不同，这两种转型是在相对较短的时期内交互发生的。①

国家治理体系的现代化包括国家治理体制的理性化和民主化两个阶段，早发现代化国家这两个阶段是在不同的历史时期依次完成的，而后发现代化国家虽然也是先启动理性化进程，后启动民主化，但在民主化实现后仍然需要进行理性化的建设，因此这两个阶段在后一时期是交互进行的。国家治理方式的理性化主要是指国家不再依据传统的文化、宗教或意识形态来管理政治、经济和社会生活，而是进行现代国家的构建，充分发挥国家的治理功能，提高政府绩效，推动经济尤其是市场经济的发展；国家治理的民主化主要是指国家从对市场和社会的高度干预转为相互尊重，国家不再对社会和经济生活进行全面的干预，构建民主政治和法治社会，并在民主的基础上来提高治理的绩效。这一理性化和民主化过程就是国家治理的现代化。

作为后发展中国家，新加坡与中国的现代化进程及其转型也是在市场化和民主化两个领域中交互展开的，两国在这两个领域的转型中所遇到的转型失序和治理问题基本相同，转型或改革方式也都属于渐进式。当然在转型或改革的程度和速度以及治理方式上也存在着一定的差异，这既与两国国情的差异有一定关系，也与改革者的理性选择有一定关系。从市场化和民主化两个维度来看，新加坡推进改革和治理方式转变的速度显然要比中国的速度更快一些，改革的力度更大一些，基本克服和同化了各种既得利益群体对改革的抵制，也建成了相对民主的法治社会。

由于政治体制的转型是一个非常复杂的变化过程，是一种由经济发展、社会转型、价值观念的转变和国家构建等多要素形成的互动关系，而且这些要素本身也是一个复杂的转型体系，在这些多重因素的影响

---

① 孙立平：《全球现代化进程与后发外生型现代化模式剖析》，见《现代化与社会转型》，北京大学出版社 2005 年版，第 47—92 页。

下，尽管各国转型的趋势相似，但具体的结果却充满着不确定性。① 从多数发展中国家的政治发展或政治转型来看，各国都在不同程度上经历了政治失序所带来的国家治理危机，但有的国家或地区失序的程度和时间都较少，发展的却较快。因此，能否减少政治失序，在政治转型过程中保持国家的稳定，并及时改革国家的治理体制和提高国家治理能力，就成为现代化尤其是经济和政治转型时期治理者所思考的关键所在。

从当代各国政治转型的实际案例和国家治理的外部环境和内部因素来看，渐进式转型或改革最可能保证国家的有效治理，使政治转型与社会经济的变迁相适应，这样既有利于保持社会的相对稳定，又能推进政治的理性化与民主化。要确保渐进性改革的持续推进，需要改革的主导者和参与者能够在政治上形成基本的共识，在策略上进行理性选择，充分利用国家制度框架中有效的政治和经济资源，调整和改革国家的治理机制，保持国家治理机制对转型失序的应对能力和适应性。而在这种以构建国家治理机制的适应性为核心的适应型改革中，几种重要变量之间关系的有机协调和平衡十分重要：制度变革与秩序的稳定性之间的关系、意识形态的变革与传承之间的关系、市场化与民主化之间的关系、社会结构性转型与政治结构性调试之间的关系，以及制度创新与效能之间的关系。② 实际上，从不同的角度可以概括出不同的关系，无论是哪种关系，从根本上来说，就是要处理好改革推进的速度、程度与保持国家治理的有效性之间的关系。改革过快，会削弱国家的稳定性和治理的绩效；改革过慢或力度不够，会延误发展的机会，也会使改革难以推动③，最终被反对改革的利益集团所阻遏。

---

① 孙立平：《现代化诸因素之间的关系》，见《现代化与社会转型》，北京大学出版社 2005 年版，第 3—20 页。

② 徐湘林：《转型危机与国家治理：中国的经验》，载《经济社会制度比较》，2010 年第 5 期，第 11—12 页。

③ 习近平总书记之所以说要以更大的政治勇气和智慧来全面深化改革，就是因为我们需要进行更大力度的持续不断的改革，要有勇气和能力克服阻碍改革的各种因素。可参阅冷溶：《以更大的政治勇气和智慧全面深化改革》（学习《习近平总书记系列重要讲话读本》），载《人民日报》，2014 年 6 月 26 日。

应该说，新加坡与中国是在市场化与民主化发展的趋势和具体的转型改革路径以及治理方式基本相似的基础上存在着一定的差异，或者说相似性和差异性虽然在各个方面都有，但与其他国家相比，支撑两国发展的变量和发展模式的相似性要大得多。这既与两国的社会经济和政治发展的客观环境存在着差异有关，也与改革者的理性选择及改革的战略和策略的差异有关。概括而言，这种相似性与差异性主要的特点是，新加坡与中国都是一种强国家的治理模式，但与中国相比，新加坡不但在市场经济发展的早期其政府对市场的干预就少于中国，而且在市场化发展到一定程度后，其政府在更大程度上退出了市场，使市场的自由化程度很高，政府主要是维护市场运作的公平。而中国是在实行了全能主义体制后进行改革开放的，也是依靠不断推进市场化来促进经济发展的，但整体来看，中国的市场化的速度显然要慢于新加坡，而且其"强国家"的治理模式依然在体制和功能的调整中得到延续，并在更大程度上力图依靠国家来解决国内经济和社会发展中的问题。

1. 经济体制的改革与治理方式

在经济体制设计及其治理方式上，新加坡与中国经历了相似的发展历程，但变化的速度和程度存在着一定的差距。新加坡和中国都曾面临着是发展市场经济还是计划经济的选择，对此，新加坡在进行了激烈的争论和斗争后选择了市场与计划相结合的混合经济体制。① 新加坡在建国后的一个时期中，即1960—1980年代政府对经济的干预程度较高，其最主要的表现是国家在领导经济发展中发挥重要作用，包括大量建立国有企业，制定发展规划，大量投资基础设施，制定相关法律和干预劳资关系等。这一时期，它的负有经济发展任务的半政府性半企业性的法定局和国有企业在经济发展中发挥着主导作用。以住房发展局为例，它是一个法定局，负责组屋或保障房的建设，自1960年代到目前，新加坡80%的人都住在由它负责建造的组屋内。它按照市场与计划相结合的方

---

① 参见李路曲：《新加坡现代化之路：进程、模式与文化选择》，新华出版社1996年版，第553—562页。

式经营,既保障了建屋的资金,又使群众买得起房,并不断地更新换代,使新加坡解决人民住房的方式成为世界的楷模。

新加坡的国有企业最初是由政府控制并贯彻政府的发展战略,这一点与中国相同,但不同的是它一开始就采取控股方法对国有企业进行管理,而且对股份制度不断地完善,尤其是政府也在相当程度上尊重市场原则,使国有企业在相当程度上与民营企业一样要根据市场原则来进行运作。[1] 尽管这种竞争并不完全平等,这实际上是弥补了市场的缺陷,使国家可以进行有效的投资。

自1985年后,新加坡对国有企业进行了改革,一是逐步将一些经营不好的国有企业剥离出去,逐步卖掉了部分的政府企业和法定机构股份,这就缩小了政府直接拥有的国有企业股份的比重和经济规模,但同时通过控股和参股的方式也发展了一些优质企业,同时通过民营化引入了更多的市场竞争机制,迫使国有企业提高经济效率,从而达到改进经济体制的运行机制和提高国有资本运行效率的目的,逐步建立起了成熟的国内资本市场。[2] 二是对国有企业的运行机制进行了改革,这主要表现在淡马锡集团的建立及其运作机制中,政府聘任经济专家和企业家组成董事会,通过这个董事会来实行指导和监管,非政府董事有很大的发言权,尤其是董事并不直接干预淡马锡控股的所有国有(股份)企业的实际运作,它完全由企业董事会选出的非政府的职业经理人进行经营。[3] 自本世纪初以来,新加坡已经成为一个高度市场化或自由化的国家,市场的完全归市场,国家主要负责维护市场规则,弥补市场的不足。即使是国有控股企业,也完全是按照市场规则进行运作,国家并不直接提供特殊的优惠和支持。政府以股东身份直接或间接入股国有企业,按照市场原则而不是行政原则进行控股;政府通过人事参与对国营企业进行间

---

[1] 杜晓君、李曼丽:《新加坡国有企业改革启示》,载《东北大学学报》,2006年第5期,第332—335页。
[2] 关于新加坡"国有企业和国企私营化"部分,可参见拙作:《新加坡现代化之路:进程、模式与文化选择》,新华出版社1996年版,第563—572页。
[3] 张占奎、王熙、刘戒骄:《新加坡淡马锡的治理及其启示》,载《经济管理》,2007年第2期,第90—96页。

接管理，但是企业的真正管理者并不是政府的代表，而是不受政府控制的企业家；对符合国家的产业政策并且经营效益好的企业，国家采取增加股份的办法予以支持，反之则采取抽股的办法加以限制或促其重组，并允许破产。

需要强调的是，新加坡的国有企业改革成功的重要原则是它真正建成了现代企业制度，并完全按市场原则进行运作。这一点看起来仅仅是推行了一项企业制度，但要真正做到并不容易，因为这不仅是一个经济制度的问题，它同时还是一个法律和政治制度的问题。政府不干预国有企业的经营，也不再任命国有企业的经营者，包括政府官员个人不再利用手中的权力从企业获取利益或安插亲属等，要做到这些，首先是要在政治或意识形态上认可这一制度，而不是认为国有企业就一定要国家或政府直接管理；其次，要有法律的保障，这主要不是是否有法可依的问题，因为我们已经基本做到了这一点，而主要是执法是否严格的问题，即是否可以使这些规则得到切实的执行。说到底，新加坡国有企业的成功在于它处于一个法治严明和政治透明度较高的社会中，它的现代企业制度能够得到充分地贯彻。这是国有企业改革能否成功的法律和政治保障，也是其关键所在。实际上，从政治制度上来看，政府直接管理和拥有国有企业是政府内的特权利益集团的特权所在，也是封建等级制度的一种表现。

中国在建国后前30年时间里实行的是计划经济，在企业制度上完全是公有制的国有企业或集体所有制企业。1978年改革开放后逐步培育市场经济，在这一过程中由浅入深地对国有企业进行了六次改革，从实行绩效考核、承包制、"抓大放小"、股份制到现今的混合所有制等，都是在逐步建立和完善现代企业制度。实际上，1990年代中期开始进行的国有企业的股份制改革就是在建立一种混合所有制，与今天的混合所有制没有根本性的差别，但是那次改革除了使一些小的经济效益不好的国有企业转变为民营企业之外，没有真正的实行股份制或混合所有制，从整体上看，那只是一种初级的股份制，没有改变所有制问题，没有建立起现代企业制度。这一现象一直延续了十多年的时间，直到今天，混合

比较视野下的地区和国别研究
新加坡与中国国家治理方式的比较分析

所有制成为改革的目标,也是未来几十年中国企业发展的主要目标或制度建设,也将成为中国经济制度的主要特征。说到底,这就是要实现国有企业和民营企业的均衡发展。但是要做到这一点,仅仅对企业制度进行改革是不够的,还要培育起企业运作的外部环境即市场规则和市场主体,这就触及了政治问题。国有企业和民营企业互相持股之后,在现有的权力生态下,国有企业和民营企业是否能享有同等的经济和政治权力?[①] 显然不能。政府对国有企业干预很多,从人事管理、资源配置和市场竞争,无所不管,市场运行都还不够公平和自由,还没有完全做到"政府的归政府,市场的归市场"。这就是为什么民营企业对参股国有企业心存质疑的原因,它们得不到相应的权利保障。即使是正在建立的上海自由贸易区,也还没有达到高度市场化的程度,例如,金融自由化的程度还远远不够,民营金融机构还没有有效地参与到市场中去。

应该说,无论是社会主义市场经济的发展还是国有企业的改革,都取得了相当大的成绩,也是比较稳妥的,与中国当时的经济与社会发展基本适应,在较长的时期内保证了经济的较快发展,但是这些改革并非没有缺陷,其中最重要的缺陷是没有建立起完善的现代企业制度和规范的市场环境,而这是我们进一步发展所无法逾越的一个阶段。近年来经济产能过剩,环境污染严重,转型升级缓慢,导致发展速度放缓,而且经济进一步下行的压力增大,根本原因就是我们没有为企业建立起真正的市场规则,我们现在的治理方式已经难以适应经济进一步的发展,需要更大程度地释放改革的红利或进行更为深化和广泛的改革来推进治理方式的现代化。但是,由于过去改革的力度不够或缺乏相应的制度建设,使得阻碍进行治理方式现代化改革的力量有所增强,具体表现是:国有企业的管理者和一部分靠权力发展起来的官商不愿意失去自己的特权地位,传统的意识形态使一些人认为只有国有所有制是社会主义的基础;很大一部分政府官员不愿意放弃干预市场的特权;而长期的过度追求GDP已经养成了我们外延式发展经济的习惯。这一切曾使我国的市场

---

① 郑永年:《中国经济改革的风险》,见联合早报网,2014年7月9日。

化步伐有所放缓，使市场发展的活力受到了阻碍。我国没有像新加坡一样持续地推动市场化并进行相关的体制改革是出现这一局面的主要原因，因此我们的市场化程度与新加坡相比还有很大的差距。

2. 政府与社会的关系

政府与社会的关系对整个国家的发展具有重大的影响，也是国家治理方式的重要体现。从总体上来看，政府与社会是一对矛盾统一体，既相互依存又相互矛盾，依存表现在社会和市场是政府的基础，是政府权威的来源，没有社会的授权，政府的权威就无从谈起；反之，社会需要政府提供保障，唯此，社会的权利才能够实现。也就是说，政府通过维护社会和市场的秩序来保障公民的权利；矛盾则表现在政府和社会都有可能过度地使用自己的权力或权利，或者是社会不听从政府的权威，这样都会发生社会和政治无序的情况，或者是政府过度地使用手中的权力，抑制社会和公民的活力和发展。

在像新加坡和中国这样的威权主义政体中，通常起主导作用的是政府，因此，如何合理地使用自己的权力或处理好与社会的关系，就是政府所面临的一个最基本的问题。具体来说，政府的权力或政府的大小有一个"度"的问题，即它主要不是在政府是不是权威作为这个"质性"基点上确认的，因为在这一点上没有争议，任何一个政府都应有权威；而是在它的规模与职能总量上是不是与社会和市场的规模与职能总和相适应的"量性"的角度来判断的，太大或太小都不适宜。政府的权威或规模大于社会和市场发展的需要，政府就应该限制规模和减少职能；政府的权威或规模小于社会和市场的需要，那么政府的权力或规模就有理由适当扩大。① 换言之，政府对于社会的干预是必要但有限度的。既要将国家包办一切、干扰治理各方发挥自主有效效用的国家权力规范和约束起来，又要保证国家权力在合理的区间内进行积极而有效的运作；既要保证国家权力不能随意而为，又要保证国家权力适时而为。在此基础上确定的政府—市场—社会各归其位的治理原则才是现代国家治

---

① 参阅任剑涛：《国家治理的简约主义》，载《开放时代》，2010年第7期，第76页。

理的原则。在这一原则主导下,人们不仅可以合理合法地规范并限制政府的作用,而且可以限制政府随意侵入社会自治领域,促使政府以更高的治理绩效去解决好国家的治理方式和政策制定的问题。一个按照合理的行动范围并重视政府效率"起舞"的政府,才能真正发挥其作用。① 因此,能否掌握好这个限度是正确处理政府与社会及市场关系的关键所在。

对于后发展国家来说,一般都经历过一个强大政党建立起强大的全能主义或威权主义国家的历史阶段。在这一时期的治理方式是强大的国家对市场和社会进行主导甚至严格的管控,这种强国家弱社会的格局显然是革命或民族主义运动的惯性所至,而不完全是市场和社会自身发展的需要。当然,从维护秩序的角度或当时的社会发展水平来看,这种国家体制或治理方式有一定的历史合理性。然而,随着国家把战略重心转移到经济发展上来,尤其是市场和社会的成长和多元化发展,它要求对强大的国家权力及政府的庞大机构进行限制,使其规范化和合理化,减少对社会和市场的干预。在这一背景下,国家与社会的关系会随着经济与社会的发展而变化,其趋势是国家对社会的干预越来越少,国家主要是规范而不是参与社会和市场的运作,以给社会和市场应有的自主性和活力。

对于面临着市场化和民主化任务的新加坡和中国这两个威权主义国家来说,保持多大的国家权力或国家采取何种治理方式更为合理,尽管两国的国情有一定的差异,但这并不妨碍我们在特定而主要的范围内进行一些比较。

这里可以与政府权力大小相关的最重要的政府的规模为例来比较新加坡与中国的情况。新加坡是一个城市国家,常住人口是 500 万,但是数据显示,在规模相当的城市中,中国城市政府的规模比新加坡大得多,这主要表现为政府的机构和层级比新加坡多而复杂。从新加坡来看,它只有中央政府,没有地方政府,是一级政府。其中内阁各部 16

---

① 参见俞可平:《治理与善治》,引论"治理与善治",社会科学文献出版社 2004 年版。

个,法定机构65个,这其中还有近20个相当于中国的行业协会。① 以与新加坡面积和人口规模相当的中国省会城市和计划单列市为例,我国是市区两级机构,不但有市一级直属的政府分支机构——局、委、办,而且还有区一级的政府分支机构——局、委、办。同时机构设置也很多,市一级的政府机构平均约有60个左右②,区一级的政府机构平均约45个③,加上每个省会城市平均8个区,这样一来,中国省会城市的政府机构比新加坡要多五倍以上,这直接说明了中国的政府机构过多。设置一个政府分支机构就要分得一份权力,权力过小它就会去争取权力,同时也会导致政府机构的功能和权力重叠,降低政府效率。正如吴敬琏所言,过大的政府权力会过多地干预市场,这是阻碍改革的重要因素。④

从国家治理的角度来看,新加坡政府的效率之所以高,还有一个权力治理适用范围的问题。国家疆域的不同会使政府治理产生重大的差异,使政府的治理机制和治理过程也产生很大的差异,这时采取什么样的制度模式和治理方式就很重要。具体来说,新加坡由于疆域小,政府的层级少,机构少,政治输出和输入更易直接而通畅,因此政府治理相对简单;而中国政府的治理则因疆域大,各地差异大,政府的层级多和机构多,使政治输出和输入呈现出间接性,还会发生扭曲,因而政府治理要复杂得多。这里提出了一个问题,即是否我们可以把庞大又复杂和差异化的治理体系简单化?以构建这种关系为目标来改革我国的央地关系,以及政府与社会的关系,可以提高我们的治理水平。

---

① 新加坡的内阁设置,见新加坡政府网:http://www.cabinet.gov.sg/content/cabinet/appointments.html。
② 例如,杭州市人民政府70个部门;南京市人民政府68个部门;济南市人民政府56个政府部门;武汉市人民政府52个部门;合肥市人们政府63个部门;沈阳市人民政府65个部门;西安市人民政府77个部门;长沙市人民政府88个部门;福州市人民政府43个部门;太原市人民政府82个部门。此外,新加坡只有一个党的常设机构,即人民行动党中央委员会,人数很少,而中国市一级和区一级都有党委的常设机构,一般有5—6个,人数也不少。
③ 例如南京市鼓楼区政府共51个部门,杭州市余杭区政府43个部门。
④ 见吴敬琏:《全面深化改革遏制权贵资本主义》,见凤凰网,2013年6月15日。

比较视野下的地区和国别研究
新加坡与中国国家治理方式的比较分析

在新加坡，中央政府的意志、政策、制度和监督都由中央政府本身来进行建设和贯彻[①]，而且可以直接贯彻到全国的每一个角落，不易出现扭曲，不会出现因各地的情况差异所导致的政策和制度不适应的问题，也不会出现因各地的政府或地方领导人的水平差异而导致的贯彻走样的情况。换言之，由于只有一级政府，因而不存在中央与地方之间的矛盾，没有中央政策在各地不适用的问题，政府领导人可以直接地领导和干预全国任何地方的治理过程。[②] 在这种情况下，政府的治理方式越是现代化，国家领导人的治理能力越强，提高治理效率的可能性就越大。因此，政府机构简单和现代性强，是新加坡国家治理效率较高的两个基本原因。

中国有一个幅员辽阔、多元而发展不平衡的疆域和众多的人口，也容易造就庞大的政府机构。即便如此，我们还在此基础上人为地又增加了政府的层级和机构，这种多元而复杂的机构设置一定会使治理产生其内在的矛盾：多元性与地区差异性使统一的中央意志、制度和政策难以适应不同地区的经济和社会要求；层级过多意味着从中央传抵地方的治理层级链条较长，治理信息在多层级的传递及中转中难免因各地的具体情况、利益及地方官员的特点和水平的差异发生阻碍和偏差，同时也会使中央对地方政府的监督比较困难；而政府机构的过度庞大会使其过度地使用自己的权力，与社会和市场争夺权利。

具体来说，这种庞大而单一的体制下的统一的治理方式在市场和社会日益多元化的今天容易引发一种悖论式的治理结果：一方面，中央政府越是要通过集中权力来实现自己的意志，实行统一的治理，其决策可能就越是偏离某些地方尤其是基层的实际状况，从而削弱其治理的有效性。例如，近十年来中央政府对楼市的调控就是如此。统一的调控政策在一定程度上是有效的，但随着各地方的发展越来越不平衡，其调控效

[①] Ho Khai Leong, *Shared Responsibilities*, *Unshared Power*: *The Politics of Policy-Making in Singapore*, Eastern University Press, 2003, pp. 10 – 25.

[②] Ho Khai Leong, *Shared Responsibilities*, *Unshared Power*: *The Politics of Policy-Making in Singapore*, Eastern University Press, 2003, pp. 263 – 275.

果也越来越有限,最终没有因各地情况的差异而保证楼市的健康发展。一些地方政府拼命卖地盖楼,致使住宅大量过剩,而另一些地方则供不应求,导致房价居高不下,从而不得不在2014年3月的全国人民代表大会上提出了根据各地情况进行调控的原则。另一方面,如果中央政府通过向地方政府放权来适应基层的实际状况,那么在现实的体制下,地方政府偏离中央政府意志的可能性就越大,宏观治理的有效性就可能更差。同样在楼市调控中,中央政府在2013年把抑制价格上涨的权力部分地放给了地方政府,但在土地财政的压力下,地方政府有意推高土地价格,以致使2013年的全国房价发生了暴发式的增长,在一些地方产生了严重的泡沫,调控目标完全被抛在一边。① 因此,中国的国家治理始终在集权与分权、死寂呆板与鲜活而失控之间纠结,各种治理问题循环往复地出现。实际上,地方政府之所以不得不依靠土地财政并推高房价,根本问题还是中央过于集权,把大量税收拿到自己手中,又让地方承担着较多的建设任务;② 同时中央又把GDP作为统一的考核指标,把官员的监督权和任免权拿在中央手中,使他们缺乏对地方的责任或不太顾及地方的监督和本地民众的诉求。

　　当然,疆域广大而人口众多对治理也有有利的一面,这表现在它可以产生规模效益。从经济学上来讲,在既定的技术水平条件下,生产规模越大,投入增加的比例会少于产出增加的比例,单位产品的平均成本会随产量的增加而降低,从而带来规模收益。在这方面,我国充分利用了这一优势,例如高速铁路和汽车业的发展就是重要的例证。这一原理在政治学上也有一定的适用性,在与各地的情况有着基本适应性的情况下,它只需要中央政府在制度创制方面作出统一的一个规定就可以在所有地方实行,从而减少了制度建设的成本。对我国来说,如何利用好政府治理的规模效应而减少它与多元化的地方结构不适应的程度,是通过

---

① 顾梦琳:根据国家统计局公布的数据,从去年8月份开始,房价直线上升,直至12月份,连续三个月房价同比上涨指数超过20%,其中,上海同比上涨21.9%,北京上涨21.1%,深圳上涨21%,广州上涨20.9%,载《京华时报》,2013年12月19日。

② 许善达:《分税制该重新调整了》,载《社会科学报》,2014年6月26日,第1版。

制度建设提高政府治理水平的重要内容，也就是我们所说的，党要管党，政府只做它应该做的事情，做好宏观管理，集中应该集中的权力，下放应该下放的权力，处理好中央与地方的关系。现在的基本问题是中央集中的权力过多，虽然这是推动改革和转变治理方式的必要，但从长期来看，我们还是要依靠制度建设，靠制度化的下放权力来增加体制的活力，调动地方的积极性。所以，我们不仅需要在经济领域中简政放权，在政治领域中也要有一定的简政放权。

新加坡与中国代表了两种不同的特点。新加坡由于国小、人少，其经济在国内无法形成规模效益，这是困扰它的一个问题。它的目标是把国内的人口增加到1000万人，以形成一定的规模效益，但这与中国仍存在着天壤之别。因此它只能依靠国际市场，而国际市场则因各国国情的不同而呈现出多元、复杂和难以掌控的局面，需要以不同的对策来应对，这与中国国内的多元性有异曲同工之处。但从政治结构上来看，新加坡简单的政治结构使它降低了治理成本，而中国国内政治结构呈现出的多元复杂性使统一的治理方式的效率大大降低了。要想提高治理绩效，只能减少统一的全国治理，增加地方自治或地方治理的权限和能力。当然，这是一项系统的制度设计，需要顶层设计和逐步推进，同时，在统一治理能够降低成本的领域中要坚持统一治理；在它不能适应地方情况而增加了治理成本的领域中要落实地方的治理权力。

3. 政治的理性化建设

与经济发展相伴随，两国也在不断地促进政治发展。首先是进行国家构建尤其是政治的理性化建设，然后是理性化与民主化并进，在这方面，新加坡的步伐要快于中国。

新加坡人民行动党在1960—1980年代主要是推动政治的理性化建设。政治理性化建设的第一个重要表现是转变党的政治路线，从政治民族主义向经济民族主义转变。1960年代人民行动党通过党内斗争清除了左翼激进分子，主张民主主义路线的党的温和派控制了党的中央[1]，从

---

[1] 〔新〕冯菁莲：《新加坡人民行动党》，上海人民出版社1975年版，第31—56页。

而使党的基本路线转变到经济发展上来，不再把反帝反殖和党内斗争作为党和国家的政治路线。

第二个重要表现是领导层的自我更新，自1970年后期开始到1980年代初，新加坡基本完成了新老交替。除李光耀外，领导民族运动的第一代政治领袖都退出了党和国家的领导层，而由更年轻的技术官僚掌握了国家权力，尽管当时退休的老一代领导人的年龄平均不到60岁。[①]这一变化具有重要的意义。从第二次世界大战后独立的国家来看，由于领导国家独立的政治领袖是在革命或民族斗争中成长起来的，具有革命家的特质，他们擅长于领导革命斗争或民族斗争，但缺乏领导经济和法制建设的历练，因而在领导经济建设时往往并不成功。这时，由新一代的技术官僚领导国家经济发展可能更易于成功。

新加坡第一代政治精英的双重特质非常明显。以李光耀为例，他具有长期受英语教育和留学英国的背景，并以律师身份领导民族运动，因而具有职业革命家和技术官僚的双重身份。应该说作为职业革命家，他缺乏领导大规模民族运动或革命战争的历练，但是，作为技术官僚，他具有更多的现代意识，因而他更适合在民族国家构建的早期领导国家建设和经济发展。[②] 新加坡在建国之初就成功地实现了由革命党向执政党的转变，与李光耀的这一特质及党和国家领导人较早地完成了由革命家向技术官僚的转变是分不开的。

政治理性化建设的第三个表现是现代公共行政系统的建设和改革。行政系统的核心是它的专业性而不是政治性，这一点，新加坡领导人及早地认识到并付诸实施，这点在那一年代是难能可贵的。1959年人民行动党建立自治政府后，并没有像一些国家那样用革命队伍或民族运动成员取代旧的行政官员并建立全新的行政系统，而是认识到英国在新加坡建立的行政系统无论是官员的素养还是体制的运作都较为专业化和现代

---

① Cardyn Choo, *Singapore: The PAP and the Problem of Political Succession*, Pelanduk Pub., 1984, pp. 70 – 95.

② Ortmann, Stephan, "Politics and Change in Singapore and Hong Kong", Routledge, 2 Park Square, Milton Park, Abingdon, Oxon OX14 4RN, 2010, pp. 102 – 129.

化，只要在政治上对它进行一些民族化的改造即可。① 所以，新加坡行政系统的专业性和现代性水平是那一时期中后发展国家最高的，这极大地提高了它的政府效率②，并为打造具有现代性和高制度化水平的行政体制乃至政治体制奠定了基础。

政治理性化的第四个方面是法治社会的建立。在理性主义看来，构建现代政治系统的目的就是为了更好地保护人的权利，就在于以法律的形式确认国民为享受法定权利的公民，而贯串于这一过程的核心因素是现代性。因此，在现代性而不是传统性或意识形态偏见的意义上建立法治是构建法治社会的核心。从这一认识出发，新加坡法律体系和法治社会的建立过程是继承而不是废除了英国殖民当局在新加坡建立的专业化和现代性程度较高的法律制度，并从自己的国情出发进行了一些改革，例如在反对腐败方面它赋予了反贪局以更大的特权，较少受约束，而英国的法律则使反贪措施更多地受法律程序的约束。③

对后发展国家而言，法治社会建设往往要依靠国家的强力推动，因此国家的权力配置及其运行必须先于社会实现法治化，否则，将难以担当推动社会法治化的重任。新加坡的法治建设就是沿着这一路径发展的，先是国家领导层在国家层面建立起法治秩序，推动国家政治按照法律规定进行，努力消除个人和党大于法的情况，把对官员的权力制约看成是政治体系运转的基本要素。继而利用国家权力推动全社会生活的法治化，既利用国家权力强力推进，也进行长期的普法教育，两者相互促进，从而使社会生活的每一个方面都被纳入到法治之下，这些正是新加坡法制建设成功的基本原因。

中国自1978年以来的政治改革和国家建设主要是一个理性化或现代性建设的过程。从执政党或国家意识形态的变迁来看，其理性化或现代性的趋势是明显的。中国共产党及其革命力量经历了长期的革命斗

---

① G. 波卡斯：《公共服务》，载《朝向明天》，台北：教育出版社1974年版，第109页。
② Cardyn Choo, *Singapore: The PAP and The Problem of Political Succession*, Malaysia: PrinAdS Press, l988, p.82.
③ 吕元礼：《新加坡为什么能？》，江西人民出版社2007年版，第279—293页。

争,有着强烈的斗争精神,因此,执政以后这种意识形态的强烈惯性主导着国家的发展路线,这种以政治民族主义为主要特色的党和国家的意识形态,反帝、反殖、反修和阶级斗争的指向非常明确,直至1979年以后重新提出"四个现代化"是党和国家建设的宏伟目标和中心任务,这种国家意识形态才开始由政治民族主义向经济民族主义转变。优先发展经济的发展主义成为国家和社会的主要意识形态,阶级斗争等政治意识在经济和社会层面上被淡化了,邓小平理论是这一意识形态变化的集中表达①。1990年代"三个代表"重要思想在社会层面和政治的下层进一步弱化了传统的阶级和社会意识,使发展主义得以充分实现②。2000年代提出的科学发展观和构建社会主义和谐社会的理论③,实际上是在新的发展阶段上对"发展"进行了界定,提出要科学而不仅仅是快速的发展,国家治理要对市场化以及多元化的经济和社会结构作出回应,解决新的社会矛盾,从而在新的形势下构建和谐社会。习近平的系列讲话④和新一届党中央和政府进行的一系列改革表明,中国将向更为市场化的方向来推动经济改革,将使政治运作更为理性、透明和科学,尤其是法治社会的构建,说明党中央正在建立一种更为理性的发展观。

与意识形态的理性化过程相一致,中国政治领域的理性化过程开始于1978年底,这表现为政治体制和政治行为的逐步理性化。自那时以来,在政治生活中摒弃"左"的行为和构建法治化的国家治理方式一直是中国政治发展的主线。从制度上看,党的组织和政府机构理性化建设体现在五个基本的方面,一是通过批判个人崇拜,确立党的集体领导体制和相关制度建设,从而改善了党的领导;二是改革和发展人民代表大

---

① 中共中央文献研究室编:《邓小平文选》第1—3卷,人民出版社1993年版。
② 江泽民:《论"三个代表"》,中共中央文献研究室编,中央文献出版社2001年版。
③ 胡锦涛:《论构建社会主义和谐社会》,中共中央文献研究室编,中央文献出版社2013年版。
④ 习近平总书记之所以说要以更大的政治勇气和智慧来全面深化改革,就是因为我们需要进行更大力度的持续不断的改革,要有勇气和能力克服阻碍改革的各种因素。可参阅冷溶:《以更大的政治勇气和智慧全面深化改革》(学习《习近平总书记系列重要讲话读本》),载《人民日报》,2014年6月26日。

会制度，逐步赋予人民代表大会和人大常委会具有一定实质意义的立法权和监督权，从而推动了法制体系的建设；三是逐步建立法制化、规范化、程序化的政府管理体制，并通过政府机构改革来简政放权，转变管理方式，提高政府管理水平；四是调整中央与地方的关系，适当地下放决策权、人事权和财权，调动地方和基层的积极性。① 从理性化的视角来看，这实际上是在一定程度上不再根据理想化的主观意志而是根据现实理性来进行决策。从根本上来说，这些改革就是要改掉人治而非法治的、意识形态的而非理性的、管理而非服务的政治行为。

4. 民主政治的发展

新加坡自1980年代初以后，国家构建和国家治理的政治理性化建设从强化国家权力向政治民主化发展，在进一步强化政治理性化或提高政府治理水平的同时逐步推进了民主政治建设。这一时期反对党逐渐活跃起来，1981年反对党通过选举而重返议会②，打破了国会完全由人民行动党一党垄断的格局。此后，反对党力量逐步而缓慢地增强，支持反对党的票数也呈递增趋势③，而执政党对反对党的态度是承认、打压、容忍和适应。具体来说，承认它存在的合法性，同时对它们进行一定程度的打压和限制，但这种限制的目的不是消灭它，而是使其能理性化的发展。从根本上来说，就是要保证国家治理不至于失序，在保证政局稳定的基础上来发展民主。例如，人民行动党政府在对反对党的候选人进行一定的打压和限制的同时，又适度地发展政治竞争，增加一些由政府提名的官委议员，这些议员既来自于民间，又是由政府提名，因而其政治上较为中性和温和，还可以为发展提出建议和批评。它通过这样一些措施既控制着政治发展的速度，也在一程度上保留了政治发展的活力，

---

① 徐湘林：《转型危机与国家治理：中国的经验》，载《经济社会制度比较》，2010年第5期，第8页。

② Cardyn Choo, *Singapore: The PAP and The Problem of Political Succession*, Pelanduk Pub., 1984, pp. 65–69.

③ Cardyn Choo, *Singapore: The PAP and The Problem of Political Succession*, Pelanduk Pub., 1984, pp. 65–69.

没有像大多数国家那样通过回归权威来阻遏民主的发展，或通过政治转型来实行急速的民主化，导致社会动荡。

这一时期新加坡与东亚其他国家所面临的环境挑战基本相似，都是处于现代化高速发展的时期，其政治、经济、社会和文化结构都发生了从传统向现代的重大转变。随着市场经济与社会结构的变化，传统的高度集权的威权主义越来越不能适应这种变化，它对经济社会发展和资本力量扩张的阻碍显现出来，并呈逐步增加的趋势，这集中地表现为日益强大的公民社会及其多元化的政治表达对政治权力集中于一身的国家统治者形成了越来越大的压力，要求国家建立更加平等和民主的制度环境。因此，如何改革现有的政治体制就成为各国所面临的政治问题。面对这一情况，尽管新加坡执政的人民行动党政府采取了各种措施限制反对党的竞选，但它并不是一味地采取压制措施，而是采取控制和疏导相结合的方式。例如它推行的集选区制度①，就是在看到反对党的支持率有所上升的情况下，通过提高候选人的参选门槛来限制反对党的竞选能力，这既控制了选举的热度，推迟了反对党发展的时间，又使选举可以继续进行。从长远来看，它培育了较稳定的选举文化，在民主环境培育起来后再进一步地发展民主。30多年来反对党当选议员的数量和选民的支持率都在不断攀升②，在2011年的大选中，反对党有6名议员当选，在两个选区获胜，尤其是其中有一个集选区③，这使反对党的国会议员数量达到了历史上最多的时期，同时在一定意义上可以说它取得了两个"地方政府"的治理权，表明其民主政治发展到了一个新的阶段。

中国几乎与新加坡在同一时期开始了民主化进程，不过中国更加注重国家的稳定，因而民主的推进更为谨慎。中国近几十年的民主化主要是在现有的体制内渐进式推进的：一是扩大党内民主，在一定程度上扩

---

① 黄云静：《新加坡的集选区制度》，载《东南亚研究》，1998年第3期，第11页。
② 非选区议员是国家专门为反对党设立，即在选举中未当选但得票率处于所有选区中前3位的反对党议员可以当选非选区议员。他们享受议员的待遇，有发言权，但没有表决权。
③ 官委议员是由国会任命的非党派议员。他们享受议员的待遇，有发表权，但没有表决权。

大了党内重大决策的"票决制",实行党的各级代表大会的任期制;二是在人民代表大会的代表比例上逐步实行城乡按相同人口比例选举人大代表,消除选举中的城乡差异,增加了相对弱势的农民在人大代表中的比例,使他们在国家权力机关中的发言权有所增加;三是在一定程度上发展了基层民主,初步建立了基层群众自治制度,切实推进了基层的政务公开制度;四是在一定程度上不断深化立法、司法体制改革,逐步解决人为干预司法以及现行司法体制中存在的等级化、行政化、商业化和地方化等问题,不断提高宪法和法律的权威;① 五是增加了政府机关的透明度,加大了对官员的监督力度。这些改革的最大特色在于它的稳定性和渐进性,稳定性保证了国家治理在一定时期不至于失序,渐进性保证了它的有效性,它也在一定程度上缓解了社会矛盾,增加了社会公平,调动了人们的积极性。但是随着市场经济的进一步发展和社会结构的变化,已有的改革或治理方式与现实发展不相适应的一面越来越显现出来,因此,进一步深化经济和政治体制改革是我们面临的日益迫切的重大问题。这表现在如果我们再按照过去的改革方式来释放改革红利的话,其效果已经远不如从前,因为阻碍改革和提高政府效率的主要问题已经不再是一般的政策可以解决的问题,或者说由于过去的改革是浅层次的,是大家都受益的,但那种改革所形成的治理方式已经不能适应新的社会结构了,而适应新的社会结构的改革或治理方式需要在制度上进行较大程度的改变,就是要从制度上解决政府干预和垄断问题、司法相对独立的问题、各种利益集团的特权问题等,这些都涉及政治体制问题。换言之,仅仅在经济领域中进行改革很难触及到问题的根本,不触动特权利益集团的利益,不在政治或法律体制内进行一些改革,经济的进一步改革就很难成功。② 而这些问题之所以到今天还积重难返,或许

---

① 徐湘林:《转型危机与国家治理:中国的经验》,载《经济社会体制比较》,2010年第5期,第10页。
② 进行相关的制度建设是非常必要的,例如,《人民日报》(海外版)评论员指出,我们的反腐败取得了一定的成效,但反腐的关键在于制度建设,只有制度建设取得了成效,才能营造良好的从政环境,根治腐败问题,载《人民日报》(海外版),2014年7月18日。

就是因为我们过去没有在政治或法律领域中进行足够力度的改革。

这里有一个路径依赖的问题。在现实中,无论是意识形态的原因还是由于我国经济一度发展得较快而产生的自信及风险意识,都使我们产生了过多地强调历史的合理性或路径依赖的问题,这不利于在更大程度上改革我们的治理方式以及从根本上解决目前的发展困境。① 实际上,在对路径依赖这一理论的分析中,人们早已指出路径依赖并不简单地是指历史的决定作用,历史的作用是真实但不是唯一的,无论是遵循或转移原来的路径都要受现实因素的影响。既有的路径安排确实在一定程度上促进或阻碍着人们的路径选择,例如,每个民族或国家都有自己的历史、制度和文化传统,都有按照这一传统路径发展的惯性,但是社会总是在不断发展和变化中的,由此,人们会产生各种预期。这种预期会受到经济、社会、政治和文化因素的多种影响,例如经济危机、腐败、民主观念和文化传统中的思维定式的强弱程度等。正是在多重相关因素的影响下,人们的预期及其相关行动最终可能会通过协调而达到一种必要的平衡,这种平衡点或协调点的生成会引发政治变革并决定变革的路径。② 显然,这种平衡点或变革的路径并不完全是由历史所决定的,而是历史与现实中的多重因素决定的。所有的传统社会都会进入现代化进程本身就说明了这一问题。所以,过多强调传统和路径依赖不利于中国进一步改变国家的治理方式。

从新加坡的情况来看,由于治理方式和政治改革的力度较大,又一直保持着连续性,没有明显的中断,因而它比中国在更大程度上摆脱了传统的意识形态和利益集团的束缚,治理方式也更加现代化。当然,从客观原因来看,新加坡在民族独立之初传统的因素较小;③ 从主观上来说,新加坡的第一代政治精英就有明确地按照现代性标准来进行国家建

---

① 吴敬琏认为传统的意识形态和体制是阻碍改革的重要因素,见吴敬琏:《全面深化改革遏制权贵资本主义》,凤凰网,2013年6月15日。

② 〔美〕塞缪尔·P. 亨廷顿:《第三波——20世纪后期民主化浪潮》,刘军宁译,上海三联书店1998年版,第202—260页。

③ Ortmann, Stephan, "Politics and Change in Singapore and Hong Kong", Routledge, 2 Park Square, Milton Park, Abingdon, Oxon OX14 4RN, 2010, pp. 53–75.

设的意识,尽管其改革是渐进的,也都是以保持国家的稳定为前提进行的,但同时又是全方位的,涉及经济、政治、文化和社会各个领域,并保持着一定的力度。正如前述,它较早地完成了由政治民族主义向经济民族主义的转变;较早地通过领导人的自我更新完成了从职业革命家到技术官僚的转变,并瓦解了传统的政治上的既得利益集团;通过持续的国有企业改革和经济改革,瓦解了依靠国有企业的垄断获利的利益集团,在国家的干预下也没有形成私有的垄断利益集团,建立起了现代企业制度和规范的市场环境;通过社会改革,改造了传统的社会组织,把他们带入现代化的进程,进而在一定程度上开放了公民社会;通过文化选择,使人们的价值观念发生了由传统向现代的转变,同时用儒家文化来抑制个人主义的膨胀,儒家文化经过现代性的转化成为平衡人们价值观念的一种重要的文化工具;通过法治社会的建设,不但使政治清明,同时也规范了人们的社会行为和经济行为,保证了人们的自由权利;通过政治改革或威权体制内民主政治的不断发展,使政治体制能够适应变化了的社会结构,保证了国家的权威和自主性,使其能够进行有效的社会治理。由此看来,新加坡解决改革阻力的根本原因是人民行动党政府坚持进行有序而有力的改革。正如吴敬琏所指出的,改革的决心决定着改革是否能继续推进。从另一方面来看,如果在1970年代末中国的政治家们不以极大的魅力推动改革,那么我国现在也许还会像某些国家一样,仍固守着传统的社会主义制度。

实际上,无论是新加坡和中国,利益集团的形成已经是不争的事实。[①] 问题是,我们是否能促使不同利益集团平衡的发展,使它有利于而不是不利于社会的发展。这就是一个治理方式的问题了。我们知道,多元利益集团的存在和平衡发展是促成代议制民主形成的基础,它们之间的相互制衡和博弈可以保证国家决策在动态中接近社会整体福利的最

---

① 程浩、黄卫平、汪永成:《中国社会利益集团研究》,载《战略与管理》,2003年第4期,第63—74页;杨光斌、李月军:《中国政治过程中的利益集团及其治理》,载《学海》,2008年第2期,第55—72页;杨帆:《中国利益集团分析》,载《探索》,2010年第2期,第164—171页。

大化，因此，国家应建立促使不同利益集团平衡发展的机制，这就是民主政治，在中国就是社会主义民主政治。民主政治是培育不同利益集团平衡发展的最好的机制，真正的民主能保证每个人都能平等地通过有序的集体行动来表达并实现自己的利益诉求，从而达到使不同利益集团之间制衡和平衡的局面。建立社会主义民主，也是为建立健全通畅的利益形成机制和利益表达机制提供良好的制度平台，使社会不同的利益主体都能够在体制内形成有效的利益集团，在制度范围内有效而畅通地表达自身的利益诉求，让不同的社会利益集团在制度框架内通过相互竞争来相互协调、相互约束。党和政府可整合不同利益主体的利益要求，形成良性的社会互动关系。① 无论是在新加坡和中国，都在根据自己的政治发展水平动态地探求和构建这种整合机制和民主机制。②

结 论

正如前述，新加坡与中国治理方式的比较具有重要的意义，它可以弥补经验学习和试错性改革所缺少的对影响相关性变量的更为系统的认识，同时这种渐进性治理方式的比较也有利于我们在量性和可操作性方面对其有更深刻的认识。尽管此项研究并没有完全解决这些问题，但它深化了这一研究，同时也为进一步的研究提供了一种方法和路径。

新加坡和中国的渐进式治理方式改革的共同之处是它们都保证了国家的稳定性和现代性，所以在相当程度上保证了国家的有效治理。在全民基本共识和国家领导层的主导下，两国对经济、社会、文化和政治体制进行了持续的调整和改革，使其与经济和社会的发展和转型相适应，保证了经济和社会的持续较快的增长，两国或许已经形成了一种特有的体制内的渐进式的政治转型模式。两国的市场化均快于民主化，这与一

---

① 杨帆：《中国利益集团分析》，载《探索》，2010 年第 2 期，第 168 页。
② 李路曲：《新加坡 2011 年大选与政治发展》，载《当代世界与社会主义》，2011 年第 4 期，第 67—81 页；杨帆：《中国利益集团分析》，载《探索》，2010 年第 2 期，第 168—171 页。

些国家的民主化快于市场化有所不同。

两国的差异之处表现在，虽然同为渐进式改革，但中国更为渐进一些，具体来说就是中国的市场化和民主化进程在同一历史时期要慢于新加坡，这一方面是由于中国在建国后近30年实行了计划经济体制，另一方面中国对传统的路径依赖较为强烈。当然，对于中国来说，正是由于传统的因素较强，因此其市场和民主化慢一些与它的现实是有适应性的，在相当程度上也有利于治理的有效性。当然，这也为进一步的发展留下了隐患，这表现在传统的经济体制、利益集团和意识形态对经济和社会发展的阻碍越来越大。尽管这些问题已经得到重视，但改变起来并非易事。现在看来，仍然延续主要在经济领域进行改革的方式会使改革的效果越来越有限，想要提高治理绩效，促进经济和社会的发展，需要在社会多元化、法制化和民主化方面进行更大的改革和建设。 CPS

社区组织在培植新加坡共同价值观中的作用

肖 榕[*]

【内容摘要】价值观是解读国家发展和社会治理理论的一个重要视角。新加坡作为世界上第一个由国家明确规范和政府推广国家价值观教育的国家,基于政府组屋计划而成立的人民协会、公民协商委员会和居民委员会等社区组织,以及政府在社区开展的系列参与计划,成功地协调了不同种族、不同宗教信仰所固有的不同价值观的关系,对正处于社会转型、大力推进城镇化建设,尤其是全面构建社会主义核心价值观的当代中国,有着重要借鉴意义。

【关键词】社区组织;培植;共同价值观;作用

共同价值观作为社会稳定的凝固剂和国民的精神名片,在新加坡的社会稳定与健康发展中发挥了不可估量的作用,这已经受到并且引起我国学者和党政部门的高度关注。纵观世界,新加坡是构建与传播国家价值观最为成功的国家之一。当代中国正处于社会转型期,各种利益冲突、价值观念冲突的问题凸显,因此,在大力建设社会主义核心价值观的背景下,如何通过借鉴他国有效的价值观教育经验来加强我国社会主

---

[*] 肖榕:博士,上海市经济和信息化委员会。

义核心价值观教育，以增强我国的国家凝聚力，已成为我国亟待解决的现实问题。本文拟从社区组织这个视角切入，着重探讨其在培育新加坡共同价值观的经验和做法，以资镜鉴。

一、培植共同价值观的必要性

价值观是解读国家发展和社会治理理论的一个重要视角。价值观是"人们在实践中形成的对于价值、价值关系的一般看法和根本观点，是处理各种价值问题时所持有的比较稳定的立场、观点和态度的总和"①。国家的共同价值观是一个国家在历史发展中形成的共有价值观念，是国家发展的推动力和社会治理理论的重要部分，相较于经济和军事等硬实力，是一种软实力，是一个国家选择适合自己的发展道路和制度的文化纽带。如果在一个社会中缺乏整合这个文化纽带，那么这个社会或者不能形成一个国家，或者是即使用强力建立了一个国家，但在国家运行过程中无法形成国家的共同价值观或凝聚力，由此，轻则会使社会经济、文化、政治发展受阻，重则导致整个国家和社会分裂，正如马克思所说："如果从观念上来考察，那么一定的意识形态的解体足以使整个时代覆灭。"②

在笔者看来，新加坡的权威政治、法治社会、城市管理和共同价值观等都是鱼尾狮上闪闪发亮的耀眼鳞片，但最耀眼的当是在凝聚国民共识方面值得称道的共同价值观。然而新加坡国家认同的推进并不是一帆风顺的，它受到历史的、现实的和各种外来的因素的影响。作为典型的移民社会，新加坡的国民成分复杂，具有多种族、多语言、多文化、多宗教的特点，而且曾经被英国长期殖民，它的文化、经济和政治都有依附性，它的人口来自世界各地，有不同的文化背景，这些最初并不打算

---

① 张洪昌：《论社会主义核心价值观》，载《云南社会科学》，2008 年第 1 期。
② 《马克思恩格斯全集》（第 30 卷），人民出版社 1959 年版，第 539 页。

在此长期居住但最终留下来的移民构成了人口的多数，例如，来自中国、印度、马来半岛和印度尼西亚诸岛的民众，在很长一个时期都保留和弘扬他们各自种族的文化传统和宗教信仰，并从各自的文化和宗教中寻找着精神支柱，铸造着自己的价值观念，即使到建国以后的一个时期中，也没有完全褪去传统的乡土意识。在他们之间，由种族、宗教、风俗习惯和利益造成的人们之间的隔阂没有消除，民众仍然把新加坡作为谋生地，对国家的归属感很脆弱，无论哪一个种族，即使是在本地出生的这些移民的后代也把自己内心的效忠给了他们想象中的祖国，华人效忠中国，马来人效忠马来亚，印度人效忠印度。正因为如此，当时"新加坡人"的认同是一片"空白"，国家认同感是分裂的。

正是意识到这种分裂的危害性，新加坡认识到国民对国家的认同正变得日益重要。国家认同感是人们对自己的国家成员身份的认知和接受，解决一个"我是谁"的归属确认。① 正如美国著名政治学家布莱克指出的："现代社会高度依赖它的公民的各种形式的承认与合作，国家的结构在很大程度上取决于它获得这种承认的能力。"② 可以说，国民认同自己的国家是现代国家的一个重要表征，也是国家治理现代化的一个重要指标。

新加坡在现代化建设中取得重大成就后，人们在感情上给予了更多的认同，但这些认同具有本能的和容易移情的特点，要实现国家的政治认同，使国民从感情认同转变到认知认同上来，还必须做大量的工作。新加坡独立之时面临严重的住房短缺问题，政府为改善居民的住房于1965年提出了组屋修建计划，旨在从根本上改变国民的居住结构，不仅使政府成为了组屋的管理者，也使组屋成为政府灌输国家认同的重要场所。最初，居民们反对强行拆除他们已经住惯了的旧房和定居点，一度进行了抵制。然而到20世纪70年代初这种有组织的抵制由于政府提供

---

① 蔡水清：《新加坡培育青少年国家认同感的教育措施》，载《教育史研究》，2009年第2期。
② 〔美〕布莱克：《现代化的动力——一个比较史研究》，段小光译，四川人民出版社1988年版，第13页。

的公共组屋的条件明显好于过去的旧房而自动瓦解了。应该看到,由于过去的村庄是按照种族居住的,这些定居点的拆除等于破坏了种族的据点和依附于此的文化实践,先申请先分配的原则和种族杂居的政策加速了这种分散过程,从而也加速了地方割据意识的破灭和国家意识的增强。由此可见,组屋计划不仅给人们带来了居住环境的巨大改变,而且也增强了民众对人民行动党和政府乃至国家的认同。正是这些基础的累积,1991年,新加坡政府才得以通过发表《共同价值观白皮书》的形式,推出旨在代表全体国民的"共同价值观",使新加坡各种族、各阶层、不同宗教信仰的民众在国家层面上享有一种共同的价值观。由此,新加坡成为世界上第一个由国家明确规范和政府推广国家价值观教育的国家。而从社会层面上来说,国人生于斯,长于斯,死于斯,久而久之,自然在这片土地生根,也逐渐形成一些共同的"国民性",随着国民意识的日渐加强,新加坡人对这片土地的认同感自然而然也随之增强了,如今这种对国家强烈的认同感已经成为航行在茫茫大海中的"新加坡号"最重要的压舱石和指南针。

二、组屋区的三驾马车

新加坡是一个城市国家,人均土地面积狭小而人口密度较高,因此,妥善解决好普通民众的住房问题对于社会的和谐稳定至关重要。建国初期,当时有很多人无家可归,很多人居住在很简陋的草棚中,到处是贫民窟,脏乱不堪。据统计,1959年人民行动党上台执政时,在这个有158万人口的城市国家中,市区居民有84%的家庭是住在店铺和简陋的木屋区,其中40%的人住在贫民窟和窝棚内,情况十分恶劣,只有9%的人住在比较像样的公共住宅内。[①] 面对当时十分严重的住房危机,新加坡政府认识到这已经不仅仅是个生活问题,而且已经成为一个政治

[①] 马志刚等:《新加坡的社会管理》,群众出版社1993年版,第98页。

和社会问题,不解决这个问题,就很可能引起社会骚动和经济崩溃,因此政府高度重视。同时,政府认为单单依靠市场手段解决会是一个比较缓慢的过程,不利于社会的稳定,也难以很快实现竞选诺言,取得民心,因而政府决定在这个问题上要有所作为,筹措资金建造大量的廉价公共组屋。

1960年2月,新加坡政府设立了建屋发展局,是半政府性的法定机构,统筹公共组屋建设。该局成立后,协助政府制定了一系列的政策、法规和计划,卓有成效地推行"居者有其屋"的住房保障政策,制定并实施了"公共组屋计划"。政府拨出国有土地和征用私人土地,作为建屋用地,政府负责征地费及拆迁安置费,同时严格管理组屋租售,规定高收入者不得购买组屋,针对低收入者提供购屋津贴,这一计划使绝大部分新加坡人通过公积金存款按月摊还或低息贷款购置了住宅。"公共组屋计划"的实施,使新加坡近90%的国民迁入新居。

建屋发展局的经验有两条非常值得重视,一是全力推行购买政策,它规定,上至部长,下至普通职工,除经济上十分困难外,一律必须按计划购房,解决自己的住房问题,当然售房是采取薄利多销和分期付款的原则,使平民百姓都能够买得起房;二是最初的建房资金虽然是由政府提供,但政府提供的是贷款,是通过银行提供的低息贷款,这就迫使建屋发展局必须进行成本核算。也就是说,建屋发展局要自行决策、自主经营、自负盈亏,这种以价值规律来支配公共组屋发展的方法,能够及时收回资金,再行投资,从而建立起一种良性循环的机制,使住房建设有充足的后劲,最终解决所有人的住房问题。

组屋内设施完善,设有各种教育和娱乐场所,既解决了绝大多数居民的住房问题,又美化了市容。每个由组屋形成的小区大约有2000—3000人。政府投入90%的建筑经费以及50%的日常运营经费,使符合条件的居民以市场价1/5的价格购买政府的组屋,并通过保养、翻新和整合、完善公共设施,使居民购买的政府组屋不断增值,让居民心甘情愿地成为社区的常住居民。在规划和设计这些组屋时,在基础设施配套上,以组屋区为中心,政府紧紧围绕居民的衣、食、住、行、娱乐和生、老、病、死等周密安排、精心设计，为社区的服务设施和居民活动预留了很大的空间，他们将所有住宅的底层设计为架空层，比如他们组屋内通常都设有一个小贩中心（出售日常用品）、一个熟食中心（小餐饮集中的地方）、一个蔬菜市场、一个停车场，建设大批的社区医院、银行、停车场等市政设施；无偿为居民委员会、民众俱乐部提供办公和活动场地，通过居民委员会、民众俱乐部等开展各种类型的主题活动，搭建软平台，实施居民服务；配套建有商业网点、文化娱乐、体育锻炼等福利设施和娱乐活动硬件设施。在满足居民需求上，经过对服务范围、服务设施、服务对象进行测算，把满足居民日常生活需要贴近的商业和生活服务设施集中起来，设立"邻里中心"。留下政府组屋区内楼栋的底层，为居民婚丧嫁娶和老人、小孩提供活动场所，方便楼栋居民交流，满足了人们多层次的需求，这样也就基本上不存在占道经营、油烟扰民的问题和乱搭乱盖现象，车辆停放也井然有序，居民的需求基本上在社区内就可以得到解决，社区居民的生活十分方便。

  为了对社区进行管理，提供有效的服务，丰富人们的精神生活，政府投资建设了111个民众联络所、535个居委会活动中心、77个邻里居委会、4所海上体育俱乐部、1所国家外展中心、1所儿童控险培训中心、1所青年社交俱乐部，以及各类社区医院、诊疗所、残障人工作坊、收容所、安老院等各类基础设施；社区服务，包括家事服务、保健服务等以家庭服务中心和社区医院为支撑成分满足社区居民需求；邻里中心及邻区商店，巴刹（菜场）对小贩中心集中统一管理，既减少了商业活动对居民生活的干扰，又满足了居民对优质、方便的社区商业服务的需求；为适应大部分民众居住在组屋区的特殊情况，社区管理以物业管理为载体，市镇理事会负责选聘物业管理公司提供专业化服务，决定社区共有物业的使用安排和重大公共事务，非公共组屋住宅区则由业主民主推荐产生的邻里委员会来进行自治管理，专门负责管理本社区内的共有物业和重大公共事务；社区治安实行社区警察制，社区内设邻里警岗，并在此基础上建立邻里警局，邻里警局一般与民众联系所共楼办公，采取一站式警察服务，与社区基层组织密切合作，提供全面治安服务。

组屋计划的实施和全国化，使许多传统的社会组织如宗乡会所等逐渐消失，被现代社区管理组织所取代。进而，组屋的发展及其相关的制度设计和管理措施又使得新加坡由松散的社会变成联系密切的有机社会，社会管理严格和社会组织系统更加严密。新加坡的基层管理组织主要有三个：人民协会、公民协商委员会和居民委员会。这"三驾马车"由政府支持和控制，除了宣传政府政策、提供社区管理服务之外，还组织民众开展各类社区活动，尤其在协助政府传播国家的共同价值观方面发挥了很大的作用。

人民协会是一个法定组织，1960年7月由政府组建，主席由总理兼任，另有一名部长负责日常工作，其常设机构是人民协会的董事会，由包括总理在内的15名董事组成，多数是政治家、国会议员和部长，其中10人是由总理任命，其余5人由人民协会各附属团体选举产生。① 现今人协的附属团体约有90余个。人民协会的宗旨是"促进人民的和谐共处"。最初，人民协会管理的社会基层组织是民众联络所，随着社会的发展和人口的增多，民众联络所也不断增多，其作用越来越大，政府决定建立民众联络所管理委员会来对联络所进行管理。1964年10月2日，首批16个民众联络所管理委员会成立，当时给其规定的任务中就包括"帮助联络所附近居民发展公民意识"。后来，随着城市化的推进，新的社区建立起来，人民协会下设了130个社区中心，每个社区中心由一个管理委员会负责管理，其主要职责是完成所在社区中心的活动计划、鼓励居民参加社区的活动、竭力完成人民协会在社区中开展的各项工作、把社区居民的心愿反映给人民协会总部，同时把政府的相关政策与运行情况反馈给社区居民等。②

公民协商委员会是人民行动党民设立的以选区为基础的带有地方议会特色的基层组织，其政治色彩更浓一些，因而更具权威性。设立于1965年3月，有84个，其目的是确保人民行动党的政策、信息能及时

---

① 李路曲：《新加坡现代化之路：进程、模式和文化选择》，新华出版社1996年版，第270页。

② 马志刚：《新加坡的社会管理》，群众出版社1993年版，第31页。

比较视野下的地区和国别研究
社区组织在培植新加坡共同价值观中的作用

传达给选民,由总理公署直接领导,公民协商委员会成员至少每月与该区国会议员聚会一次,就促进本选区的发展与福利进行磋商,向国会提出有关议案以及建议政府应采取的措施。主要负责传达信息和保障新加坡民众享受公民权利和履行公民义务,根据民众的要求给政府提出意见和建议,并把政府的相关信息反馈给民众,使民众知晓并支持以人民行动党为首的政府的相关政策与行动。[①] 同时,也负责向国民灌输公民意识。这是一个全国性的基层组织,贯彻人民行动党及其政府的主张和某些政策,因此,既具有地方议会的部分职能,也具有影子政府的部分职能。其议会职能包括每月与本区议员举行一次讨论,研究政府的各种议案,向政府提交预算报告。其政府职能包括在本选区内配合政府发动和组织全国性的的社会运动,协助政府做好选举工作。但不具有议会的立法权和政府的行政权威,可以被看成是一种半政府半民间性的社会基层组织。

居民委员会是新加坡政府城市化进程中建立起来的。新加坡的城市化过程发展得很快,从 1960 年代启动工业化计划和组屋建设工程,到 1970 年代后期已有 70% 以上的居民住进了组屋区,新的组屋区的形成和城市化的生活,使居民们面临一种全新的生活和陌生的生活。具体来说,有两个变化导致了居民委员会的建设:首先是,建屋发展局分配住房的原则是"先申请先分配"、公开抽签和按种族比例分配,这就打乱了过去按种族和按传统社团聚居的局面,使不同种族、不同社团和不同区域的居民在新的住宅区进行了重新组合,从而出现了不同种族、文化、语言和宗教背景的新社区,这种变化割断了人们数十年来甚至上百年建立起来的传统而熟悉的生活环境和社会联系,使大多数居民都生活在一个完全陌生的环境里,而且这种变化是在很短的时间里完成的,令很多人深感不适。其次,城市化本身也带来了很多问题,高楼封闭单元式的住宅本身有利于私生活的保护,增强核心家庭的生存能力,但它不

---

① Jon S. T. Quah, Chan Heng Chee, Seah Chee Meow, *Government and Politics of Singapore*, Singapore: Oxford University Press, 1985, p. 183.

利于居民之间的往来，不利于建立密切的社会联系，相反却可能促进个人主义的发展，导致社区精神的衰落。这些快速而实质性的社会变迁给社会管理组织提出了新的问题和挑战。原有的基层组织如民众联络所和公民协商委员会面对这些挑战都采取了积极的态度，然而民众居住地的变化和联系的中断以及管理方式的新的要求使得无论是民众联络所还是公民协商委员会在人员和结构上都有相当的局限性，这是一个不易解决的问题。正是在这种背景下，新加坡政府于1977年正式提出建立居民委员会的计划，其目的是对城市化后的民众进行有效的管理，当然包括在新的居民社区中构建共同价值观。这主要体现在在新的社区中通过解决居民的实际问题来发展居民的社区精神和对国家的认同感。例如，政府首先在马林百列和丹戎巴葛两个选区组建居民委员会进行试点，然后逐步推开，直到1981年大多数组屋区都建立起了居民委员会，以后不断发展，目前共有550个，可以说已经成为新加坡最主要的基层组织。

居民委员会由建屋发展局领导，委员都由本区的居民担任，主要服务平均为500户居民。主要任务是，增强来自不同地区、不同族群的新邻居们的团结，培养共同的社区精神和国家认同感。新加坡政府督促公务员积极参加居民委员会的活动，希望它成为加强各族人民一体化和各族人民与政府进行合作的重要基层组织。它的具体工作是提供居民与政府间的沟通渠道，使政府的相关部门可以及时地解决民众生活中的具体问题，例如大到医疗问题，小到维修电梯、走廊照明等问题，还要通过社会宣传和服务保障居民的安全，防止犯罪、吸毒及反社会活动等，鼓励居民之间的交往和种族和谐相处。

三个基层组织在各个组屋区进行有效运作，成为国家对全国进行控制的最基本的组织网络。新加坡政府通过这些基层组织，把民众吸收进来，实现有限的政治参与，在一定程度上消除了官僚体制与下层群众之间的隔阂；另一方面，公民的政治组织和政治活动被融入这种半政府的基层组织中也限制了其自由度和政治参与的深度，使政治生活不至于过热，有利于政治控制和社会稳定。总体而言，这种带有有限民主性的社会基层组织将遍及全国的地方组织纳入了政治体制，它在政府和大众之间建立了一种体制上的联系,也提供了公众有限参与的渠道,也为日后扩大参与提供了基础。同时我们看到,在这"三驾马车"的运行及其诸多任务之中,有一项重要的任务是,它们都致力于公民的社区精神和国家认同感的培育,通过促进民众和种族之间社会生活的和谐来构建共同价值系统,培养具有现代国家意识。

三、社区参与计划

2006年李显龙担任总理后,多次申明政府将尽最大努力,甚至不惜一切代价去确保新加坡多元社会的和谐,并为此提出了"社区参与计划"。该计划是一项长期计划,目的是让国人对任何可能危及种族关系的因素保持高度警惕。"当一切看起来都风平浪静的时候,要长期保持高度警惕是很不容易的。所以,我们必须在事前把一个完整的社区网络建立起来,定期接受民众的回馈,以了解哪些课题会影响到族群关系,以此制定妥善的应对计划。"[①] 他还强调说,政府将继续加强各族之间的凝聚力,并将设立一个由黄根成领导的社区参及计划部长级委员会,负责实施"社区参与计划"。政府将在这方面协调各项推动社区参与的计划,并且提供所需要的支援。他还指出加强各族关系是个全国性的问题,非穆斯林如华人也应该在促进跨种族凝聚力方面发挥作用,政府也将平等对待各种族的语言和宗教。

按照社区参与计划,社区的每个成员都应尽一切可能为孩子提供良好的实现道德教育,提供实践"知行统一"这一目标的条件,帮助其"固化"道德意识,锻炼道德意志,践履道德行为。在这一计划指导下,社区对学校教育的"道德跟进"做得有生有色,颇有成效,例如,社区里总是活跃着一批"童子军"志愿者。每个周末,各个社区都有由小学生、中学生自发组成的"童子军",他们将每家每户事先装好的旧报纸、

---

① 〔新加坡〕《联合早报》,2006年2月10日。

旧书本、旧衣服拿到废品收购站或社区的跳蚤市场上去卖钱,然后孩子们自己策划,与社区的民众联络所联系,或者将这些钱买成礼物送到养老院慰问老人,或者去做社会公益活动。这样的活动很好地培养了孩子们关爱他人、关爱社会的友善情感。借助于良好的社会公德环境,学生们就能感受到学校"所教"与社会"所示"是一致的、是契合的,因此,学校"所教"就具有了可信度和说服力。否则,若是没有良好的社会道德环境做支持,再精心的学校德育互动也难逃"5 + 2 = 0"的命运。

在社区建设中,政府和人民行动党起着主导作用,并主动为社会建设中出现的问题承担责任;同时大力提倡民间组织和力量为社区建设作出贡献。新加坡人民行动党在长期执政过程中秉承"执政为民"的理念,认真履行责任和义务,无论是制定宏观政策,规划长期建设项目,还是提供微观的服务,例如提供健全的社区公共服务和方便的社区商业,进行社区租屋的统一修建和修整,社区治安的维护等等,人民行动党政府都是以高度负责的精神进行服务。同时它也鼓励民间组织参政进来,从财政、政策和行动上给予民间组织和社会力量有力的支持,形成了政府与社会力量共同致力于社区建设的崭新局面。

经过多年的探索,新加坡政府提出了独具特色的社区建设理念:民众——具有社会责任感、家庭——温馨而稳固、社群——积极并有爱心、社会——富有凝聚力和复原力。新加坡的社区建设虽以政府为主导,但在政府强有力的制度、法律、组织和财力支持下,在政府相关部门具体的路线导向主政策导引下,其非政府组织(NGO)也在社区建设中发挥了举足轻重的作用。并且随着社区建设的完善和社区管理水平的不断提高,数量越来越多、遍及各个领域的非政府组织都发展起来,为社区发展和居民的精神生活和物质生活提供了更优质、更方便、更全面的服务。在这一过程中,社会团体在宣传、培育和营造共同价值观氛围中积极发挥作用,它们倡导共同价值观,促进种族和谐,加强社会凝聚力[1],使民众对国家的归属感更加强烈。

---

[1] 王一程:《浅谈新加坡的成功之道》,载《当代思潮》,1997年第5期。

社区建设的具体实施方式主要有：政府为社区活动提供主要的经费拨款，配备相应的设施。政府拨款包括行政经费、活动经费以及专项经费。行政经费主要用于维持人民协会和民众联络所或民众俱乐部的运作，活动经费按社区发展理事会划拨；标准是每个居民每年1新加坡元。专项经费根据具体情况划拨。社区活动所需的设施牵涉到城市生活的各个方面，如商业活动、教育活动、宗教活动、体育活动等。在新加坡，以上设施的建设都是城市规划和建设中的重要组成部分，其建设与维护是由政府负责，社区组织通常根据居民的需要和要求提出建设和维修申请。

新加坡强调政府主导下的"社区参与"，调动社区和普通民众的积极性，使社区建设贴近民众。它通过政府培养和民众推举选拔了2.7万个社区领袖，在他们的引导下，培养社区成员的参与意识，达到邻里守望相助，共建美好家园，在潜移默化中培养民众的共同价值观。它还非常重视社区义工（志愿者）队伍建设，注重培养为社会自愿奉献的"义工"精神。这项工作由国家义务工作中心推动，促进民众以及社群的广泛参与，使义工活动成为社区服务的主体，形成了由政府倡导并推动，基层组织具体组织，以基层领袖为骨干，以广大义工为基础、民众广泛参与的社区工作格局。市镇理事会、民众俱乐部及其所属各个委员会，义工数量很多，例如居委会的工作者完全是兼职的、义务的。所有国会议员都定期接待居民，及时回复民众来电、邮件，许多国会议员更是积极主动参加各类社区活动，与民众打成一片，形成了组织、参与和资助各种社区活动项目的群众基础。随着义工越来越多、越来越普通，义工的这种无偿为他人和社会奉献的"集体主义"精神不仅提高了自己的精神境界、增强了社会凝聚力，也培育了整个国家的共同价值观。

作为一个多元种族、多元文化的小国，政府要尽量避免或减少社会冲突以实现有效的国家治理。社区是政府治理和国家政权在社会的延伸。民众接受国家的治理，都是通过身边的社区事务来实现的，因此，社区在联系民众和政府中所起的作用是十分重要的。因此，新加坡政府历来都很重视基层社区的建设和完善，并积极引导各种各样的基层社区组织为社区建设服务，促进基层社区的和谐发展。

具体来说，政府通过对社区组织的物质支持和行为引导，把握社区活动的方向，凡是不利于种族和社会团结，不利于政治和社会稳定的活动，都一律禁止，而且管理得很严。同时，有相当一部分社区活动都是政府自己发起的，其中某些环节还受到政府的资助。例如，基于社区建设的公共事务，新加坡政府负责90%的社区基础设施建设费用和50%的日常运作费。总统和政府总理每年国庆等重大节日时都要对有贡献的基层社区领袖进行表彰；国会议员也要经常参加社区的各类活动，在社区接见民众，听取民众意见等。

另外，新加坡的社区领袖实际上就是在基层从事公民咨询委员会、民众俱乐部和居民委员工作的人员，他们是由政府委派的，他们的工作是义务性的服务，政府很重视对这些基层社区领袖的培养，不断地对他们进行培训，提高他们的素质，政府总理在各种场合的演讲中都对他们的工作给予充分的肯定，使基层工作者有责任感和光荣感，自愿配合政府的政策和工作。新加坡国家住宅发展局是负责实施政府建屋计划和统筹物业管理的职能部门，它配有全日制的联络官员负责与各社区居民委员会进行沟通，为社区居民委员会提供办公场所和设施。例如，优秀的社区工作领袖林焕章先生是拉丁马士公民咨询委员会主席，从13岁起就在社区当义工。现在是新加坡全国52名太平绅士之一，有着很高的社会声望。作为优秀的社区工作者，他因为受到政府的奖励、社会的尊重和人民的爱戴而倍感光荣；同时，作为一名社区工作者，他们的行为无不受到国家政策和政府部门的影响。政府还给予这些志愿者一些政策上的优惠，比如允许社区工作成绩突出的社区领袖的孩子优先报名进入好的学校上学，社区领袖在选购组屋时享有优先权等，并根据社区志愿者的服务年限不同分别授予"国庆总统奖章"、"公共服务奖章"、"公共服务勋章"、"公共服务勋条（绶带）"等称号予以奖励，在新加坡有很高声望的52名"太平绅士"中，也为社区领袖留下10个名额，这些都影响着社区志愿者的政治和行为取向。

不管是社会发展及体育部这样的政府单位，还是像人民协会这样的半官方性质的组织,还是像德教太和观这样的民间福利组织,它们的各种人力、财力和物力需求,除一部分可以通过自身募捐,广泛宣传动员志愿者义务参加,并且发动社会捐助等方式筹集外,大部分的人力、财力和物力还是需要政府为其提供,因此,政府始终主导着社区活动。例如,政府为民众俱乐部提供了90%的基本建设资金,为各类志愿福利团体和社会组织也提供一半以上的资助。丹戎巴葛家庭服务中心有关负责人介绍,该中心成立于1991年,是服务于丹戎巴葛选区全体居民的一个服务机构,虽然它90%的开办资金是由政府提供的,日常运营资金50%由政府提供,公益资金只占25%,德教太和观自己提供25%的资金,但管理权归德教太和观,政府并不直接管理。另外,政府每年拨款4600万新元,相当于2亿多元人民币,为广泛开展社区的文化活动提供经济支持,这笔经费与新加坡外交部一年的经费相当。从中可以看出,没有政府的财政支持,家庭服务中心就很难顺利运转,这也决定了其工作要围绕着政府的提出的方向,不能有过多的独立性。

  政府有关部门负责制定社区发展计划和评估标准,社区发展理事会、民众联络所、居民委员会等机构在政府指导下自主活动,并及时向政府反馈民众意见。各政府部门根据社区居民需要,调整规划和管理方式,按照衡量社会服务的相关标准,评估各自组织的业绩,决定下拨活动经费的多少。政府的行政部门、社区管理机构、基层自治组织及社会团体之间职责分明,上下贯通,相互补充,形成了科学、合理、灵活、自治的社区建设模式。政府的治理理念就是有所为有所不为,除了政治和财政外,尽可能给基层的社会组织以更大的活动空间,因为它们更加贴近民众。近几年来,一般来说,凡可自主管理的,政府都要放手,只负责提供指导和经费,通过扶持NGO,培养社区成员的参与意识,促进公民社会的发展,由此形成了"大政府"主导下"小社会"组织发育和运作完善的社区模式。

  1990年教育部制定和推行了一项学生社区服务计划。该计划规定,学校要设置专职的课外活动主任,专门负责学生社区服务计划。这些计划包括"好朋友"计划、关怀与分享计划、到福利收养所和儿童组织服务、清洁环境计划、临时服务如春节慰问活动和慈善捐赠活动等。除此之外，新加坡政府也积极创造良好的社会环境予以配合，如经常在全国开展"文明礼貌周"、"禁烟周"等活动。这表明，新加坡政府推行的共同价值观的教育很注重社会实践，力求做到知行合一。

此外，新加坡政府还注重通过化解社区矛盾、促进社区和谐来落实共同价值观。1998年成立社区调解中心，由调解员协助化解家庭与邻里纠纷，帮助他们改善关系，从根源上消除矛盾。尽管新加坡在国家法庭下设立邻里纠纷仲裁庭，以法律作为解决邻里矛盾的最终手段，但社区调解中心仍在调解邻里纠纷的过程中扮演重要角色。社区调解是一项费时耗力的苦差事，为了让纠纷双方有机会沟通并作出妥协，在仲裁庭受理诉状前，起诉人必须和邻居共同接受调解。即便在仲裁庭受理诉状后，主簿官还是可以强制双方接受开庭前调解，一些有经验的调解员将应邀进行调解。2014年底社区调解中心推出了一个自助式网络平台，让调解员可以上网查阅个人资料及培训记录，并在论坛上交流各自的调解经验。调解员可以通过这个平台自行选择要调解的个案，省去目前人工分配个案的繁琐过程。2015年，社区调解中心还将通过教学视频和工作坊，向公众传授基本调解技巧，教他们如何自行处理生活和工作中遇到的纠纷。[1]

新加坡政府认为体育是聚集民众的一种群体活动方式，鼓励国民不分种族或宗教、年龄参与各种形式的运动会，不仅可以增强人们的体质，而且可以增加人们之间的情感交流，增强共同价值观。如为加强各族群的社区凝聚力和应对紧急情况如恐怖袭击的能力，政府建议不同宗教团体在社区参与计划下轮流主办"和谐运动会"。2013年新加坡"和谐运动会"的主办团体是锡克教咨询理事会，这次和谐运动会增添了深受锡克教徒喜爱的曲棍球比赛项目，还邀请出席者一起跳锡克邦拉舞（Bhangra），深受社区民众的喜爱。[2]

---

[1] 陈婧：《首位首席社区调解员：除断家务事，更要促进睦邻关系》，参见联合早报网：http://www.zaobao.com/news/singapore/story20141112-410851。

[2] 《联合早报》（新加坡），2013年4月14日。

比较视野下的地区和国别研究
社区组织在培植新加坡共同价值观中的作用

从2012年开始,新加坡还举办"社区运动会"(Singapore Community Games),主要由人民协会和社区体育俱乐部理事会组织,鼓励居民广招亲朋好友和邻居组队参赛,当年吸引了约800支队伍参加,超过9000位居民参加七个主要竞赛项目,包括羽毛球、篮球、保龄球、足球、藤球、英式篮球和乒乓。该运动会一直贯彻人协近年所强调的"全方位关怀"(All-care)概念,鼓励基层组织利用各种管道,联系不同年龄层、种族和住宅区的居民。参赛队伍必须由住在组屋和私宅的居民组成,种族也要多元,每支队伍都要有华人、马来人和印度人。社区运动会的参加人数逐年增加,不断刷新往年的参与人数的纪录。人民协会希望借着这股趋势,乘胜追击,吸收越来越多的居民参与进来。这种社区运动会的特点是参与方便,接地气,居民喜闻乐见,例如,跑步接力赛分不同的年龄组,让所有的人都有可能参加,并且不局限在体育场内,而是让居民有机会环绕组屋区活动,通过这种方式欣赏组屋区风景,提高居民的参与兴趣,推动全民参与。人协举办社区运动会的主要目的,就是要通过这项体育竞赛来提倡全民体育运动,并通过这场体育盛事在全国各个社区带动社区民众的参与,增强社会凝聚力。

新加坡政府在2014年11月8日推出了《2015年新加坡永续发展蓝图》,强调国民对社区的关怀,加强社会建设。李显龙总理承诺政府将在未来五年内拨款15亿元,从生态智慧、节能、零浪费、发展绿色经济和动员全民五大方面支持、鼓舞和指导国人齐心打造更宜居的国家和美好家园。为落实蓝图的规划,须重视改变和调整国人的心态和一些习惯,正如李显龙总理所说:"要真正实现发展蓝图所描绘的愿景,新加坡人的行为规范必须产生根本的变化。"① 这标示着发展各种硬件设施,须以人为本,注重人的价值观的培育,重视建设永续发展的民心工程。随着全球化的进程,新加坡作为国际化的大都会,不断有各种文化背景的居民来新加坡定居,这就需要不断培育人们和谐共处、爱国、爱家的

---

① 杨松坚:《调整心态打造更美好家园》,参见联合早报网:http://www.zaobao.com/forum/views/talk/story20141112-411077。

意识，培育建设美好家园的共同的思想基础。

发展生态城市，离不开居民对社区的关怀，以及对居住环境的爱惜。在新加坡，"我为人人，人人为我"的行为理念，"清洁绿化，全靠大家"的环保理念，已经深入人心，成为人们的行为规范。据政府统计，2013年新加坡共产生了近800万吨垃圾，平均每个人一年产生约1.5吨垃圾，数量惊人。这需要全民的力量才能保持环境的质量，需要每个人从我做起，从家庭做起。在新加坡，人们的环境意识很强，在家中父母以身作则，在饭桌上不要浪费食物。在餐馆、熟食中心，家人须适量订餐进餐，减少浪费，否则会受到处罚。持续发展蓝图的远景之一是提倡人们多步行，减少用车。为此，近年来，新加坡发展脚踏车，受到人们的欢迎。在新加坡，人们之所以具有强烈的环境意识，重要的原因之一就是它的社会责任感和对国家的忠诚感。

新加坡开展的这些广泛的社区活动，培养了民众爱他人、爱社区、爱集体、爱国家的爱心精神，为培育共同价值观创造了深厚的文化氛围，奠定了民众的心理基础。

结 论

从政治学的角度来看，价值观发挥着意识形态和政治文化双重作用。意识形态发挥一种夺取和巩固权力的作用，任何一种政治制度都需要意识形态的支撑。"一种意识形态源自这样一种信念，即事物能够比现在的状态更好，它实质上是一种改造社会的计划"①。具有成熟价值观的公民对于一个社会的良性发展具有重要作用。② 国家价值观在发挥着国家意识形态的功效的同时，渗透到普通民众的日常生活中，成为一种

---

① 〔美〕迈克尔·罗斯金等：《政治科学》第六版，林震等译，宁骚校，华夏出版社2001年版，第104页。
② 成云卿：《双重视角下的公民教育之路：新加坡的例证及其启示》，载《安顺学院学报》，2009年第5期。

主流政治文化。

尽管全球化浪潮冲涮着国界，人们的行为方式趋同，但国民共享的价值观却越来越成为软实力竞争的核心。作为转型中的国家，中国在许多领域都是所谓的"非典型国家"：在经济领域，中国的市场经济虽经30多年发展，但尚未达到完全成熟的程度；在社会和政治领域，虽已基本摆脱苏联模式的桎梏，公民社会清晰可见，民众享有的各种自由均非历史上任何一个社会主义国家可以相比，但距离一个法治、多元、均富、开放的社会则还比较远；在思想观念领域，虽然体制改革是过去30年留下的最大问题，但比体制改革更难的问题则是人们在某些领域里观念的改变或进步，更重要的是，中国崛起并未同时伴随精神世界的树立和成熟；经济的迅速发展和国民精神世界的茫然混沌，在改革开放30年后的今天形成了一个巨大的反差。

中国道路需要中国价值，走中国特色社会主义道路，就有必要提炼、培育、践行中国特色社会主义核心价值观。在中国这样一个种族构成多样、文化历史悠久、地缘政治复杂的大国，实现认同整合更是一个全方位、系统性的工作，除了经济手段、政治手段、社会手段等的综合运用之外，还尤其需要通过价值观构造有力的精神黏合力量，在深层次上推进认同整合。

综观新加坡共同价值观的构建、培植和践行历程，最值得我们注意的一点，那就是找准社区这个切入点和支点，以此为基础，发挥好各类社区组织的作用，制定系列社区参与计划，在积极倡导国家和社会优先的前提下，注重个人、家庭所生活的社区，既使共同价值观不停留在概念层面，又使培育共同价值观具有比较好的可操作性，不抱有过高的理想和不切实际的要求，强调一些最基本的，也是最重要的，且人人都必须遵守，人人都能做到的要求。

当前，我国正在大力推进城镇化建设，一个个新型社区正在建成，同时我们的社会主义核心价值观也在全国范围内大力贯彻落实。笔者认为，这是抓好社会主义核心价值观宣传和教育的大好时机，除创新宣教方式，积极运用电视、网络包括微博、微信等新媒体宣传核心价值观外，还应借鉴新加坡社区组织在培植共同价值观中的经验和做法，充分发挥社区组织的积极性，探索和开放多元的参与渠道让人民广泛参与，使社会主义核心价值观入脑入心，增强我国的软实力，夯实国家发展和社会治理的思想基础。 CPS

地区一体化、政治联盟与菲律宾政治发展

赵银亮*

【内容摘要】 考察地区一体化、政治联盟和国内政治发展之间的关联性,已成为学界当前研究的热点之一。地区一体化的深入发展,带来外部市场准入的变化,这些变化通过对一国的政治经济联盟的影响,改变执政联盟对于财富分配、政治结构、个人权利等制度性变革的预期,并最终推动政治发展。菲律宾的地区一体化实践为研究该国的政治发展提供了样本。地区一体化重构了该国精英和大众的关系及决策体制,也深刻影响了精英阶层的嬗变和政治共识的形成。大众联盟和公民社会的成长正极力改变菲律宾的权力结构,围绕发展、民主和社会进步等议题,菲律宾的政治发展得以推进。

【关键词】 地区一体化;政治联盟;菲律宾;精英与大众;政治发展

---

* 赵银亮:法学博士,政治学博士后,上海师范大学法政学院副教授,主要研究方向:东南亚问题研究、国际政治经济学。本文为作者主持及参与的课题阶段性成果:上海市教委2013年创新研究项目、上海师范大学第七期重点学科建设项目。

一、学术回顾与研究缘起

研究表明,在地区一体化进程中,基于外部市场条件的变化,国家内部的政治行为体努力增加自身的利益,寻求结成不同类别的政治联盟或商业联盟。而维系不同政治行为体凝聚与分离的主要因素,即在于是否有政治共识的存在。这些政治共识包括不同的政策目标,譬如对国家财富和资源的分配、民族性的统一、精英权利的维护,以及确保自身商业或者政治利益不受侵犯等。在地区一体化程度加深的背景下,政治共识也将面临诸多挑战。本文提出初步的论断,即外部市场准入的变化影响着国内政治联盟和政治体制的变化。国家外部市场的准入无论是扩大或者减少,都将对国内执政联盟内部的利益分配产生重要影响。

关于外部市场准入对于国内政治转型的影响的研究,主要涉及国家产业结构所面临的挑战、国内利益的分配和政治联盟等诸多议题。长期关注民主转型的学者也重视两者之间关联性的研究,并强调这一问题的重要性。如有学者认为:"通常而言,在某些条件下一个国家农产品出口的增加,将会引发政治精英围绕国家工业化、农业发展等问题之间的争论。这些争论将有助于推动更为广泛的社会群体参与政治进程。"也有观点认为:"在对政治权力的争夺中,工业生产和农业发展之间存在竞争关系。如果出口能维持一个稳定的、不断增加的态势,那么就将推动产生一些新兴的阶层,这些新兴阶层包括出口商、贸易商和金融资本家等。"[①] 在许多国家民主化的历史发展中,新阶层的出现将是关键因素。总体而言,对于一个国家的出口来说,外部市场的准入规模是重要的。外部市场准入的变化,将直接影响到国家政治转型的进程和方向。

本文的理论出发点是,面对地区一体化带来的机遇和挑战,威权主

[①] Rueschemeyer, Dietrich, Evelyne Huber Stephens, and John D. Stephens, *Capitalist Development and Democracy*, Chicago, IL: University of Chicago Press, 1992, p. 173.

义政体的政治领袖通常试图加强对权力的控制。为了使权力更加稳固，威权主义政体的政治领袖需要在其联盟成员中进行利益分配。研究表明，这一普遍的权力和利益交换在许多威权主义政体中普遍存在。[①] 无论何种类型的威权主义政体，都将寻求自身所依赖的联盟集团，以维护其统治地位。

一般而言，为了维护其政治和经济联盟，威权主义政体的政治领袖将进行两种与此相关的协定安排：一是涉及政治联盟的协定安排，另一个则是涉及经济联盟的协定安排。政治领袖与能够参与政治决策的个人或者群体达成某种政治协定，并与那些影响国家经济发展的个人或者群体达成经济方面的协定。两种不同性质的协定的聚合，便构成了政治稳定所依赖的政治经济联盟。换言之，政治联盟或者经济联盟从而构成了威权主义政体赖以生存的基础。可简单从学理角度对两种协定的形成作简要分析。

从实践层面讲，政治领袖总是希望与国内某些群体达成政治协定，以便扩大其执政基础。而具体形成怎样程度的政治协定，则需要把握两方面的维度：一是政治参与的程度，二是政治竞争的程度。所谓政治参与的程度，指的是在国家的政治生活中，民众能够参与的政治决策的范围和程度；而政治竞争的程度，则主要衡量国家政治生活中政治参与的利益群体或者行为体的数量和水平。在所谓的自由政治体制中，政治参与是广泛的，政治竞争是激烈的。而在非自由的政体中，政治参与和政治竞争都受到较大程度的制约。

经济协定指的是政府通过多种经济杠杆和工具对国家经济进行调节，并在部分产业部门内部进行利益的分配。在非自由政体的国家，广泛的、被扭曲的经济形态普遍存在，由此便可以产生许多经济利益，这正是此类国家保持政府权力的普遍手段。在地区一体化的发展过程中，

---

① Bueno de Mesquita, Bruce, Alastair Smith, Randolph M. Siverson, and James D. Morrow, *The Logic of Politcial Survival*, Cambridge, MA: MIT Press, 2003, p. 142.

非自由政体可以从国际贸易中获取大量的经济利益①,这些经济收益多从参与贸易活动以外的群体中攫取,而经济利益则在少数群体中进行分配。②政治领袖对经济利益的分配无非存在两种情况:一是将主要经济利益分配给少数群体,即精英的经济联盟;二是将大部分的经济利益分配给多数人,即大众的经济联盟。正如政治利益的交易一样,经济制度反映了最根本的利益交易。

由两种协定类型所带来的人口数量的差异,揭示了理论假设的另一个关键之处。首先,大众联盟和精英联盟的特征是不同的。精英成员大多是资本所有者,控制着出口和进口等竞争激烈的产业部门,而大众联盟的成员多是劳动者和消费者。其次,政治领袖通过不同的途径分配经济利益。对于精英联盟的成员来说,政治领袖通过保护其国内和外部的利益,并通过为其提供出口补贴等形式,维护该联盟的经济利益。对于大众联盟的成员而言,政治领袖则通过价格调整和生产补贴的形式,维护其经济利益。实际上,威权主义政体对于外部的经济变化是非常敏感的。

政治协定和经济协定之间的联合,构成了不同形式的国内政治和经济联盟,这些是政治领袖维持其统治所依赖的基础。依赖经济精英联盟的威权政体有着重要的控制力量,因为事实上政治交易与经济交易总是同时存在的。为了获取经济利益,支持政治领袖的统治,精英联盟成员愿意接受一定程度的政治参与和政治竞争。作为回报,政治领袖给联盟成员提供经济利益,并通过他们明确的或者暗中的支持保持权力的延续。只有精英阶层才能参与政治进程,并从国家手中获取经济利益,而其余阶层则受到压制。尽管对政治参与和政治竞争的制约,限制了联盟

---

① Bates, Robert H. , *Markets and States in Tropical Africa: The Political Basis of Agricultural Policies*, Berkeley, CA: University of California Press, 1981; Brawley, Mark R. , "Regime Types, Markets, and War: The Importance of Pervasive Rents in Foreign Policy", in *Comparative Political Studies*, Vol. 26, No. 2, 1993, pp. 178 – 197.

② Lake, David A. and Matthew A. Baum, "The Invisibel Hand of Democracy: Political Control and the Provision of Public Services", in *Comparative Political Studies*, Vol. 34, No. 6, 2001, pp. 587 – 621.

的成员都能够进入真正意义上的政治决策过程,但一旦执政联盟发生变动,更多的群体就能够对政治领袖产生一定的制约,进而影响政治领袖维持政权的能力。[①] 简言之,威权主义政体能够充分利用两种类型的联盟——精英联盟和大众联盟——进行统治。

威权主义国家政治和经济联盟的变化和调整,与这些国家的政治经济制度相互联结、相互影响。通常情况下,旧有的政治制度制约了政治协定以外的群体参与政治进程,而旧有的经济制度则从经济协定以外的群体中抽取利益,给予政治经济联盟内部的精英阶层。处于政治经济联盟以外的个人和群体受到多方面的压制和束缚,但却无法挑战现存的政治经济制度。由此,政治精英和政治领袖通过如此的制度设计维持其统治地位。然而,随着国际经济尤其是国际贸易一体化的发展,上述政治和经济联盟开始出现裂痕,联盟精英内部开始出现分化,部分执政联盟内部的成员对政治领袖的依赖逐渐减弱,经济领域的上述变化将直接推动政治体制的转型和变革。本文的研究即通过对地区一体化与政治联盟相关性研究的理论阐释,以菲律宾的政治发展为研究对象,深入探究地区一体化、政治联盟与菲律宾政治转型的相关性。

二、地区一体化与政治联盟相关性研究的理论阐释

推动一个国家进入另外一个国家的市场的要素大致可以分为两类:一类是科技因素,一类是政策因素。科技的变化能够影响运输成本或者生产成本。交通科技的创新使得进入更为偏远的市场成为可能。随着国家科技生产能力的提升和技术的创新,一个国家产品的出口也更具竞争力,从而使其进入外部市场成为可能。相反,其他的国家科技的创新,也使得其进入别的国家更为便捷。除了科技因素,政策的变化同样也会

[①] Waldner, David, *State Building and Late Development*, Ithaca, NY: Cornell University Press, 1999.

影响外部市场的准入。一些国家可以选择特定的贸易伙伴进行国际贸易合作。从经济利益角度来说，许多国家更倾向于选择关税率较低的国家，而不是选择关税水平较高的国家。国家也可以对特定的贸易伙伴国征收较高的关税。无论是科技的创新还是贸易政策的调整，都将对国家的外部市场准入造成影响。这种由科技和政策调整而出现的变化，无论是短期的还是长期的变化，都将影响市场准入的规模。这些不同类型的变化，将影响到不同行为体对于外部市场准入的预期。

对于许多国家而言，无论是科技创新还是政策调整，其所带来的影响将因时间、科技和政治方面的因素而发生变化。影响市场准入的诸多变量，不仅包括政治体制和政治结构等方面的因素，而且也将面临科技方面的制约。首先，科技创新使得远距离运输变得更为便捷，但并不能够忽视距离的影响。尽管，随着集装箱等运输能力的提高，世界范围内的商品贸易更为便利，但从加拿大到美国的船运依然比从新加坡到美国的运输更为容易。其次，科技的进步对于不同的产品有着不同的影响。在大规模的铁路建设以前，许多跨国间的商品贸易有着很高的运输成本。因此，当时的国际贸易商品主要集中在附加值高而体积较小的物品。铁路运输能力增强以后，价值低廉的、体积较大的商品运输更为便利。再次，从另一个角度而言，许多国家并不总是对所有的国家都有出口的偏好。一般而言，它们将选择某些特定的国家，使其能够获得更为有利的关税待遇，这些都是基于其国内和国外政策目标而设定的。这些优惠待遇方面的差别，不仅体现在不同国家之间，而且也体现在不同产业部门和商品之间。因此，许多国家选择特定的国家作为贸易伙伴，同时也选择特定的商品来增加或者减少其市场准入。

无论出于何种原因，外部市场准入方面的变化都可以被归纳为两个趋向，即国家对外部市场的准入规模是在扩大还是在萎缩。一个国家外部市场准入的变化将对国内政治行为体产生影响。当国家融入国际贸易一体化的进程中时，其外部市场准入是增加的；而当该国被排斥在国际贸易一体化的进程之外时，其外部市场准入是萎缩的。如果在贸易一体化过程中，一个国家产业部门的融入是广泛的，那么在这个过程中，对于许多产业部门而言，该国的外部市场准入是受到影响的。如果融入贸易一体化的产业部门很有限，那么将会有很少的产业部门受到影响。下面拟分析基于一体化的融入程度、产业部门的覆盖程度不同所产生的影响，并通过特惠贸易协议（PTAs）进行考察。

当前，许多国家不仅通过世界贸易组织在全球层面推行贸易一体化，而且还在地区层面追求特惠的贸易一体化。然而，现实的情况是只有少数特定国家参与了特惠贸易协议，而许多国家则被排除在贸易安排之外。一些国家获准进入外部特惠贸易市场，并以特惠贸易协议的身份进入国际市场，对这些国家的特惠贸易待遇，也意味着对别的国家的歧视或者不公平的对待。排除在 PTA 以外的国家不能够获得对外部市场的特惠准入，从而使得它们的外部市场份额少于在 PTA 出现以前。

无论是融入还是被排除在贸易一体化之外，都会给一个国家带来经济影响。在贸易一体化进程中，融入一体化的经济后果是明显的。例如，当 X 国通过降低贸易关税，增加了与 Y 国的贸易时，X 国将提高其出口商品的价格并降低进口商品的价格。通过更进一步的商品贸易，Y 国提供额外的商品供应给 X 国，而 X 国有那些商品的准入需求；相应地，Y 国也有着对 X 国的商品需求，而 X 国也有着 Y 国所需商品的供应。商品供应数量的增加导致进口价格的降低，而商品需求数量的增加则导致出口价格的增长，这些都与贸易一体化缺失的情况下形成了鲜明的对比。反过来，上述价格的变化影响到国家政治和经济行为体收入的变化，而且这些变化的分配性结果也是具有决定性的。基于上述诸多因素的易变性，国际贸易的发展和增长，要么有利于一个国家资源充足的部门，要么有益于与资源丰富的部门联系紧密的企业。换句话说，融入国际贸易一体化增加了某些产业或者部门的福利，这些产业或者部门要么积极参与出口，要么积极参与商品的进口，但两者都减少了那些与其竞争的产业或者部门的福利。

尽管，当前学界对国家融入贸易一体化的后果的分析比较重视①，

---

① 参见李路曲：《东亚模式与价值重构比较政治分析》，学林出版社 2005 年版。

但我们依然需要关注被排斥在贸易一体化之外的国家所产生的经济影响，这些影响与融入地区一体化的后果正好相反。当一个国家被排斥在其贸易伙伴的贸易一体化安排之外，其进口商品的价格将会增加，而出口价格会降低。[①] 影响进口或者出口价格变化的主要有两种机制或途径：随着一个国家融入更加深入的贸易一体化，它们对商品的供求方向发生改变。这些商品供求所带来的变化，推动着那些被排斥在贸易一体化的国家，被迫接受较低出口价格和较高的进口价格，这是相对于在贸易一体化缺失情况下的价格水平；另外一个引起商品价格变动的因素通过被排除在一体化之外的国家而产生。受到价格变动的影响，这些国家的经济行为体将改变其贸易政策，从而对商品价格产生影响。这些行为体调整了商品的进口或者出口的价格，以保持与贸易一体化进程中的其他国家内部经济行为体的竞争力。[②] 简言之，某一特定国家被排斥在贸易一体化进程之外，将使其某些产业部门的经济福利减少。这些产业部门要么参与了商品出口，要么参与了商品的进口，其福利的减少同时意味着其竞争对手福利的增加。

对于某些国家被排除在贸易一体化之外的学理分析，学界有着下面几种看法：第一种观点认为，某些国家被排除在贸易一体化之外所产生的政治或经济影响，与国家的贸易政策的转向有着一定的联系，但这种影响并不等同于贸易政策转向。一个国家的贸易政策转向通常强调签订特惠贸易协议。贸易政策的转向，着重强调对成员国特惠贸易安排相反

[①] Kreinin, Mordechai E., "Effect of Tariff Changes on the Prices and Volume of Imports", in *American Economic Review*, Vol. 51, No. 3, 1961, pp. 310 – 324; L. Alan, "Regionalism and the Rest of the World: The Irrelevance of the Kemp-Wan Theorem", in *Oxford Economic Papers*, Vol. 49, No. 2, 1997, pp. 228 – 234; Chang, Won and Alan Winters, "How Regional Blocs Affectg Excluded Countries: The Price Effects of Mercosru", in *American Economic Review*, Vol. 92, No. 4, 2002, pp. 889 – 904.

[②] Winters, L. Alan and Won Chang, "Regional Integration and Import Prices: An Empirical Investigation", in *Journal of International Economics*, Vol. 51, No. 2, 2000, pp. 363 – 377; Chang, Won and L. Alan Winters, "Preferential Trading Arrangements and Excluded Countries: Ex-Post Estimates of the Effects on Prices", in *World Economy*, Vol. 24, No. 6, 2001, pp. 797 – 807; Chang, Won and Alan Winters, "How Regional Blocs Affect Excluded Countries: The Price Effects of Mercosru", in *American Economic Review*, Vol. 92, No. 4, 2002, pp. 889 – 904.

的影响,而被排除在一体化之外的经济影响,则指的是对非成员国的影响。当一个特惠贸易安排为那些缺乏效率的成员国提供更便利的市场准入机会时,就会引发该国的贸易政策转向;或者说,当一个特惠贸易安排对那些潜在的、更具效率的非成员国实施歧视性的贸易政策时,也会产生贸易转向。如果贸易安排协议中的成员国和非成员国存在进口价格方面的差异,并推动贸易协定安排中的成员国从缺乏效率的贸易伙伴国进口商品,那么贸易也会发生转向。基于进口商品机会成本的增加,这种贸易的转向会反过来影响成员国的福利。从概念上进行分析,除了贸易转向所带来的影响,某一特定国家被排除在贸易一体化进程之外所产生的反向影响,与格鲁伯(Gruber)所研究的国际制度对于一国经济发展的影响相类似。在格鲁伯看来,一个国家被排斥在国际制度之外要付出巨大代价。①

第二种观点认为,某一特定国家被排除在贸易一体化进程之外,所表现出来的运行机制或者这些机制所具有的特征,类似于一个国家面临经济制裁时所表现出来的特征,但两者之间也有着关键的区别。经济制裁能够削弱或者消除一个特定国家的市场准入,正如被排除在一体化之外削减了市场准入一样。当然,一些研究也认为经济制裁对于国家的经济发展收效不大。② 然而,最新关于制裁的文献研究则重点关注经济制裁的政治影响,这就使得市场准入的重要性进一步显现。③ 两者之间关键的区别在于,相对受到经济制裁而言,国家被排除在贸易一体化进程之外,其表现形式更为隐蔽,也更为普遍。另外一个重要区别是,尽管很大程度上讲,国家被排除在国际市场之外更多地体现为制度性后果,

---

① Gruber, Lloyd, *Ruling the World: Power Politics and the Ride of Supranational Institutions*, Princeton, NY: Princeton University Press, 2000.

② Rowe, David M., *Manipulating the Market: Understanding Economic Sanctions, Institutional Change, and the Political Unity of White Rhodesia*, Ann Arbor, MI: University of Michigan Press, 2001.

③ Marinov, Nikolay, *Economic Pressure for Democratization and the Spread of Limited Government*, UCLA, Los Angeles, CA; Marinov, Nikolay, *What Is the Statistical Relationship between Sanctions and Success?* UCLA, Los Angeles, CA, 2005.

而且很多情况下是无法预料的后果;然而,经济制裁是由国家和政府所实施的、带有强制性的政策工具,希望以此影响其他国家的政策和制度变革。两者之间的差异,也导致了不同国家对于这两种情况有着不同的反应。一个国家所遭受的经济制裁,将可能带来某一特定集团的示范效应,而被排斥在一体化之外则不能产生这样的结果。

第三种观点认为,尽管被排除在贸易一体化进程之外本身就构成了经济危机的一种类型,但这种类型依然有别于学界普遍谈论的经济危机。[1] 经济危机有许多表现形式,从经济萧条、通胀危机,到金融危机和商品市场的危机等。而一个国家比被排除在国际市场之外,在许多方面是与经济危机不同的。被排除在贸易一体化进程之外所产生的危机根源主要是外在因素;与纯粹是由于国内原因,或者国内与国际市场发展不均衡等因素所带来的经济危机不同,被排除在贸易一体化进程之外所产生的经济影响或后果,主要是由国家之外的因素所导致。尽管解决经济危机的传统药方是增加一个国家的商品出口,但如果某一国家被排除在贸易一体化进程之外,而对该国出口的限制并非来自于该国的贸易政策调整,那么,缓解被排除在贸易一体化进程之外的困境,就要着重考虑如何充分利用并开发国际市场。

简言之,对于一个国家而言,是融入贸易一体化还是被排除在贸易一体化之外,意味着其外部市场的扩大或者萎缩。融入贸易一体化进程能够增加了对外的市场准入,对于国内行为体来说也提供了机遇。相反,排除在贸易一体化进程之外,就将减少外部市场的份额,也增加了对国家行为体的经济制约。这些经济福利的变化,对于威权主义国家尤其具有重要的政治后果。在检验这些政治后果之前,我们首先考察市场准入的第二个维度,即对一个国家产业部门的影响。

---

[1] Haggard, Stephan and Robert R. Kaufman, "Economic Ajustment and the Prospects for Democracy", in *The Politics of Economic Adjustment*, edited by Stephan Haggard and Robert R. Kaufman, Princeton, NJ: Princeton University Press, 1992, pp. 319 – 350; Gasiorowski, Mark J., "Economic Crisis and Political Regime Change: An Event History Analysis", in *Amerian Political Science Review*, Vol. 89, No. 4, 1995, pp. 882 – 897; Haggard, Stephan and Robert R. Kaufman, *The Political Economy of Democratic Transitions*, Princeton, NJ: Princeton University Press, 1995.

融入贸易一体化的方式与所涉及部门的特征结合起来分析,可以概括为四种国际贸易一体化的方式,即完全一体化的融入、完全一体化的排斥、部分一体化的融入和部分一体化的排斥等。

表1概括了融入贸易一体化进程的四种形态,实践中也有突出的事例证明。墨西哥是北美自由贸易区的成员,已经融入了地区互惠的贸易协议之中。韩国不是南方共同市场的一员,尽管韩国与该组织的四个成员国,即阿根廷、巴西、巴拉圭和乌拉圭等国有着贸易联系,但其依然被排除在地区互惠关税协议之外。危地马拉从欧盟得到了普遍特惠制的收益,但它依然被排除在非互惠贸易协议之外。而尼日利亚未从美国得到普遍特惠制的利益,尽管美国普遍特惠制惠及其他发展中国家,尼日利亚依然被排除在一个非互惠贸易协议之外。为了更加简便的分析,我们从完全贸易一体化的角度研究国际贸易一体化的融入和排斥。同样,从另一个方面,也可以从部分的贸易一体化角度研究国际贸易一体化的融入与排斥。

表1 国际贸易一体化的方式

一体化类型	包含(Inclusion)	排除(Exclusion)
完全一体化	墨西哥—北美自由贸易区	韩国—南椎体(MERCOSUR)
部分一体化	危地马拉融入欧盟的普遍优惠制(GSP)	尼日利亚未能融入美国的普遍优惠制(GSP)

结合对于地区一体化和政治联盟之间的关系的研究思路,可以认为,许多发展中国家所面临的外部市场准入的变化,打乱了这些国家内部通过权力寻租,以及经济福利分配方面的政治经济安排。其中的表现形式或者说具体的运行机制,主要体现在由于国家外部市场准入的变化,政治领袖为其联盟成员抽取和提供经济福利的能力减弱,从而使其在政策选择等方面受到来自其他阶层或者群体的制约。从另一个方面讲,一国外部市场准入的变化,也将削弱执政联盟成员对其政治领袖的依赖性,而在此以前这些联盟成员主要依靠政治领袖为其提供经济利益。然而,实际发生的政治转型是与一个国家某些产业所面临的市场准

入模式或者规模的变化紧密相关的。政治联盟之间关系的调整,将直接影响到立宪主义的许多核心内容,这些内容包括经济福利和财富的重新分配、不同精英阶层对于民主发展的认识、个人权利的保护,以及如何处理政府与社会的关系等。通过考察市场准入方式的变化,分析这些变化对特定政治联盟福利的影响,可以就这些变化之间的联系作一探讨。

一般而言,在贸易一体化政策实施以前,一国的执政联盟可以借助于贸易保护的形式,从政治体制和政治领袖那里获取经济利益。该国政治领袖为其执政联盟提供经济福利的途径是多样的,不仅可以通过实施贸易保护主义措施,如降低关税或者增加商品配额等方式,而且也可以通过补贴等形式对联盟成员实施保护。相反,如果该国所依赖的执政联盟主要是以大众为主体,那么政治领袖可以通过扭曲农产品市场价格的形式,为其提供保护和经济福利。简言之,国际贸易一体化的发展,对于一个国家的产业经济部门的影响是不同的,也势必对国内政治联盟造成不同的影响。从一国参与国际贸易发展的四种形式来看,虽然完全融入贸易一体化进程,能够增加该国工业制成品的市场准入规模,而部分地融入贸易一体化,事实上也能够增加包括农产品和工业制成品在内的市场准入规模。但是,如果被完全排斥在国际贸易一体化进程之外,则将减少该国大部分工业品的出口规模;部分地被排斥在贸易一体化进程之外,则将会削减农产品的外部市场份额。

为了便于进行比较研究并得出较为清晰的结论,需要从两个方面进行研究。一方面,考察受到外部市场准入影响的产业部门所经历的变化;另一方面,研究不同类型的执政联盟依赖怎样不同的产业部门。这些不同条件和不同情况下的分析,有助于我们观察国际贸易一体化通过何种途径影响执政联盟的变化。许多国家和地区的实例表明,当一国因外部市场的变化而受到影响的产业部门,与该国执政联盟所依赖的产业部门相一致时,那么从理论上讲,该国将经历政治体制的变革。反之,如果两类产业部门不相吻合,那么就不一定能产生政治变革的动力。表2即概括了市场准入、国内政治和经济联盟,以及政治转型之间的关联性。接下来我们按照顺序描述其中的联系。表格中的变量主要涉及到精英和大众的福利状况、不同形式的贸易一体化对其政治后果的推动等维度。

表2 市场准入与政治联盟的作用机制

一体化类型	融入市场和政治联盟			
	包含		排除	
	精英	大众	精英	大众
完全一体化	1a 福利需求的减弱；自由化	1b 无法预测	2a 福利供应的减弱；自由化	2b 无法预测
部分一体化	3a 福利需求的减弱；自由化	3b 无法预测	4a 无法预测	4b 福利供应的减弱；自由化

从表2可以看出，如果一个国家完全融入贸易一体化进程，那么其工业品的出口和市场规模将扩大，但并不必然对其农产品的市场准入产生重大影响。在这种情况下，如果该国的政治领袖所依赖的执政联盟是1a，那么由贸易一体化所带来的工业品市场准入的增加，就将对联盟成员的经济福利有着重要的积极后果。从而，通过融入地区或者国际贸易一体化，该国的工业品增加了对其贸易伙伴国的市场准入。这种变化所造成的另一个方面的后果就是，该国的工业部门就不大需要从政府和政治领袖那里，通过进口补贴或者贸易保护的方式来得到支持。而且，随着国际市场的开拓，工业部门的出口商推动国内市场自由化的动力也将弱化。从而，原本面临激烈竞争的工业部门在推进贸易自由化方面，所承受的压力将会减弱。与以前相比，这些部门对政府和政治领袖的依赖度降低。简言之，无论是进口商还是出口商，其对政治领袖所提供的经济福利的需求受到削弱。这使得他们不再像以前那样依赖政治领袖，也有较强的意愿和能力从联盟中分离。这些原本属于政治联盟的成员，将借助于这一影响力，寻求政治转型或者政治变革。

相反，如果国家的政治领袖依赖的是大众联盟1b，那么该国融入贸易一体化不会对联盟成员的福利造成很大影响。相对于以前的贸易一体化而言，该国融入地区一体化，既不会增加也不会减少对农产品的市场准入。从而，依赖大众联盟的政治领袖继续通过农业部门，为其联盟成员提供相同数量的经济福利，正如他们以前所做的一样。当然，大众联盟成员能够获得相对稳定的经济福利，具体情况要视双方政治协议调整的情况。但上述分析并不意味着在一个由大众联盟作为执政基础的国家中，贸易的一体化不会影响该国的政治转型。从现实来看，国家也将由其他的诸多原因而发生政治转型。

从第二种情况来看，如果一个国家被完全的贸易一体化所排除在外，那么其工业品的外部市场准入将减少，但不会对其农产品的出口市场带来较大影响。我们可以分开来分析，如果该国的政治领袖依赖于一个精英联盟2a，那么执政联盟成员就增加了其对政治领袖的诉求，希望能满足自身对于经济福利的需求。在被国际贸易一体化排除在外的情况下，该国的工业品出口市场规模减小，执政联盟试图通过政治领袖的保护来弥补自身由于市场变化而遭受的损失。准确地说，该国外部市场准入的减少和跨国交易数量的下降，也使得政治领袖从国际贸易中抽取利益并提供给成员的福利减少。相应地，政治联盟成员从执政联盟中分离的愿望和动力更趋强烈。因此，执政联盟成员将利用其自身的权力和影响力寻求政治变革。相反，如果国家政治领袖依赖的是大众联盟2b，那么即使该国被完全被排除在市场一体化之外，也并不会影响到其联盟成员的经济福利。这一机制类似于1b所谈到的情况，故而很难期待该国出现政治转型。

从第三种情况来看，如果一个国家部分融入贸易一体化进程，那么，其工业产品和农产品的外部市场准入将会增加。此时如果该国的政治领袖所依赖的是一个精英联盟3a，那么该国工业品的日益增加的外部市场准入，将会减少联盟成员对来自于政治领袖的经济福利的需求。这种情况可以产生类似于1a中所出现的情况。在这种情况下，政治联盟成员对政治领袖的依赖减弱，也更有可能从政治联盟中分离。他们将寻求通过自身的影响力来推动政治变革。相反，如果国家的政治领袖依赖于一个大众联盟3b，那么部分的融入一体化，也不会影响到联盟成员的福利。与完全的融入一体化和排除在一体化之外不同的是，部分的融入

比较视野下的地区和国别研究
地区一体化、政治联盟与菲律宾政治发展

一体化将增加国家对农产品的市场准入。这样市场准入的增加将使得政治领袖有能力继续从农业部门中抽取经济利益,并提供给其大众联盟成员。相应地,经济福利的供需平衡取决于政治协议中的条件和变化。

最后一种情况是,如果一个国家被排斥在部分的贸易一体化之外,尽管不会影响到其工业产品的外部市场准入,但却将影响该国农产品的市场准入。如果国家的政治领袖依赖于一个精英联盟4a,那么按照我们的理论假设,就不能够推动政治变革的发生。政治精英阶层依然能够获取政治和经济福利,也并不会希望实施政治转型。相反,如果一个国家的政治领袖依赖于一个大众联盟4b,那么,部门地被排除在一体化之外,就将削减该联盟成员的经济福利。因为对于发展中国家而言,其农产品的出口市场已经受到很大限制。从而,随着外部市场规模的减少,政治领袖为大众联盟提供福利的能力也将大为减弱。该联盟也将面临着分离的趋势,大众联盟成员期望通过动员,实施更多程度的政治参与。

总之,地区一体化的发展对于不同国家的政治影响是不同的。由于参与地区一体化的程度和范围不同,国家所经历的政治变革的动力机制也有所区别。对于部分发展中国家来说,贸易一体化的这种非均衡性,主要源于其外部市场准入方式的复杂性。外部市场准入方式的多重变化,不仅制约了国内政治领袖及其联盟成员的政治合作,而且某种程度上也为重新建设新的联盟提供了机遇。一个国家外部市场准入的变化,将削弱执政联盟成员对政治领袖的依赖。从福利方面来说,也将影响到政治领袖为其执政联盟成员提供福利的能力。这些变化,最终也将影响到执政联盟成员的政治权力和影响力,继而推动政治变革的实现。

维系政治经济联盟或者说执政的精英联盟关系的主要因素,在于普遍的政治共识的存在,而这些共识又包括不同的政策目标和问题领域。无论是从理论方面,还是从现实实践过程中,当前学界和政策层面对于政治共识的功能和机制研究都较为匮乏。在特定的政治体制中,如何考察政治行为体的政治共识产生的动力和根源,如何测评大众对于政治制度和宪法等法律文献的满意度,以及如何评价政治稳定等问题都是非常复杂的。

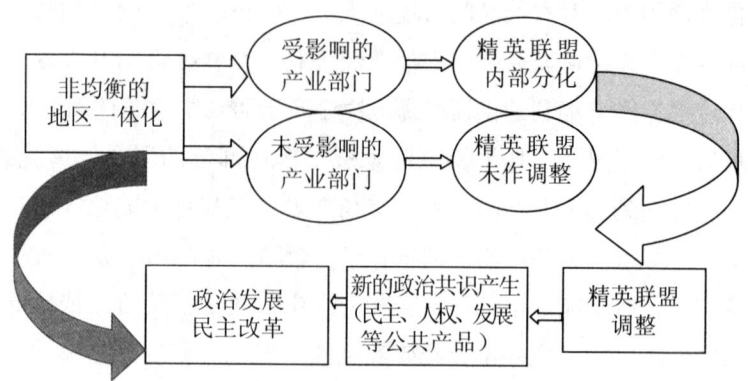

根据当前转型理论及其作用机制的学理分析，可以对本文的方法论和实证案例进行描述。不同国家的政治转型过程中都存在着多重的、各异的因果路径和机制。通过考察地区一体化、政治联盟和国内政治变革之间的关联性，可以得出结论：一是随着地区一体化的推进，一国外部市场准入的变化将对政治转型产生重要的影响；二是地区一体化与政治变革的作用机制日益成为研究热点。地区一体化的深入发展，将带来外部市场准入的变化，这些变化通过对一国的政治经济联盟的影响，进而改变执政联盟对于财富分配、政治结构、个人权利等制度性变革的预期，并最终推动政治发展。

三、地区一体化、精英联盟与菲律宾的政治发展

作为政治发展中的变化过程，菲律宾民主转型期的基本特征是政治体制具有过渡性，即旧的威权政体逐步退出舞台，新的民主政治逐渐形成和巩固。尽管菲律宾国家政治生活中添加了一些现代民主政治的元素，如宪法、议会、选举制度等，但这些并未带来相应民主理念的填充。从实际情况看，这些元素大多成为执政者赢取内部和外部合法性的必要装饰，真正得到实施并发挥效力的较少。传统的威权主义统治方式虽然被推翻，但其后遗症仍在发挥影响。在当前菲律宾的政治生态环境下，家族统治仍然是政治发展的典型特征，国内政府权威仍凌驾于社会

之上,作为社会主体的民众在政治生活中很大程度上是作为潜在的力量而存在的,国家与公民社会的关系既不和谐,也不规范。因而处于转型时期的菲律宾民主化道路仍然很漫长艰辛,面临着国内很多不确定的因素。

菲律宾精英政治共识的缺失及民主实践。从理论上讲,国家巩固自身民主的路径可以作两个层面的思考:第一,建立正式的民主政治制度,有公正的程序和严明的法制作为保证,这样既可以培育公民基本的政治权利得以实现,也可以推动公正、竞争性的选举进程。第二,有良好的环境实现对民主的生活方式和公民能力的培养,在大多数成熟的现代国家,公民社会得以孕育和发展。① 对此,有学者从三方面阐释巩固民主的要素:"从政治行为体的角度来说,国家内部具有强大实力的政治集团不愿推翻现有的民主政体;从公众态度的角度而言,国家既有的民主程序和制度被看作是治理集体生活的最适合的方式;从宪政的角度而言,政治力量习惯于在特定法律、程序和制度的范围内寻求解决冲突,而这些特定的法律、程序和制度尊重民主进程。"②

菲律宾建立民主规则和制度、加强民主价值观的进程,是一个多方面因素相互交织的过程,需要放在特定的历史背景下去理解。菲律宾发展经济的能力较弱,缺乏明确的经济发展目标。③ 由于该国虚弱的政治制度和体制,执政联盟倾向于对国家日益增强的腐败力量妥协,而联盟内部的利益集团随时有脱离执政联盟的可能,这些政治体制内部的倾轧

---

① Stephen Macedo, "Transition to What? The Social Foundations of Democratic Citizenship", in *Pathways to Democracy: The Political Economy of Democratic Transitions*, edited by James F. Hollifield and Calvin Jillson, New York and London: Routledge, 2000, pp. 5 – 6.

② Juan J. Linz and Alfred Stepan, *Problems of Democratic Transition and Constitution: Southern Europe, South America and Post-Communist Europe*, Baltimore: Johns Hopkins University Press, 1996, pp. 5 – 6.

③ 为了对一个民主发展中的国家作出评价,Adrian Leftwich 认为,首要的发展评估是每年的平均 GDP 增长率,或平均资本在 25 或者 30 年的时期至少达到 4% 的增长率。在这样的标准下,菲律宾显然不合格。他还进一步指出,民主和发展之间的紧张关系,主要由于巩固和建立民主通常使国家失去作出决策的能力,而且也不能够完成向经济和社会生活所必须的根本结构。参阅 Adrian Leftwich, *States of Development: On the Primary of Politics in Development*, Cambridge: Polity Press, 2000。

通常成为经济发展的制约因素。反过来，长期糟糕的经济表现加深了根深蒂固的阶级冲突，并强化了地区宗教的分裂，菲律宾南部地区更是如此。

在虚弱的国家体制困境中蹒跚前行的同时，菲律宾却有着一个蓬勃发展的公民社会。菲律宾强大的公民社会，通过自身的力量维护那些处于不利地位的产业利益。但从长远来看，基于虚弱的国家体制和稀缺的资源等特征，菲律宾政府很难解决上述问题。这些政治和经济乱象，从根本上加强了政治斗争的复杂性和长期性，而且政府对于社会运动的管理难度加大。① 事实上，菲律宾的政治体制呈现出来的是一种脆弱的民主特征。

（一）地区一体化实践及菲律宾精英联盟的调整

观察1990年代初期菲律宾的经济发展状况可知，后马科斯时代的菲律宾各届政府为了地区经济合作和本国经济发展所作的努力，均为后来阿基诺政府的改革实践奠定了基础。从政治角度而言，如何实现从威权主义政体向民主政体的转型，已成为菲律宾政府面临的重大课题。尽管20世纪末菲律宾所经历的政治转型经历多重挑战和困难，但总体趋势是向前发展的。菲律宾的民主转型，为其在21世纪的世界经济舞台上焕发活力提供了动力。拉莫斯政府推行的经济改革，以及菲律宾对外贸易的发展，一方面增强了菲律宾在国际舞台上的影响力，另一方面也推动了国内的民主制度建设。需要研究菲律宾恢复民主和实施政治改革以来所取得的经济成就，探讨外国直接投资对菲律宾政治变革的影响。实践表明，稳定的、可持续的经济发展，对于菲律宾政治联盟的巩固和民主的实践，都具有重要意义。

第一，菲律宾经济发展与精英联盟的形成。近年来，菲律宾经历了复杂的政治转型。阿基诺的遗孀科拉桑·阿基诺于1986年1月参加了总

---

① 对于"争论性的政治"，可以参考 Doug Mcadam, Sidney Tarrow and Charles Tilly, *Dynamics of Contention*, Cambridge: Cambridge University Press, 2001, pp. 4 – 9。

统选举,"人民力量革命"也随之成立,并最终终结了马科斯所实施的《战争法》。该法的主要依据,是当时菲律宾国家和民族的安全处在左翼运动的威胁之中。① 其主要成就除了对民主秩序的恢复之外,就是寻求菲律宾经济的可持续发展。有学者认为:"从根本上说,阿基诺政府处于一个转型的时代。前第一夫人的身份使其能够较好地处理那些复杂的、具有挑战性的经济问题。其继任者拉莫斯实施了对外资开放的政策,并努力使菲律宾融入全球和地区经济的一体化进程之中。"②

后马科斯时代政府实施的改革,推动了菲律宾民主制度的回归,也为未来实施根本的政治和经济的改革提供了动力。有评论指出:"1992年以来菲律宾总统坚持了立宪主义的精神,使得现任政府能够从已经播种的民主种子中收获果实,并在随后的政府中成熟壮大。"③ 自20世纪90年代以来,菲律宾的政治改革任务就变得极为急迫。当时,以某些经济改革为代价换取政治改革的推行,也使得阿基诺政府面临着较大的政治风险。而此时的政治改革也取得了一定的成果,譬如在其任期结束之前的1991年,阿基诺成功地推动并通过了具有重要意义的《菲律宾地方政府法则》,这项举措重新安排了政治权力的分配。

此后的拉莫斯总统继续坚持政治发展和经济改革道路。很大程度上说,由于拉莫斯政府的改革,菲律宾的经济增长率从1991年阿基诺政府时期的0.5%,增长到1996年的7%。1995年出口增速达到25%,而1996年的前九个月也增长了16.6%。从世界范围来看,拉莫斯政府所推行的范围广泛的经济自由化改革,伴随着政治改革,都改变了世界对菲律宾的认知。菲律宾正从马科斯的阴影中走出来,开始了与地区重新一体化的进程。而拉莫斯开始从马科斯的政策失利中汲取教训,"开始了巩固其政治权力的尝试,并引导国家朝向更开放的经济一体化方向迈

---

① Gary Hawes, *The Philippine State and the Marcos Regime: The Politics of Export*, Cornell University Press, Ithaca, 1989.

② Amando Doronila, *The State, Economic Transformation, and Political Change in the Philippines, 1946–1972*, Singapore: Oxford University Press, 1992, p. 1.

③ Jesus P. Estanislao, "The Philippine Economy: An Emerging Asian Tiger", Institute of Southeast Asian Studies, Singapore, 1997, p. 9.

进，其中外国投资发挥了重要作用，但遗憾的是，这些努力大都未能取得预期的成果。这些缺憾是由于多种因素导致的，其中包括在菲律宾国内已经形成一些日益巩固的利益集团，譬如以进口为导向的制造业部门，这些部门和产业对于国家的某些政策开始进行抵制；除此之外，菲律宾国内日益增加的民族主义者对外国控制菲律宾经济所作出的极端反应，以及菲律宾农村精英也保持着持续的影响力，这些农村精英不愿意看到任何对他们不利的分权措施"①。

1. 菲律宾对外直接投资（FDI）的增长和保护主义的终结所带来的影响

在拉莫斯政府时期，国家推行的许多贸易保护主义措施被摒弃，中央集权下经济统制的桎梏被放开，但随之而来的却是日益蔓延的腐败现象。② 长达几十年的外汇兑换限制被解除，菲律宾比索实现自由兑换，贸易的制约条件被废除。2003 年，菲律宾主要商品关税降到了 5% 以下。自 1948 年以来菲律宾第一次允许设立新的外资银行，政府开始放松了工业管制，许多国有企业也被私有化。③ 外国投资大量进入菲律宾，如新加坡凯帕尔集团迅速引进了可替代的驳船，供应菲律宾所需要的一些燃料。香港合和实业（Hopewell Holdings）开始在菲律宾投资，修建了一些大的发电厂。经过 15—20 年之后，所有这些财富都移交给了菲律宾政府管理。

为吸引外部投资，拉莫斯政府在 1995 年通过了《特殊经济区法案》，该法案为菲律宾经济区委员会（PEZA）的发展奠定了道路，该委员会掌管着超过 40 个特殊经济区，吸引了大量的国际和国内投资。1994—2001 年间，这些特殊经济区的雇员从 229650 人猛增到 716990

---

① Gary Hawes, *The Philippine State and the Marcos Regime: The Politics of Export*, London: Cornell University Press, 1989, p. 126.

② Andrew Tanzer, "Good-bye to Feudalism", in *Forbes*, Vol. 154, No. 13, 5 December, 1994, p. 121.

③ Andrew Tanzer, "Good-bye to Feudalism", in *Forbes*, Vol. 154, No. 13, 5 December, 1994, p. 121.

比较视野下的地区和国别研究
地区一体化、政治联盟与菲律宾政治发展

人,出口的制造业产品价值也从 27 亿美元增加到 194 亿美元。需要指出的是,即使在经济危机爆发时的 1997 年,该地区依然保持了 63.5% 的经济增长率。特殊经济区主要投资的产品是电子类制品,占到总量的64.3%、电子机械占到 13.8%、运输和汽车零配件占到 7.4%。1995—2001 年间,总投资达到 7676 亿比索。一项基于国家投资的统计分析显示,这些投资的 39.6% 来自日本,17.3% 来自菲律宾本国,13.3% 来自美国,还有 8.4% 来自荷兰。[1] 上述资料清晰地表明,由阿基诺和拉莫斯政府所采取的政治和经济的措施是有效的。

菲律宾政府所推行的范围广泛的经济改革中一个重要的方面,就是外国直接投资方面取得了大的进展。随着马科斯退出权力舞台,外国直接投资就被作为地区一体化的强大推动力量,不仅为菲律宾提供了一个相对稳定的资金资源,而且也赋予了菲律宾长远稳定的经济增长的前景。这些投资不仅使得菲律宾经济从危险的恶性循环中回归正确的道路;而且也增加了菲律宾的出口,提高了地方工业的生产率,提升了菲律宾整体的科技水平。[2]

外国直接投资的增加,推动了 1991 年《外国投资法案》的颁布,这部法案有效地推动了投资的自由化,法案赋予了外国投资者与菲律宾国内投资者享有同等的地位。与此相关,菲律宾立法机构也简化了审批程序,以利于外资在菲律宾尽快注册。加入世界贸易组织的努力,以及对国际货币基金组织所作出的货币自由兑换的承诺,都增强了菲律宾政府打破国际市场壁垒的努力,尤其是由国际货币基金组织在 1990 年代推动经济自由化计划的实施,为投资改革铺平了道路。

拉莫斯政府推动的这些政策由于一些外来因素不断得以强化。[3] 例如,东南亚国家联盟和亚太经合组织的成员国资格,可以鼓励并推动菲律宾贸易和投资的自由化。为了吸引外国直接投资需要提高菲律宾在国

---

[1] PEZA, Philippines Economic Zone Authority, 2002, http://www.peza.gov.ph.
[2] Scholastica David Cororation, "Amending the Foreign Investments Act of 1991", Economic Papers, No. 4, University of Asia and the Pacific, Pasig City, 1994, pp. 4–10.
[3] The Philippine Political Monitor, September 1994, p. 13.

际社会中的形象。1987—1995年间,为了保证经济的迅速恢复,菲律宾国会通过许多重要的政治和立法改革,改善了经济环境,都为菲律宾吸引到了更多的投资和贸易往来。①

2. 拉莫斯政府坚定地推动菲律宾朝着工业化的方向迈进,它们对国家推进企业的自由化改革充满信心

一方面,菲律宾政府增强了对外部投机性资本的防御能力,另一方面,菲律宾政府实施经济自由化改革,推动了宏观经济的稳定,加强了对私有企业的政策扶植,改善了国家的经济基础。② 然而,需要看到的是,虽然拉莫斯政府推动了经济领域发生巨大的变化,但在政治领域仍存在某些关键的问题需要解决。研究表明,尽管菲律宾开始了民主制度变革进程,但对于如何实现立宪主义理念在菲律宾的转型,如何进一步巩固菲律宾公民社会的发展基础,菲律宾政府依然缺乏推动行之有效的措施和应变能力。③ 在经历了严峻的1983—1985年的经济衰退之后,迫于经济发展的巨大压力,阿基诺政府不仅加强了经济改革,而且也开始关注政治改革。此后,拉莫斯政府也推动了具有重要意义的政治改革,具有重要意义的即是1991年《菲律宾地方政府法规》的出台。在其任职总统期间,拉莫斯推动国会颁布了229部结构性的法规,其中79部涉及到经济改革,85项涉及到社会改革,其余的则是政治、选举和国防和行政改革。④ 从这些改革措施中可以看出,在拉莫斯政府的改革议程中,不仅经济改革放在重要的地位,政治改革也置于优先发展的地位。

第二,发展战略调整与菲律宾的民主化变革。 亨廷顿认为,经济发展为民主提供了物质基础,由迅速经济增长或经济衰退所造成的危机削

---

① Renato Velasco, "Does the Philippine Congress Promote Democracy?", in *Democratization: Philippine Perspectives*, p. 293.

② Julius Caesar Parrenas, "Clear Signals from Fidel Ramos' Economic Tram", in *Philippine Political Monitor*, October 1992.

③ Gabriella R. Montinola, "Parties and Accountability in the Philippines", in *Journal of Democracy*, Vol. 10, No. 1, 1999, p. 132.

④ Fidel Ramos, " 'People Power', Revolution in the Philippines", Speech at the World Economic Forum Annual Meeting, 2001.

弱了威权主义。① 同时，历史制度主义（historical institutionalism）和路径依赖（path dependence）理论指出，不同国家和地区选择不同的民主化模式与它们之前的政治制度有关，而各国选择的经济与社会发展战略会对民主化进程中的社会力量对比造成直接影响，从而塑造不同的民主化模式。② 菲律宾的土地改革、工业化战略与社会保障政策等经济社会发展战略对菲律宾民主化进程有着深远影响。

1. 土地改革对菲律宾民主化进程的影响

菲律宾在民主化之前曾三次试图改变其土地制度。③ 1955年，马克赛赛（Ramon Magsaysay）政府颁布了新的《土地改革法》。规定由政府征购超过300公顷的私人土地和超过600公顷的公司土地转卖给佃农；由于改革方案允许地主保留的土地面积过大，地主阶层百般阻挠，最后，这次土地改革几乎没有取得什么成效。1963年，马卡帕加尔（Diosdado Macapagal）政府再次颁布了新的《农业土地改革法》，1972年，马科斯政府发起了第三次土改。菲律宾的土地改革对菲律宾的民主化进程产生了很大的影响：第一，土改的连续失败激化了农民长久以来的不满，农村的反叛运动持续不断，菲律宾共产党对马科斯政府的军事武装斗争也为暴力斗争提供了土壤。这些成为之后菲律宾民主化进程中暴力斗争严重的原因。第二，土地分配不公加剧了菲律宾的经济不平等状况和利益冲突，恶化了精英与社会大众之间的关系，为民主化进程中的激烈斗争和不妥协埋下了种子。第三，大地主阶级继续存在，成为菲律宾民主发展的重要阻碍力量。

2. 工业化战略与菲律宾民主转型

工业化战略对国家的社会的发展具有决定性意义。工业化战略通过对社会经济宏观结构的塑造，间接地对社会政治发展（包括民主化模式）发生影响，具体表现为社会结构、政治力量联盟及其关系对比的塑造，

---

① 〔美〕亨廷顿：《第三波——20世纪后期民主化浪潮》，刘军宁译，上海三联书店1998年版，第69页。
② Graeme J. Gill, *The Dynamics of Democratization: Elites, Civil Society, and the Transition Process*, Basingstoke: Macmillan Press Ltd., 2000, pp. 72-75.
③ 沈红芳：《东亚经济发展模式比较研究》，厦门大学出版社2002年版，第332—333页。

对社会阶层、政治力量与政治行为的影响。菲律宾最初的进口替代工业化道路在1960年代走到极限,未能及时转向出口导向阶段,延误了其工业化进程。1970年后,马科斯政府开始转向出口导向道路,并开始大规模利用外国贷款在城市进行大型工业项目建设和旅游设施的重建与开发(而不是直接吸收外国投资)。① 此后马科斯政府转向了贸易保护主义,并以政府的名义将大企业国有化后交给自己的亲朋好友经营,开始致力于发展家族垄断资本主义。如此的工业化发展战略不仅没有提高菲律宾的工业化水平,而且导致了对菲律宾民主化进程十分不利的政治力量对比。首先,马科斯的家族垄断资本主义战略使菲律宾的工业企业主要集中在大马尼拉地区——此处集中了全菲律宾小型工业企业的31%、中型工业企业的66%,以及大型工业企业的57%;② 这就为菲律宾工人组织化斗争提供了得天独厚的条件。其次,马科斯政府通过发放贷款推进大型项目建设,利用马科斯及其亲朋好友控制工业部门的发展方式,形成了威权统治者与其所庇护的相互依赖关系,使威权政府丧失了自主性和控制力。再者,马科斯政府的工业化战略明显忽视了农业和农民的利益,致使农民成为以武力反对独裁统治的重要力量。总之,菲律宾对工业化的战略选择导致了菲律宾民主化进程中不同的政治力量对比和政治立场选择,对菲律宾的民主化进程产生了重要的影响。

3. 社会保障政策与菲律宾的民主化进程

建构和完善社会保障政策是后发展中国家重要的社会发展战略,并影响到政治发展的进程。健全完善、得到有效执行的社会保障政策无疑会增加大众对政府的认同和支持力度。反之,社会保障政策如果覆盖面窄、不完善且执行不力,公民的基本权利得不到保障,社会大众对政治体系的不满和反抗行为会必然增加。菲律宾的社会保障政策从美国殖民统治开始就已经开始建构,主要是覆盖政府官员的社会保险计划(GSIS,Government Service Insurance System)和覆盖私有部门雇员的社会保障计划

---

① 沈红芳:《东亚经济发展模式比较研究》,厦门大学出版社2002年版,第295页。
② 沈红芳:《菲律宾》,上海辞书出版社1985年版,第153页。

(SSS, Social Security System), 内容限于养老、医疗和工伤等; 然而, 其覆盖面的扩展非常缓慢。在民主化回归前的 1981 年, 在菲律宾将近 5000 万人口中也只有大约 2000 万人获得医疗政策的保障, 而其中有约 25% 属于政府雇员, 大部分私人部门雇员和农民无法得到有效的医疗保障。[①] 而在养老、住房保障方面, 菲律宾长期以来在东南亚各国中处于较低水平。菲律宾的社会大众既然从马科斯政府得不到任何权利保障, 他们在推翻马科斯政府的民主化斗争中也显得义无返顾; 即便缺少反对派的组织与领导, 他们总是自觉地走上街头, 或者拿起武器希望推翻马科斯政府, 以至于最后终于导致马科斯威权统治的倒台。

(二) 精英—大众的互动与菲律宾的政治发展

第一, 菲律宾政党体制的变迁与民主化的开启。菲律宾是亚洲最早实行政党政治的国家。战后菲律宾的政党体制处于持续的变革当中。自 1946 年独立以来, 菲律宾的政党制度发展主要经历了三个阶段。从 1946 年到 1972 年为两党制阶段, 国民党和自由党轮流执政, 但这并不代表菲律宾的政党制度已经发展成熟, 而是由于深受美国的影响, 在自己社会经济条件还未成熟的情况下, 刻意模仿美国两党制的结果。在这 26 年间, 两大政党的组织系统松散, 没有基层组织, 家族势力操纵党的运作, 派系斗争十分激烈。1972—1986 年实行军管法。(1972—1978 年由于禁止政党活动, 是无党制的阶段。) 从 1978 年解除党禁到 1986 年恢复政党活动, 菲律宾实行一党独大制, 解散了其他政党; 1980 年后, 菲律宾国内出现了一些小的反对党, 恢复了多党竞争的局面。由马科斯时代军管时期的 "一党独大" 的专制型政党政治向多党竞争的民主型政党政治的转化, 是菲律宾走向民主化的重要标志。第一, 竞争性政党体制的产生有利于形成制衡力量, 扩大政治参与范围。第二, 推动宪政改革, 促使政党政治所需的良性环境与空间逐步形成。在长期的 "一党专政" 和戒严

---

① William C. Hsiao, *Social Health Insurance for Developing Nations*, Washington, DC: World Bank, 2007, p. 107.

体制下，菲律宾民主型政党政治的运作机制始终未曾建立，现行的政治体制在许多方面有碍政党的竞争。后马科斯时代，由于民主化进程的回归，首先是重新修改了宪法，确立了行政、立法、司法分权的民主政体，这样，菲律宾的政党政治空前活跃。各政党联盟和政党内部剧烈分化组合。在阿基诺政权建立后，分权化及分化（fragmentation）成为社会思想的主流，这激发了代表新兴势力和利益的政党团体的出现和发展，有利于菲律宾的民主化进程的开展。

从后马科斯时代菲律宾的政党体制的变迁可以看出，菲律宾的政党制度尽管还不成熟，但政党政治的游戏规则得以确立，大众政治参与的程度大幅度提高，反对党力量日益增长，强人政治、威权政治的时代基本结束。随着威权政府的倒台，政府对大众舆论限制的放松和民众政治参与的热情开始升温，反对派政治运动开始复苏，反对党在日渐宽松的政治环境中得到较大发展，并日益在公职选举中显示出自己的力量，使政治参与变得更加多元化，更少受到政治精英的控制和操纵。另外，菲律宾的选举政治也因此得到不断完善，基本上有了自由和公正的选举以及广泛的公民权。在这种情况下，人们有更多的机会加入或参加政党和政党的活动，有利于培养出政治意识和政治活动经验更为成熟的公民，从而有利于未来菲律宾民主化进程的巩固。

第二，菲律宾公民社会的成长。成熟的公民社会是一个国家走向现代化的重要标志，也是国家法制化和民主化的重要保证。由于马科斯威权时期的高压统治，菲律宾的大众政治参与空间极为有限，此后随着马科斯统治的垮台，民间政治参与意识开始上升。中产阶级蓬勃兴起，民间财团也得到相当大的发展。由于这些阶级、阶层长期以来都不同程度地受到政府的压制，其力量发展到一定程度后，自然要求改变现状，维护其自身利益。因此，代表不同阶级、阶层和行业的利益集团纷纷涌现，他们或借助新闻媒介参加选举，寻求正常的政治参与；或诉诸街头抗争，在法律边缘争取发展空间。由此，转型期菲律宾大众的政治参与呈现出一幅日趋活跃而又险象环生的局面。日益蓬勃发展的社会民间力量凭借已经获得的结社自由等现代法律提供的自由空间，对原有的政治体制形成了强有力的冲击。一方面,它通过向国家或政治势力施加压力,迫使国家或地方内部产生分裂,并与国家或地区的改革力量结成联盟,使其政策导向发生变化,从而向原有的政治体制输入现代性因素;另一方面,这一进步导致了自身独立性的加强,从而出现国家或地区与社会的不断分离,最终形成二元互动模式。

1. 利益集团与政治参与

在16世纪西班牙的殖民统治之前,菲律宾各岛的原住民是以亲族关系组织起来的,没有形成独立的政治、商业、社会福利和慈善组织等利益团体。独立后随着经济的发展和社会转型的加速,各种利益团体相继出现。尤其是在马科斯政权倒台后,标志着菲律宾政治多元化时代的来临。原有的利益团体日趋活跃,新的团体不断产生,并出现了"民主基金会"、"国家发展策进会"等带有明显政治色彩的利益团体。这成为推动菲律宾政治民主化和大众政治参与的手段之一。近年来,菲律宾的消费者、环保者、劳工、农民、女性等纷纷以身份为号召,寻求认同,原有的利益集团也不再甘于扮演消极被动的角色。同时,在精英阶层与大众阶层的互动中,大众阶层独立自主的社会和政治组织逐渐得到合法化,从而基本上作为平等的政治参与者进入核心制度体系。新旧利益团体的积极活动,促进了社会运动的蓬勃兴起。

2. 非政府组织与政治参与

菲律宾民主转型的一个重要标志就是非政府组织得以蓬勃发展,大量NGO如雨后春笋大量涌现,并在社会政治生活中扮演越来越重要的角色。数量众多的NGO通过在农村扶贫开发、环境保护、女性、都市贫困、医疗卫生、人道主义援助、儿童权益等领域开展活动,提高和扩大了自身的社会地位和政治影响。随着菲律宾经济的发展和社会的急剧变化,经济和社会团体逐渐增加,据统计,在1984年,菲律宾有23800个NGO,到1996年增加到70200个。[①] NGO在政治上扮演了

[①] 李文:《东南亚:政治变革与社会转型》,中国社会科学出版社2006年版,第125页。

重要的监督和制约角色。在菲律宾,自由选举全国公民运动(NAMFREL)进行选举监督,在引导平行的"快速记票"和揭露已发生的广泛的舞弊行为中起到了主要作用。大量非政府组织的出现,表明菲律宾正在成为一个多元社会,具有不同角色与功能的 NGO 促进了社会价值体系的多元化。

3. 天主教会的政治参与

西班牙的殖民统治(1521—1898)及其带来的天主教会的宗教霸权,对菲律宾的政治转型带来了很大影响。宗教界建立了几家医院、庇护所、孤儿院、宗教学校和其他的福利组织,这些组织主要是为西班牙人以及地方上的上层人士服务。① 面对殖民统治,菲律宾地方居民一开始采用了小规模农民反抗的形式来对抗。抵抗活动通常通过兄弟会(brotherhoods)组织起来,兄弟会是天主教会为改变当地宗教信仰和管理他们而创立的,然而,教会不承认反抗组织,西班牙当局则通过武力镇压他们,于是这些组织有一些转变成独立的教会,主要只提供精神上的服务。②

4. 中产阶级的发展壮大

在菲律宾民主化进程中,公民社会对民主化进程的作用还体现在菲律宾中产阶级的不断成长与壮大。在菲律宾,中产阶级主要由企业家、知识精英、技术官僚等等组成。在菲律宾民主发展进程中,随着中产阶级的不断增加,他们与僵硬的威权体制的矛盾也不断激化,要求变革的呼声更加强烈。同时,文化教育的普及、公民文化素质的提高以及民主、平等、自由等理念逐步深入人心和公民参政意识的增强,也加速了菲律宾的民主转型步伐。其中最具影响的活动家和组织是由非常政治化的主教辛·海棉(Jaime Cardinal Sin)领导的强大的商业组织,包括像菲律宾银

---

① Jaime Faustino, *Traditions in Private Philanthropy*, Manila: Philippine Business for Social Progress, 1997, p. 271.

② Reynaldo C. Ileto, "Rural Life in a Time of Revolution", in *Filipinos and Their Revolution: Event, Discourse, and Historiography*, Quezon City, the Philippines: Ateneo de Manila University Press, 1998, pp. 215 – 217.

行家商业协会和菲律宾雇主联合会这样的全国性的最大的商业组织和其他商业团体。大众传媒也是公民社会的重要组成部分,长期以来,菲律宾的传媒是东南亚地区最为自由的传媒之一,因而形成了独立于国家和各种强势部门的比较自由的力量;此外还有处于体制外的各种武装的社会运动,实际上他们与体制内的工会、人民团体、职业团体以及分布在全国各地的表达着各种政治倾向和意识形态的非政府组织有着密切的关系并相互影响。

由于传统政党的软弱、市民组织享有广阔的活动空间,公民社会一直持续分享和扮演着代表人民、分配资源、意识形态塑造和参与等推动政治变迁和民主发展的角色。市民组织在表达社会利益、监督政府、动员和组织选民参政方面发挥着积极和有效的作用。在驱逐马科斯和后来的埃斯特拉达总统时,他们都处于动员群众的最前沿。尽管普遍采用非制度化的竞争形式和抗议形式,但绝大多数组织和运动,即使是具有极端意识形态倾向的社会运动,在后马科斯时代都是围绕着议会权力和政策制定运作的,因而尽管在形式上有时可能是非制度化的,但在本质上是属于体制内运作。而且它们越来越倾向于通过在地方和国家层面上推举候选人角逐议席来参与政治。因此,对菲律宾来说,在政治和社会经济发展中如何处理好政党、国家和公民社会之间的关系并创造性地发掘市民组织的活力,是需要认真思考的问题。

由此看来,公民社会的形成构成了菲律宾政治转型或民主化的重要推动力。菲律宾公民社会的不断壮大有利于激发公民的政治参与,提高公民的政治效能和参与技术,增强民主转型的社会基础,有利于菲律宾的民主巩固。

第三,菲律宾精英联盟与大众的互动。一般说来,发展中国家要实现现代化,在阶级基础和阶级关系方面至少应该具备三个条件:其一,是拥有一个具有领导和推进现代化和产业化愿望和能力且又身居中央的精英集团。他们可以依靠政治权力引进产业文明并使之扎根于这个社会;其二,是拥有一大批熟悉现代经济运行的管理人员,掌握现代技术的技术人员，具备一定的资本、事业能力和企业家精神的实业家，具有熟练能力的工人和具有购买力、作为买主而出现在市场上的消费者。他们可以使引进的以现代科学技术为中心的、原来属于外来文明的产业文明的诸要素内化于本国社会；其三，是随着现代政治法律体制的建立和完善，上述诸阶层之间的互动日益向协调和融合方向发展。从菲律宾精英阶层考察来看，主要表现在以下三个方面：其一，精英阶层通过对经济发展战略和政策的调整，不断加大对大众阶级的利益和需求的关注和满足程度。其二，精英集团的同盟队伍不断扩大，对各种利益集团的容纳能力不断增强。精英集团愿意与同政府官员有各种联系的民间企业家结成联盟。其三，在政治领域，精英集团经历了从对大众阶级的排斥到对大众阶级整合的深刻转变。在马科斯独裁统治时期，政府垄断国家权力，禁止其他政党存在，强行把大众党团排除在国家政治之外，剥夺了大众的政治参与权利和抑制了公民社会的成长。被排斥在政治生活之外的大众阶级必然对精英集团产生反感。

然而，国家的政治法律伴随着经济增长而逐步完善，将给威权主义政治带来压力。大众的政治参与意识的增强以及有组织、有目的的反对运动高涨，迫使精英集团为维系统治的合法性而采取一系列政治自由化的措施，包括解除戒严、政党禁令等。在精英阶层与大众阶层的互动中，大众群体独立自主的社会和政治组织得到合法化，从而基本上作为平等的政治参与者进入核心制度体系。

第四，大众联盟（the popular coalition）的形成与巩固。菲律宾民主秩序的巩固，涉及国家和公民社会之间的磋商和调适。从历史发展来看，菲律宾曾经存在过一个公民社会组织的复杂网络。从政治上来讲，具有重要影响力的行为体不一而足，其中包括：具有高度影响力的天主教会；与教会相关联的各种组织；商业集团，如菲律宾银行家联合会和劳工集团；地方教会组织和宗教运动；媒体组织；军事运动组织；多种多样的非政府组织等。

名目繁多的公民社会组织，其数量远远多于虚弱的政党和团体。这些组织在选举期间，在表达社会利益、监管政府作为、在组织和动员选

比较视野下的地区和国别研究
地区一体化、政治联盟与菲律宾政治发展

民参与政治活动方面发挥着有效的作用。① 公民社会组织通过多种途径发挥作用,它们在驱逐马科斯和后来的埃斯特拉达方面也起到了动员大众的作用。对于菲律宾政府而言,一个重要的挑战在于如何通过可操作的途径,一方面既尊重各种社会组织和社会团体建言献策的动力,另一方面又尊重其制度化的发展,这就需要政府的决策不被某些集团的特殊利益所左右。虽然政府和公民社会组织之间存在着分歧,但客观上许多方面的合作与调整已经有了很大进展。②

在菲律宾民主巩固的进程中,社会运动发挥了重要的作用。这些社会运动通常"以民众的名义对当权者提出根本的挑战,这些民众生活在当权者的司法裁决之下"③。菲律宾传统政党力量的孱弱,也给予了公民社会组织和社会运动较大的发展空间,这些运动和组织在加强民主、分权等方面发挥着重要的功能。尽管这些社会运动带有明显的非制度化形式,但这些活动依然是一种值得期待的民主实践。在后马科斯时代,这些带有意识形态色彩的抗争性的社会运动,也积极地参与到议会改革的进程之中。菲律宾的社会运动,很大程度上为推进民主化提供了典型的范例。这些运动推动了民主规则的形成,从而对民主化进程作出了贡献。④ 菲律宾社会运动和社会组织逐渐增加了它们在立法机构的存在,它们通过多种方式对菲律宾的民主化进程施加影响。这些社会组织通过

---

① 对于某些具有丰富的案例解释的著作,论及各种各样的公民社会,以及公民社会和国家的关系,尤其在政策制定过程中政策宣传和政治动员等方面的情况,可以参阅 Marlon, A. Wui and Ma. Glenda S. Lopez (eds.), *State - Civil Society relations in Policy-Making*, Quezon City: Third World Studies Center, 1997; and Miriam Coronel Ferrer (ed.), *Civil Society Making Civil Society*, Quezon City: Third World Studies Centre, 1997。

② Anna Marie A. Karaos, "Urban Government and Poverty Alleviation in the Philippines", in *Urban Governance and Poverty Alleviation in Southeast Asia*, edited by Emma Porio, Quezon City: Ateneo de Manila Universtiy, 1997, p. 60.

③ Charles Tilly, "Social Movements as Historically Specific Clusters of Political Performances", in *Berkeley Journal of Sociology*, Vol. 38, 1994, p. 7.

④ 三个派别分别代表不同的政治倾向。作为社会运动组织,三个派别均参与政治活动。这些组织的核心选民包括劳工阶层、农民、城市贫民、妇女组织和专业人员以及中产阶级等。Akabyan 代表着左翼组织中最多样化的组织,Sanlakas 的核心政治支持者是贸易联合运动,而 Bayan Muna 则发动创建了"国际民主"这一左翼力量,这是菲律宾国内最大的左翼运动组织。

多种途径，寻求报好社会底层民众和产业部门的利益。所涉及的议题包括财富的分配、价值观的塑造、公民权利的扩大，以及政府治理的方式等。

（三）地区一体化背景下的菲律宾政治发展实践

第一，菲律宾的政治发展特征及困境。在菲律宾，由少数精英统治国家是一个普遍的政治现象。大地主和富裕的家族已经统治菲律宾几十年，甚至前总统马科斯倒台后军方依然保持较强的影响力。对于政治和经济精英来说，能够获得政治参与是一种特权，而大众都被排除在政治决策过程之外。在菲律宾，只有权贵阶层才能够建立他们的资助—从属关系，这样的关系网络能够稳固并发展其间的政治关系，商业阶层与政治精英相互联结，后者也能在商业精英所控制的公司和企业中获得利益。其结果是，掌权的政治和商业精英长期掌握国家的政治和经济权力，大众依然受到统治。这种情况最初产生于西班牙殖民统治之下，自菲律宾从美国统治下解放出来并取得独立以后，依然持续存在，并在马科斯政府时期进一步恶化。

然而，自1987年2月新的宪法实施以后情况就发生了变化。第一个具有重要意义的变化是政府鼓励民众积极从事政治参与活动。菲律宾政府主要采取了两种新的举措：首先，在地方和中央政府中取消对官员的任命。在马科斯执政时期，有相当比例的地方层面和中央层面的官员是由总统任命的，这也是马科斯建立其自己政治网络基础的一个程序。利用这些资助—从属的关系，马科斯能够将其政治控制和经济统治扩大到全国大部分地区。关于宪法的另一个条款的修正，是在立法机构中取消对立法官员的任命制度。新的宪法限制了立法会议员的任期，即每一届立法会议员不超过三个任期。这一立法机构的创新性改革，旨在削弱权贵阶层和大地主对权力的长期控制。例如，在第13届国会期间（2004年7月到2007年6月），236名下院议员中的83名，或者说35%都是第一次到国会任职，而只有39名议员，即16.6%，是在国会中的第二或者最后一届任期。① 然而，现在还不能确定宪制改革对菲律宾政治将会产生怎样的影响，但是很明显，这种机制将会逐渐增强菲律宾民众未来的政治参与程度，并削弱政治和商业精英对国家发展的影响。1987年宪法的另一个重要修正，也明确规范了地方政府中当选官员的任期。

在东南亚的其他国家，泰国和印度尼西亚在1990年代也修正了宪法，但菲律宾在这三个国家中第一个开始在宪法中扩展了人权内容。1987年的菲律宾宪法通过了《人权法案》，即第三章包括第22部分的内容。第三章的每一部分都讲明了菲律宾人的权利，更重要的是，很多章节都强调了人权需求。例如，第三章的第3和第9部分清楚地阐述了一些个人的自由和权利，其中包括言论自由、出版自由和结社的权利。另外，菲律宾也创立了对人权的托管权利，"可以授权调查由任何政党所带来的、对人权和其他政治权利的所有形式的伤害"。尽管存在着这样那样的违法行为，菲律宾实际上并没有达到国际人权法所规定的标准，但很明显这个岛国已经取得了很大进步。根据一些菲律宾政治家的分析，该国人权管理委员会（CHR）"自从其创立以来，已经成功地调查并撰写了许多报告，并处理过一些违反人权的案件"。②

此外，仍需思考下列问题：菲律宾如何实现从选举民主体制向自由民主体制的转型？菲律宾是否已经变成了一个自由民主的国家等等。尽管多数学者的研究表明，菲律宾依然在政治转型的道路上蹒跚前进，然而，根据其政治改革的宏伟计划，我们是否可以期待，菲律宾能够成功地从威权主义转向选举民主，然后走向自由民主？或许菲律宾可以被看作是一个具有选举民主体制特征的国家，这也主要是因为它仅仅满足了选举民主的制度需求，特别是该国拥有多党体制，并在最近的十多年间举行了相对自由和公正的选举。

诚然，菲律宾还没有达到自由民主的程度，得出这样的结论主要基

---

① http://www.congress.gov.ph/members/profile.php, accessed 1 December, 2004.
② Gonzalez III, Joaquin L. "Philippines: Continuing People Power", in *Government and Politics in Southeast Asia*, edited by John Funston, Singapore: Institute of Southeast Asian Studies, 2001, p. 280.

于以下几方面考虑:其一,对于菲律宾政治转型最严重的威胁,应当说是该国的军队所产生的影响或者说发挥的作用。其二,对于菲律宾政治转型来说,另一个棘手的问题在于该国政治权力依然被少数精英所控制。虽然"人民力量运动"一定程度上恢复了菲律宾的民主秩序,但是一些大的、富裕的家族依然在政治上具有影响力,如同在2004年5月的总统选举中所表现出来的精英联盟一样。一份由菲律宾民调机构"社会气象站"(Social Weather Stations)所做的研究显示,在2000年早期,菲律宾人对于民主的满意度降到42%,远远低于1998年中期埃斯特拉达执政早期的70%。另一项调查由菲律宾国家公共管理和治理学院领导公民和民主中心作出,也得出了相似的结果。[1] 具有重要意义的是,在同样的一次调查中,尽管72%的受访者中大多数人认为"民主是所有政体中最好的政治体制",但仍有72%的受访者认为,在菲律宾存在着一种可能性,即"多数民众对于和平地推进民主将会完全失去信心"。

第二,菲律宾的政治发展之路任重而道远。过去的几十年,菲律宾政治改革的步伐和效率是否与经济发展有着某种关联?基于1980年代的经济低增长率,菲律宾能够推进其民主化进程吗?长期以来,很多西方学者认为,民主对经济增长有着积极的影响,这种主张是建立在所谓的"兼容学派"(compatibility school)的思想基础之上的。[2] 一般而言,这种论断得到了西欧和北美一些国家实践的支持,这些国家无论在自由民主还是经济发展等方面,在过去20多年都取得了很大进步。受拉美学者推崇的"冲突学派",认为民主将阻碍经济增长,尤其是在相对不发

---

[1] Abueva, Jose, "Dissatisfaction with the Way our Democracy Works", in *Towards a Federal Republic of the Philippines with a Parliamentary Government: A Reader*, edited by Jose Abueva Markina, Philippines: Center for Social Policy and Government, Kalayaan College, 2002, pp. 1–4.

[2] Lipset, S. M. D. R. Seong and J. C. Torres, "A Comparative Analysis of the Social Requisites of Democracy", in *International Social Science Journal*, Vol. 136, 1993, pp. 155–175; Moore, M., "Democracy and Development in Cross-National Perspective: A New Look at the Statistics", in *Democratization*, Vol. 2, No. 2, 1995, pp. 1–9; Feng Yi, "Democracy, Political Stability, and Economic Growth", in *British Journal of Political Science*, Vol. 27, No. 3, 1997, pp. 319–418.

达的国家更是如此。拉美地区不稳定的经济增长和民主实践的失败[①]，进一步增强了"冲突学派"的说服力，他们坚信，一个强大的中央集权的政府，特别是威权主义的统治，对于经济的增长是必须的政治基础。然而"怀疑主义论者"却有不同的观点，他们认为在民主和经济发展之间没有必然的、系统的联系。[②] 该学派的核心论断是，只有制度性的结构和发展战略对于经济发展才是关键的，而不只是民主。这就意味着，无论在民主国家还是威权主义政体国家，只要经济结构是稳定的、发展战略是适当的，都可以实现经济增长。

一个自由民主的体制不仅需要有新的制度和机制，而且需要整个国家的公民社会能够遵循的共有的知识和文化，这就需要时间去培育这种民主的文化。在过去的多年中，政变和武装暴动依然困扰着菲律宾政府以及正在进行的政治改革。这也暗示了，仅仅在全国范围内举行和平的、符合宪法安排的选举，对于建立一个普遍接受的民主文化认同依然是不够的，统治精英应能保持在宪制的规范运作和社会有序运转。

结　语

如果将1986年菲律宾宪制改革的视线转移至今就会发现，虽然菲律宾的经济表现好于预期，但其政治稳定与和解之路仍任重道远。菲律宾国内政治冲突和恐怖袭击犯罪无法根绝，其根源基本上还是在于该国的三种政治形态，即以精英控制为主导、民主为壳的政治庇护制度，南部以区域和血缘为纽带的穆斯林地区政治形态，以及以水平连接方式为主的下层民众民主运动的互动。与过去相比，这些并没有发生任何实质

[①] Cohen, Youssef, *Radical Reformers and Reactionaries*: *The Prisoner's Dilemma and the Collapse of Democracy in Latin America*, Chicago: University of Chicago Press, 1994.

[②] McKinlay, Robert, D. and A. S. Cohan, "A Comparative Analysis of the Political and Economic Performance of Military and Civilian Regimes: A Cross-National Aggregate Study", in *Comparative Politics*, Vol. 8, No. 1, 1975, pp. 1 – 30.

性的变化。"20世纪90年后重建的精英选举制虽然在一定时期内稳定了政局,促进了经济好转,但却是以长期牺牲下层利益为代价的,其内部矛盾必定越积越深,而且政治格局非常不稳定,极易受到经济波动的影响"①。菲律宾国内精英政治已陷入"起义(下层民主运动)—上台(无论是平民领袖还是传统精英)—腐败—下台"的怪圈。在精英选举体制下,民众虽有能力联合起来,表达自己的利益诉求,但民众并没有真正影响选举政治的能力,自然也无法维持自己的利益,与精英庇护制度的冲撞也就周而复始地发生。

尽管菲律宾仍然未能真正实现巩固性的民主体制,然而随着地区一体化进程的推进,菲律宾的精英联盟将进一步出现分化和聚合的趋势。军事精英和少数特权阶层主导菲律宾政治发展的时代已经过去,大众联盟将在宪法改革的进程中重构菲律宾的权力格局和政治蓝图。对于这样一个深受西方力量影响的群岛国家而言,围绕权力和财富的分配、围绕民族性的统一与保持、个人权利和公民社会的成长,菲律宾的政治运行机制将日益显示其功能,推动菲律宾国家和社会、精英和大众的关系实现根本变革。CPS

---

① 彭慧:《试论当代菲律宾国内的三种政治形态》,载《东南亚研究》,2010年第6期。

责任强调与能力提升：
国外社会救助权的当代发展

冀慧珍*

【内容摘要】 社会救助权的确立将政府的善德固化为政府责任，贫困群体因此享有了接受救助、摆脱贫困的权利，是社会文明的体现。20世纪后，英美等国家积极调整了社会救助政策，社会救助权也体现出不同于自由资本主义时期的特征。当代的社会救助权并不仅仅单方面彰扬权利，更加强调受助者的责任，同时，对于受助者的救助行为也表现得更积极彻底，注重其能力提升，达到彻底摆脱贫困的目的。

【关键词】 社会救助权；责任；能力

人类的发展史就是一部与贫困斗争的历史，如何解决贫困就成为人类长期探索的一项课题。贫困问题解决好了，社会稳定，继续向前发展；反之，则可能引起社会动荡，导致社会停顿甚至退步。虽然自古以来，国家对贫民、富人对穷人的救济一直存在，"老吾老以及人之老，幼吾幼以及人之幼"，这既是政府德性的体现，也彰扬了人性的善良。但这些慈善行为由于没有制度的保障，仅仅止于施舍和怜悯，被救助者只能凭借自身的弱势和贫困引发他人的垂怜，被动接受救助，毫无权利可言，因而这些救济行为无法持续，也难以根本解决困难。

---

* 冀慧珍：山西大学政治与公共管理学院讲师，主要研究方向为社会保障理论与政策。

17世纪初期，正在进行工业革命的英国面对大量流离失所的贫民和有增无减的贫困问题，以一部《济贫法》首先萌芽了现代的社会救助制度，在人类历史上首次以国家立法的形式确认了国家对贫民的救济义务。20世纪，资本主义发展到垄断阶段，工业化大生产在带来巨大的物质财富的同时，也带来了社会不公和前所未有的经济危机，在这种情况下，美国进行了罗斯福新政，其中包括多项有力的社会救济措施，而且于1935年通过了《社会保障法》，其中规定，在联邦政府的资助下，由州政府实施社会救济，确立了社会救助的国家责任原则。1942年英国通过了著名的《贝弗里奇报告——社会保险和相关服务》，明确提出：国家有义务防止贫困和不幸；每个国民都有权利从社会获得救济，使自己的生活水平达到最低生活标准。在这份报告的指引下，1948年英国宣布已成为福利国家。自此以后，社会救助确立为一项公民权利，贫困群体的社会救助权有了制度的保障和支撑，既折射了人性的光芒，也体现了人类的智慧。

　　"自由的试金石就是身处弱势的少数人所享有的地位和安全状态"①，贫困群体社会救助权的实现不应当是被动的过程，政治经济发展越成熟的国家，人民对民生和社会福利的关注就越深，因而政府越需要有效地进行资源的分配，实现公民的社会救助权。公民的权利状况不仅决定于国家政策和制度对权利的规定，而且也取决于书面权利是否在实践中得到实现，实现的程度如何。近年来，面对金融危机及其引发的各种社会问题，各国政府纷纷调整社会福利和救助政策，公民的社会救助权走出传统的权利发展模式，转向个人责任的承担和受助者能力的提升，社会救助权在理性中发展。

一、国外社会救助权理念的转变

　　英国一直有比较悠久的慈善传统，也是世界上第一个以立法的形式

---

① 〔英〕阿克顿：《自由与权力》，侯健、范亚峰译，商务印书馆2001年版，第312页。

规定政府承担社会救助责任的国家，英国福利国家的建设开创了世界先河，但到了19世纪末20世纪初，英国各种社会矛盾突出，贫富悬殊等社会不公现象在英国处处可见，"已经到了必须同失业等社会问题进行总体决战的时候了，社会服务的目的是预防匮乏和贫穷并减轻疾病，这也是所有公民的利益"①，改革社会救助及社会保障制度已经成为大势所趋。20世纪30年代的经济危机和之后的战争则使社会矛盾的解决变得更加迫不及待，"二战"后，英国按照《贝弗里奇报告》的精神和主张，通过了一系列社会保障立法，其中1948年通过了《国民救济法》(The National Assistance Act)，同年，当时的首相艾德礼发布演讲说，即将开始生效的各项社会保障法②，对每一个英国公民都是普遍的和有效的，它们将给每一个家庭成员提供有效的社会保障，并高调宣布英国建成了福利国家。据统计，到1950年，《国民救济法》仅仅实行两年之后，已有47.4万人领取了寡妇和孤儿津贴，还有229万人接受了各种国民救济。③自此以后，英国确立了公民普遍权利的原则和最低标准的救济原则。

在英国的影响下，世界各发达资本主义国家都开始了立足于本国国情的社会福利制度的建设。20世纪后，尤其是20世纪30年代爆发的经济大危机，使美国人改变了传统认识，认识到贫困的发生并不是个人的懒惰和无能造成的，而是社会制度的问题，在危机中上台的罗斯福总统摈弃了以往政府的不干涉主义政策。罗斯福"新政"以凯恩斯主义为理论基础，开创了美国联邦政府介入社会福利领域的做法，并提出了著名的"安全保障社会化"理论。这一理论认为，以"普遍福利"为核心的社会保障制度应成为国家的根本制度之一。所有人都有权享有安全保障，以免遭受年老、疾病、残废和失业的困扰。因此，政府必须将为民众提供充分可靠的社会保障作为其首要职责之一。④ 在这个理念的支持

---

① W. H Beveridge Saial, *Insurance and Alied Services*, London：HMSO1942.
② 除了《国民救济法》，当时英国还颁行了以下社会保障方面的立法：《国民保险法》、《工伤保险法》、《国民保健法》。
③ A. H. Halsey, *British Social Trends since* 1900, Macmillan, 1988, p. 500.
④ 姚建平：《中美社会救助制度比较》，中国社会出版社2007年版，第52页。

下，1933年5月罗斯福总统签署了《联邦紧急救助法》，建立起美国第一个全国性的救助机构"联邦紧急救助署"，从而开辟了美国社会救助的新纪元。1935年颁布了《社会保障法》(Social Security Act)，确立了美国社会保障制度包括社会救助制度的框架，罗斯福总统也成为了美国历史上第一位对公民的生存权负责的总统。据统计，"新政"最大的开支是各种各样的救济费支出。在1933—1939年，各个救济工作管理机关总共约支出了180亿美元。

在各国权利实践风起云涌的推动下，国际上也作出了反应。不同于对自由权的保护方式，国际有关社会权的立法甚至收到了比国内立法更好的保护。① 正是在国际条约中，首次提出了社会保障权的概念和理念，这对于各国确立本国的社会保障权及社会救助权有很大的推动意义。联合国在1948年通过了《世界人权宣言》，这个宣言主要是规定了一些原则，18年后，即1966年联合国大会方才正式批准了另外的两个公约——《公民权利和政治权利国际公约》和《经济、社会及文化权利国际公约》，这两个公约都对公民权利作出了比较具体的规定。而1961年的《欧洲社会宪章》也承认人民享有工作权、公平待遇权、受教育权、健康权和接受社会救助等社会权利。

中国学者周弘也发现：西方社会的巨大变革，使得民族国家政府不能不更新对社会需求的认识，不能不用新的治理观念和政策措施替代已经过时的社会管理模式，从而最终导致了国家功能观念的历史性变革和国家行为方式的重大转变。② 战争往往会导致牺牲，危机则会放大平时的牺牲，此时国家就需要扩展公民权利以控制国内群体。社会救助权的产生也印证了这一点。

20世纪中期主要发达国家基本都建立了社会保障体制，社会救助权得到了普遍的承认，但随之而来的就是福利的过度开支引发了各国普遍存在的"福利病"，因此，各国纷纷寻找出路，希冀能够找到一条既能

---

① Robert. Measuring State Compliance with the Obligation to Devote the "Maximum Available Resources" to Realizing Economic, Social, and Cultural Rights, 1994, 16HRQ, p.693.

② 周弘：《福利国家向何处去》，社会科学文献出版社2006年版，第12页。

维持本国国民的社会保障权利，财政又可以负担，保持经济稳定发展的道路。

（一）从重视权利意识转向强调"无责任便无权利"

权利和责任本来就是如影相随的，但在社会救助权产生之初，由于受助者的弱势地位，接受救助是基本无条件的，但逐渐形成了福利依赖，美国等国还出现了完全依赖国家救助逍遥度日的"福利皇后"，致使国家财政负担重不堪负，因而，在此阶段中，吉登斯等人提出了"无责任便无权利"，这一主张迅速在世界各国得到实施。如美国的 TANF，与其说它是一个鼓励工作的方案，还不如说它是要强迫受助者参加工作，其提供救助的临时性和条件性，使福利母亲、福利皇后走向社会、走向工作，从而自立。

美国战后社会救助权的发展可以1980年为界分为两个阶段，第一个阶段主要体现为六七十年代的反贫困战略。1960年肯尼迪当选为总统后就推行"向贫困开战"的福利计划，他的继任者约翰逊总统提出了"伟大社会"的施政纲领，被视为美国反贫困和社会救助权发展的兴盛时期。这一时期的政策主要体现为以下两个方面：首先，扩展了1935年的未成年儿童补助计划（Aid to Dependent Children，简称ADC）。ADC规定，由联邦政府提供经费给各州政府以补助生活困难的寡妇及其所扶养的未成年子女；肯尼迪总统于1961年劝服国会扩展了抚养未成年子女的补助计划（Aid to Families with Dependent Children，简称AFDC），使ADC由救助孤儿寡母转向所有的单亲母亲，后来又扩展至失业的双亲家庭。这个转变和扩充使享有AFDC救助的家庭范围扩大，而且遏制了当时大量父亲离家出走以让家庭享受该救助的恶劣态势，从而维持了家庭单位，并更具有公平性。

其次，推行福利给付的工作诱因计划（Work Incentive Program，简称WIN），强调个人的工作责任，鼓励就业，鼓励自救，贫困者获得救助应该接受教育或者参加工作。这个时期总的政策的特点是由单纯给付金钱或者物质等事后的救济措施转向以培养和提高贫困者的能力为目的的积极救助,集中体现于约翰逊总统于 1964 年 8 月 20 日签署的《经济机会法》(Economic Opportunity Act),成为约翰逊总统反贫困政策的主要法律体现。该法案授权总统建立一个经济机会局 (Office of Economic opportunity) 来负责贫困立法和政策的执行,并可委托卫生部、教育部、福利部、劳工部、农业部执行立法。①

此外,为了提高贫困者的就业能力,以彻底摆脱贫困,约翰逊总统特别注意就业政策对于贫困者的鼓励,他多次修改《人力开发和培训法》,增加职业培训拨款以提高劳动者的就业能力;他通过"企业界工作机会计划"把职业培训和再培训计划从青年人扩大到成年人,从失业者扩大到在职工人,并使几十万长期失业者得以就业;他还通过了一系列的职业队计划、职业训练计划、职业学习计划、城市和农村社区行动计划、工作经历计划等加强贫困者的职业技能;尤其是他实施了对于贫困家庭的收入豁免政策 (Earing Income Tax Cridit,简称 EITC),即受救助者必须参加工作,成人领取福利者一般需要每周工作 30 小时,双亲家庭则需要每周工作 35 小时,为了鼓励工作,规定受助者参加工作后的六个月内仍然可以领取救助金,直至收入高于贫困线的 50% 才停止领取,并规定参加工作的受助者工作收入的一半可以在计算家庭收入时被豁免,这样就基本排除了受助者的工作和领取救助金之间的矛盾,从而鼓励了贫困群体的工作积极性,对于他们积极融入社会、防止社会排斥、走出贫困有很重要的作用,同时也防止了福利依赖和养懒汉的情况的出现。

从社会救助权的角度看,由"授人以鱼"变为"授人以渔",表面上对贫困者规定了很多要求和限制性及监督措施,但其实不仅保障了他们最基本的生存权,而且也实现了他们的发展权。在这一系列的改革之下,美国的反贫困政策取得较好的效果,美国的贫困人口比率由 1963 年的 23% 降到 1969 年的 14%。②

---

① 姚建平:《中美社会救助制度比较》,中国社会出版社 2007 年版,第 100 页。
② 《再度向贫困开战,何必讳莫如深》,载《人民日报》,2008 年 2 月 26 日。

第二个阶段则始于1980年里根上台。70年代全球石油危机的爆发使资本主义国家普遍遭遇了"滞涨"的困境，再加之美国十多年来福利支出一直增大，因而社会保障开支的增加被认为是政府财政赤字的原因之一。1980年，里根上台时美国的社会保障开支达到4729亿美元，政府财政赤字增加到5329亿美元，是杜鲁门时期（44亿美元）的121倍。①在这种情况下，几乎在英国撒切尔夫人实施紧缩政策，对福利制度进行削减性改革的同时，美国的里根政府也开始了削减税收和缩减社会福利的改革。一是变鼓励就业为强制性工作福利，即"Mandatory Workfare"。自约翰逊总统提出鼓励就业、鼓励自立的福利政策以来，后来的总统如尼克松、卡特都采取鼓励手段而非强制的手段进行了福利制度方面的改革，1969年尼克松总统提出家庭救助方案（Family Assistance Plan，简称FAP），1977年卡特政府的优质工作与收入法案（Program for Better Jobs and Income）②，但由于这些措施都是鼓励性（WIN）的做法，缺乏强制性，在福利削减和效率以及就业方面成效不大。

里根上台后，提出向福利开战（War on Welfare），里根以新保守主义思想为指导，认为强迫有劳动能力的受助者参加工作，接受国家给予的工作机会，以此作为他们获得救助的条件，才能使他们摆脱福利依赖，重回社会，这既是对国家负责，也是对受助者的真正负责。在这种思想下，里根政府实施福利紧缩政策，里根及其后的历届政府实施福利紧缩的措施主要有：

1. 里根总统1981年通过《综合预算与协调法》（Omnibus Budget and Reconciliation Act，简称OBRA），1982年通过《税赋均等财务责任法》（Tax Equity Fiscal Responsibility Act，简称TEFRA），这两项针对有劳动能力的贫困者的财产调查制度，都属于强制工作福利的范畴，在严格的资产审查的福利削减政策下，有学者统计，将近50万个家庭被从AFDC方案的受助名单中除名，这些家庭几乎都是单亲母亲的家庭或者是妇女支撑的家庭；

---

① 杨玲：《美国、瑞典社会保障制度比较研究》，武汉大学出版社2006年版，第134页。
② 赖秦莹：《美国福利改革经验的研究：工作福利政策焦点的分析》，静宜大学硕士学位论文，2008年，第8页。

同时有25万多个家庭的福利被不同程度地削减。这些受害者中尤其是那些有工作的贫穷者受到的损害最多,而由于低收入者中,多数是妇女和未成年的孩子,因而形成了贫穷的女性化(feminization of poverty),使她们的生活处于困境。① 从财政支出看,以1984年为例,失业保险被删17.4%,儿童营养方案被删28%,食物券被删13.8%,社区服务补助37.1%,AFDC则为14.3%。②

2.《家庭支持法》(Family Support Act),这个法案主要是针对AFDC的领受者,它要求接受AFDC救助的家庭必须同时接受工作训练方案,父母健在的失业家庭,每一成年人每周最少义务劳动十六小时才能接受救助。1996年克林顿政府通过了《个人责任与工作机会协调法案》(Personal Responsibility and Work Opportunity Reconciliation Act),并以贫困家庭临时救助(Temporary Assistance to Needy Families,简称TANF)取代了联邦政府最主要的福利计划AFDC,结束了长达60多年的对贫困家庭的无限期的收入援助保障。TANF对接受援助的单亲父母的工作时间作出了强制性的要求,到布什政府时要求每周必须工作40小时,接受救助的两年之后便要求他们实现就业,但在其就业的第一年仍为他们提供医疗补助。

3. 提倡"福利私有化",强调家庭、志愿者社团组织以及营利组织在福利等社会政策中的作用。如里根之后的布什总统提倡"点燃千盏灯"的活动,就是要求志愿者组织加入社会服务的行列。

总之,在20世纪80年代之后,美国告别了福利国家的行列,走向紧缩福利国家的行列。如下表2-2所示,低收入救助和就业训练等方面的支出增长率在此阶段大大减少。

---

① Lee Bawden, D. and Palmer, J. L., "Social Policy: Challenging the Welfare State", in J. L. Pamler and I. V. Sawhill (eds.), *The Reagan Record*, The Urban Institute, Washington, DC, 1984, p. 192.

② 林万亿:《福利国家:历史比较的分析》,台北:巨流图书公司1994年版,第303页。

表 2-2　美国联邦政府社会方案经费的年平均增长率（%）

经费/年代	肯尼迪、约翰逊 （1961—1969）	尼克松、福特 （1969—1977）	卡特 （1977—1981）	里根 （1981—1985）
社会保险（含失业与医疗照顾）	6.7	9.2	4.0	2.5
低收入救助	8.7	12.0	4.7	0.1
就业训练及其他支出	37.6	9.9	0.7	−7.4
合计	7.9	9.7	3.9	1.5

来源：Palmer Sawhill, *The Reagan Record*, Nathen Glazer, 1988, p.350.

（二）从生存权的保障扩展到生存权和发展权并重

西方国家无论是以"第三条道路"为指导鼓励就业，还是新保守主义提倡的工作福利，都是要求受助者参加工作、积极就业，而不像以往单纯地给付金钱或物质济贫，鼓励或者强迫工作能够使有工作能力的贫困者努力进入社会，消除社会排斥，而政府同时所提供的就业培训、教育等服务又可以提升他们的能力，"发展的目的决不是要强迫人们不情愿地像牛一样被喂养，或者永远被作为小孩来抚养"[①]，从而实现"可持续生计"的要求。另一方面，有条件的福利和救助能够促成受助者的动态流动，竞争中处于弱势地位的贫困者仍然可以获得救助，而成功者便可以退出救助，从而可以防止社会救助"只进不出"的现象的出现。

从 1948 年到 1977 年英国一直保持着福利国家的巅峰状态，国民福利不断增加，福利支出也随之攀高，使英国经济大受影响。1951 年英国的福利支出占 GNP 的 9.59%，到 1977 年，比重增加到 17.33%。从 1950 年到 1976 年间，英国大多数年份都出现了财政赤字，而 1971 年到 1976 年，英国平均每年财政收入在财政支出中所占比重由 20 年平均每

---

① 〔法〕弗郎索瓦·佩鲁：《新发展观》，张宁、丰子义译，华夏出版社 1987 年版，第 5 页。

年97.07%降到83.5%，财政状况趋于恶化①，形成了人们所谓的"英国病"，即经济增长缓慢、通货膨胀严重、就业意愿和水平不高等。在这种情况下，1979年保守党领导人撒切尔夫人上台执政后实施紧缩货币政策，进行了削减教育和医疗等福利开支及撤销福利机构的改革，这些改革虽然扭转了国家财政负担过重的情形，但也有人认为扩大了社会的不平等，撒切尔夫人后来更为激进的改革导致她于1990年被迫辞职下台。撒切尔夫人的改革过程充分说明社会保障具有刚性特征，冒然实施紧缩政策会对执政合法性形成很大挑战。

1997年5月，英国工党在大选中获胜，此后，英国进入了新工党执政时期。工党领导人布莱尔确立了"第三条道路"作为其施政纲领和方向，第三条道路提倡积极福利，遏制福利依赖，体现在公民权上，由以往强调公民权包括社会救助权的权利本位转向权利和责任并重，即"无责任便无权利"（no rights without responsibilities）。1998年，布莱尔政府发布了绿皮书——《我们国家的新动力：新社会契约》，其中提出了新福利制度的八项原则：以"工作观念"为中心重塑福利国家；公私合作办福利；提供优质公共教育、保健和住房服务；扶助残疾人；减少贫困儿童；帮助赤贫者；改善公共服务，提高福利制度的效率。② 在这些原则的指导下，布莱尔政府首先确立了福利的责任原则，强调社会福利并不是要以国家和社会的提供代替个人责任，相反，是要通过福利制度和社会行为的改善促进公民个人责任的承担和个人行为的实现，在此基础上，布莱尔提出要建立社会投资型的国家，社会救助权方面，主要是推行积极的救助政策，如面对失业的贫困群体，不仅仅是发放救济金，变社会支出为社会投资，加大对教育和医疗的投资，"授人以渔"，促使受助者自强，通过将教育界定为"现有的最佳的经济政策"，而实现了提高就业和国民素质的政治目标。社会救助方面，英国也进行了改革。

---

① 罗志如、厉以宁：《20世纪的英国经济："英国病"研究》，人民出版社1982年版，第147页。

② 周建明：《社会政策：欧洲的启示与对中国的挑战》，上海社会科学院出版社2005年版，第61页。

1998年后，英国的社会救助开始从物质性救济转向工作性福利，更加侧重于减少和预防贫困。为了提高受助者的反贫困能力，英国着重完善了就业促进政策，首先，鼓励贫困者就业，就业不仅不会影响失业救济金的领取，而且还有奖励。有劳动能力的贫困者获得政府救助的前提是必须和就业服务机构签订一份《求职者协议》，在该协议中，通过协议确立具体的求职意愿和内容，并接受负责就业的官员的监督。在此协议的基础上，贫困者是否参加工作会有奖励或者惩罚性的后果，如果贫困者没有合理理由而自愿离职或不参加就业培训和就业方案，或者在就业中因错误行为被开除，均要停止对其的救助，从而给他们施加求职和工作的压力，促使其早日就业。[①] 此外，英国还注重对贫困者进行业务和心理的辅导，并对残疾人和长期患病者也给予就业方面的便利，激发他们的就业潜力，投资公共项目以增加就业机会，创造灵活就业的工作制度，这些措施对于贫困者的就业权利提供了较完善的保障，取得明显效果，以青年人为例，2005年英国青年的失业率明显低于欧盟27国平均失业率。社会政策的成功促进了经济的发展，2000年英国的通货膨胀水平被控制在2.5%以内，十分接近欧元区的标准；英国的财政状况也比欧洲主要国家更健康。[②] 这从根本上保障了公民的社会救助权。

（三）社会救助权的实现凭借政府和社团组织的合作

发达资本主义国家普遍拥有规模庞大的社会组织，这些社会组织与政府在慈善、救助等多个领域展开了合作，为公众提供了充足的服务，保障了贫困群体社会救助权的实现。

美国的政府和社团组织在社会救助中都发挥着重要的作用，而且有着明显的分工，一般来讲，政府主要负责社会救助等福利政策的制定和财政支持，重在宏观调控；而社团组织及社区则负责社会救助的具体操

---

① 王三秀：《英国促进贫困人群可持续就业政策及其借鉴》，载《中国行政管理》，2011年第2期。
② 刘波：《当代英国社会保障制度的系统分析与理论思考》，学林出版社2006年版，第132页。

作、落实等,重在具体事务。比如工作福利,政策和方针是政府制定的,但具体受助者所接受的就业培训、教育等服务则由各式各样的非政府组织提供。因而,美国政府与其他的非政府组织、志愿者组织以及营利性的社会福利机构已经形成比较良好而成熟的合作关系,共同承担社会救助的责任。美国的志愿活动及社团组织等公民社会组织有着悠久的历史,美国人对政府权力扩张天然的担心使他们为民间组织的发展预留了足够的空间,他们对于社团组织给予减免税的优惠政策,鼓励社会参与慈善事务,美国人一贯的个人主义意识使慈善在社团组织中大放异彩,20世纪,美国社会团体发展迅速,1950年时大约有5万个,而在20世纪末已经飞增至100多万个。美国人积极参加社团活动,志愿者对美国社团组织有较大贡献,约有49%的美国公众报告曾为非营利活动投入时间。这将增加500万名全职的工作人员,从而使美国非营利组织的总就业数提升为1350万名,即近全国总就业数的12%。[①]

英国的公民社会组织起源于志愿互助和慈善组织,前文可以看到,英国慈善的历史相当悠久,在社会服务、福利、慈善、互助及权利倡导等多方面发挥着积极的作用。几乎每个英国人都参加过慈善组织的志愿活动,当然也有很多人得到过慈善组织的救助和帮助。20世纪70年代撒切尔夫人对福利制度开始改革时起,英国逐渐在福利的各个领域进行了变革,其中一个重要表现就是通过民营化来完善公共服务。作为最早推进民营化的国家,1991年梅杰政府在《为质量而竞争》的政府白皮书中宣布"公共服务逐步转化为合同制而非官僚制",通过推进外部竞争,推行"市场测试"。只要可能,提供某一服务的政府部门就要与政府外的供应者按照市场规则进行竞争性投标,据统计,通过强制性竞标,政府因此平均节约了7%的成本。[②] 1998年英国政府和社团组织的代表签署了著名的"COMPACT",即《英国政府和志愿及社会部门关系的协议》,其中规定了政府和志愿及社会部门各自相互对应的责任,要

---

① 〔美〕莱斯特·M.萨拉蒙等:《全球公民社会——非营利部门视角》,贾西津等译,社会科学文献出版社2002年版,第287页。

② 张勤:《中国公民社会组织发展研究》,人民出版社2008年版,第294页。

求政府不仅承认和支持社团的独立性,而且须以参与、明确、透明的原则对社会团体提供资助,初次确定了政府和志愿部门之间的合作伙伴关系。

2010年,卡梅伦提出了"大社会"计划后,对"COMPACT"协议作出了修订,强化政府责任。2011年,英国政府发布了《开放的公共服务白皮书》,第一次明确地指出,高质量的公共服务是每个人享有的权利。因此,英国经过长时间积累后形成了比较完备的慈善组织运营和管理机制,体现了由民间组织自律和公众监督的结合,对于慈善组织的健康发展、受助人群接受服务的质量提升有着积极意义。

二、国外实现社会救助权的改革

以上对社会救助权认识的转变在多数发达国家获得普遍性承认,尤其是20世纪90年代以后,各国纷纷调整社会救助政策,社会救助权的具体实现也发生了较多变化:

(一)扩大社会救助权的主体范围

传统的社会救助制度中,出于对政府支出负责的态度,对受助者的范围往往设定了严苛的标准,以救助"该救助者",20世纪90年代以前,所谓受助者往往是老弱病残等弱势贫困群体和少数的失业人口,被称为"旧贫者",但90年代后,在全球化影响下,各国纷纷调整其产业结构,工农业比重在各国多呈下降趋势,取而代之兴起的则是服务业等第三产业;在发达国家和地区,为节约劳动资本,企业大量外移,导致本地劳动力市场发生了很大变化,再加之随后而来的金融危机,失业成为常态和常见的现象,人们将这种长期或短期失业而引致的贫穷称为"新贫者"。新贫者与旧贫者的区别主要是:新贫者的体力尚好,有的还属于青壮年劳动人口,其陷入贫困不仅是因为自身弱势,而与宏观经济环境有因果联系,新贫者的贫困程度往往比旧贫者轻,但人数更多,并常常呈现爆发性增长。另外，新贫者在恰当的政策扶持下比旧贫者容易走出贫困。

台湾在20世纪90年代后也遭遇了失业和新贫者骤增的挑战，尤其是进入新世纪后，不仅传统制造业迁出本土，甚至连电子科技产业也外迁，进入中国和东南亚地区，这样，台湾迅速出现了一个新的阶级：新贫阶级，主要由从事非典型工作的"工作贫穷者"（Working Poor）和结构性失业导致的"长期失业者"构成。新贫阶级增长非常迅速，如2003年是台湾长期失业者最多的一年，当年是从2002年底的99923人增加为2003年底的104506人，一年之内增加了4583人；但是2008年时，台湾的长期失业者却已经从1月份的61000人增加为12月份的84000人，在一年内增加了23000人之多，可见2008年的增长速度，已经明显超越2003年长期失业高峰期的增长速度，成为台湾历史上长期失业者增长速度最快的一年。到2009年3月长期失业者已飙升至98000人，至2009年6月时，台湾的长期失业人数再度站上10万人的大关，创下2004年2月以来的新高，2009年8月更已达到105000人。[①]"社会经济的转变，让人们暴露在贫穷风险的机会增加，在这种情况下，贫穷已不再是少数人的专利，而几乎是所有人的感受"[②]，再以以前那种狭窄而严格的标准限定社会救助权利主体的范围已经不可行，因而台湾近年对社会救助制度进行了大幅度修改，通过修改，大大增加了享受社会救助权的主体范围。

首先，为了避免家庭遭受突然变故而陷入窘境，出台了《马上关怀急难救助》，如果符合以下两个条件，可以申请新台币1万—3万元的关怀救助金：（1）负担家庭主要生计责任者死亡、失踪或罹患重伤病、失业或因其他原因无法工作，致家庭生活陷于困境；（2）其他因遭逢变

---

① 李健鸿：《台湾新贫阶级的形成与因应对策》，见台湾新社会智库网站，http://www.taiwansig.tw/index.php?option=com_content&task=view&id=2730&Itemid=123（访问时间：2013年10月18日）。

② 古允文：《社会救助的改革：台湾经验的省思》，见《当代中国社会救助制度完善与创新》，人民出版社2011年版，第25页。

故，致家庭生活陷于困境。可以看出，该救助主要是为了防止在家庭中处于弱势经济地位的成员无法生活而设置的紧急救助，比较全面地避免了家庭风险的发生，同时也避免弱势家庭成员在遭遇不测时受到物质和精神的双重打击，非常具有人性化。

其次，2010年台湾改革社会救助制度时，不仅将贫困家庭的收入给予年度增长5%以内的不予取消最低生活费的规定，而且新增加中低收入户（贫穷边缘户）的规定，扩大了照顾范围，将最低生活费1.5倍以下、未符合低收入户资格的贫困家庭纳入救助范围，同时还提供全民健康保险费、学杂费减免、特殊项目救助及经济发生重大变化时的短期生活扶助等补助。

第三，放松资格审查，使更多的贫困人群有机会得到救助。在2010年改革中，放宽家庭应计算人口范围，如将兄弟姐妹排除不列计，对于未设有户籍之外籍配偶与大陆配偶以及无监护权且未抚养单亲家庭未成年子女之父或母也排除不予计算，这样有利于贫困群体通过审查；放宽家庭财产的计算范围，以反映真实情况；放宽工作能力的认定范围，有利于审查通过受助。

通过以上改革，据估算可增加照顾低收入户2.1万户（5.4万人），比改革前的11万户增加了约19%，此外还有贫穷边缘户即中低收入户，约18.3万户（53.6万人），合计增加20.4万户（59万人），预估将来还将有31.2万户、85.2万人纳入照顾范围。①

台湾在扩大社会救助权权利主体范围的同时，也在获得社会救助的手续方面大幅精简，如新通过的《工作所得补助方案》在申请资格和程序方面都大为简单化，目的是尽量去除低收入者的污名效应，而且充分考虑到物价飞涨和产业结构调整的因素，通过使更多的人群享受到社会救助，从而保障民众的实质消费能力，充分体现了立法和改革的权利观念。

---

① 古允文：《社会救助的改革：台湾经验的省思》，载《当代中国社会救助制度完善与创新》，人民出版社2011年版，第25页。

（二）提高贫困群体的就业能力

阿马蒂亚·森说："一个社会成功与否，主要应根据该社会成员所享有的实质性自由来评价。自由不仅是评价成功或失败的基础，它还是个人首创性和社会有效性的主要决定因素。"① 自由既是发展的目标，也是发展的手段，对于贫困群体来说，自由更是有着涉及生存的直接意义，中国接受社会救助的人群中，有劳动能力者已经超过没有劳动能力的人数，据《2009年民政事业发展统计报告》显示，有劳动能力的低保对象占到了救助对象总数的61.1%，这意味着超过一半的社会救助对象是有劳动能力的，对于这部分人群来讲，促进他们的自由和发展尤其重要，对于他们来讲，授人以渔远比授人以鱼更重要，因而，政府应当做的并不仅仅是凭借财政开支以低保等形式将他们养起来，更应当增加他们的可行能力，使其走向自立。

在这个过程中，就业能力尤显重要，自2012年以来，中国进入经济发展政策的调整阶段，新的发展政策避开了直接财政刺激，强调通过结构调整促进经济增长，这意味着对于劳动者能力、素质和心理的重塑和考验，政府需要制定积极的就业政策。从世界范围来看，金融危机对于贫困群体的再分配效应持续存在，如何成功地促进就业能力，建立一种富有活力和潜力的劳动关系，需要总结成功的实践经验。香港政府在90年代改革了综援制度，将政策重点从就业援助转移至就业能力的促进措施，香港的促进就业能力政策，对于中国（大陆）增长和减贫、真正实现贫困群体的社会救助权的意义不言而喻，其内容包括：

首先，构建促进就业能力的政策平台

传统上的劳动保障政策是一种被动政策，即通过福利津贴等维持劳动者在失业期间的基本生活，从而能够重返劳动力市场。改革后的综援政策则将重点转移至劳动者培训和积极的就业援助，致力于改善劳动者

---

① 〔印度〕阿马蒂亚·森：《以自由看待发展》，任赜、于真译，中国人民大学出版社2002年版，第13页。

的个人技能和工作态度,创造有利于再次就业的友善环境。由于就业能力包含了丰富的层次,香港政府逐渐构建了一个三层架构的多元政策平台。

社会福利署居于政策平台的顶层,是政府内部主要负责贫困群体救助的部门,隶属于劳工与福利局。社会福利署与同属劳工与福利局的劳工处以及雇员再培训局、就业训练局等部门展开有效合作,为失业群体提供就业辅导与培训、就业咨询等服务,有关青少年就业和女性就业问题还涉及教育局和民政事务局①。在这一层次上也凸显了有关专门委员会的力量。第二层架构则主要涉及政策的实施,除了资方要按照社会福利署的要求履行相关义务,香港职工会联盟等劳方组织也组建了专门的就业培训机构,同时肩负监督和建议职能。第三层架构集中了一支重要而且活跃的非政府组织。根据香港税务局的统计,香港目前获得认可的免税慈善团体超过4000个,其中一些团体规模、能力和影响力都颇为可观,如青年事务委员会、东华总院等。大部分社团秉持社会关怀和互帮互助的活动宗旨,其管理模式复杂多样,资金来源灵活便利,是贫困群体接受培训和就业咨询的重要力量。

其次,激励贫困群体参加培训和求职

香港社会有自立自强的传统,"可以说香港人根本上并没有一套依赖文化,反而有一套自立文化"②,而政府巧妙利用这一社会基础,激励贫困群体参与就业培训和求职活动,如自力更生援助计划和承诺书制度。承诺书制度是一项积极的激励手段,即以承诺书的形式强制要求有劳动能力的贫困群体参加工作或培训。具体表现为:

1. 根据权利与义务相一致的原则,要求有劳动能力的受助者在获得综援的同时保证参加自力更生支援计划,不参加该计划的不予救助。自力更生支援计划于1999年推出,主要针对健全但失业的成年(15—59

---

① 香港政府的组织架构经历过几番调整,就业训练局和雇员再培训局已经不在现有架构之内。
② 黄洪:《香港的贫穷问题及解决方案》,香港特别行政区立法会CB(2)317/01-02(14)号文件。

岁）综援受助者，要求他们必须签订求职人士承诺书，承诺将参加该以提升能力为主要目的的就业计划，以此作为他们能够获得综援的必要条件。

2. 对于积极就业或者参加培训者给予奖励。奖励分为两种，一种是豁免计算入息，即为鼓励受助者工作，豁免计算其参加工作所获得的部分收入，有工作能力的健全成年受助者在获得全职工作后首月所得收入可全部豁免，即仍可获得未就业时的综援金（两年内只可豁免一次），不影响救助。另一种是津贴，为低收入人士参加培训或就业提供交通津贴和其他津贴。

3. 若申请人拒绝签订承诺书或未做到承诺，则需承担不利后果，即：停止处理其综援申请；终止向其及其家庭成员继续发放已经批核的综援金；要求退还任何因未能履行承诺而导致多领的综援金。

与此同时，政府和社会组织积极肯定香港社会的自立文化，宣传积极就业理念，鼓励劳动者培养积极的工作习惯、加深对社会认识，有利于贫困群体建立从事有酬工作的意愿和良好态度。在多种就业计划的实施过程中，传递了"有工作胜于没有工作"、"低工资胜于没有工资"的价值观和基本信念，有利于提升和深化促进生产的"社会资本"。

第三，提供针对性的就业培训与辅导

香港政府和社会组织为不同群体提供有针对性的培训计划和服务。同为贫困群体，青年人、女性、新移民和有劳动能力的残障人士具有不同诉求和实际困难。对于15—24岁的失业青少年来讲，他们更加看重职业经验和体验，期待通过工作获得自我提升机会，但学历和职业经验不足是一个客观现实，这种现实制约了青少年首次就业的选择机会。为了提升青少年就业能力和工作信心，香港政府制定并实施了多项就业培训计划，较为重要者如"展翅计划"、毅进计划、青年社区服务资助计划、中专和基础文凭教育计划等等，设计符合市场需求的教育和培训内容，完善其基础教育的缺失部分，通过实习机会培养青少年的工作经验，并给以一定的交通津贴和实习津贴，使其积极参加激励计划，获得经验，协助就业。①

女性失业者通常与单亲家庭联系在一起，尤其是中年女性，通常缺乏职业经验，怀有对职业环境的生疏和恐惧，渴望弹性工作安排以便照顾子女。政府和社会组织根据女性求职者的特性分别施行欣葵计划和欣晓计划等，其目的是减少女性求职者的失业问题和职业困扰。

对于有一定劳动能力的残疾人，社会福利署则组织进行了一系列的职业康复服务，致力于提高其就业能力，如针对退役残疾运动员的就业咨询服务等。②

香港政府提高贫困群体就业能力的做法，将社会政策的重点置于劳动者的个人劳动能力，实现了从保护性支援向自立性服务的转变。对于中国大陆当前的结构调整而言，产业技术深化势必带来劳动者的再次调整；而从现行的社会救助政策来看，低保制度仍然是政策中心，对就业能力的界定和培育则远远不够。香港提高贫困群体的就业能力政策从表面上是社会救助内容从生存救助到发展救助的扩展，实际上更是从更为根本性的角度实现了贫困群体的社会救助权。

（三）注重教育救助和医疗救助

教育救助和医疗救助在传统救助制度中往往被视为临时救急的救助手段，尤其在中国，社会救助制度以低保为核心，教育救助和医疗救助尚未制度化，发展空间很大。现行的救助标准不是以可行能力的贫困为标准，不判断或者说不涉及个人的可持续生计问题，只是基于纯粹对收入的判断，形成一种事后的兜底性保障，这个保障表面上救助了贫困者，但实际上由于忽视受助者的自身发展，往往形成一种持续性贫困，如美国学者哈灵顿（M. Harrington）所说的，穷人是一种文化、一种制度和一种生活方式，贫困一旦成为事实就无法改变，它本身具有代际传

---

① 蔡建诚：《香港青年就业问题与就业政策》，见香港社会政策研究，http://www.franklenchoi.org/monograph/YthEpm.html，（访问时间：2013 年 11 月 10 日）。

② 《残疾雇员支援计划》，见香港特别行政区政府社会福利署网站，http://www.swd.gov.hk/sc/index_site_pubsvc/page_rehab/sub_listofserv/id_sped/（访问时间：2013 年 11 月 20 日）。

递的规律。因此社会救助发达的国家在救助对象的选定上,不仅仅考虑现时收入的问题,为了避免出现贫穷的代际传递,非常注重对贫穷儿童的健康和教育的救助。

近年来人们都已经注意到,因病致贫、教育缺失等是许多家庭陷入贫困的主要原因之一,以教育为例,由于教育投资的收益具有间接性和长期性的特征,对于贫困家庭和处于贫困线边缘的困难家庭来讲,很难将有限的家庭收入投资在教育上,实际情况也正是如此,家庭经济困难是中小学生失学的主要原因,而这背后隐藏的便是家庭无力承担过高的教育费用,教育救助的软弱无力不仅会导致贫困的代际传递,而且将加剧社会阶层的分化和社会的不稳定风险。①

如瑞典1993年开始实施的《新社会服务法》,规定社会救助的主要对象就体现了对儿童的关爱,因带有孩子不得不陷于家庭之中、或因儿童不能得到照顾而不能寻找工作者都可以得到救助,这样可以保证儿童得到较好的家庭照顾。日本也考虑到未成年人的健康成长,专门规定了《儿童福利法》和《母子福利法》,对有困难的孕产妇、单亲家庭及未成年人进行了医疗、教育等有针对性的补助。

许多国家都把机会平等的观念引入到义务教育,甚至高等教育之中,并用法律的形式将对贫困家庭的教育救助固定下来。比如日本在战败后不久就颁布了《义务教育费国库负担法》(1952)、《边远地区教育振兴法》(1954)、《关于国家补助贫困儿童教科书费用的法令》(1956)、《日本学校供给膳食法》(1955)、《关于国家对上学困难的学生给予补助的法令》(1961);德国也将教育救助作为特殊扶助措施列入《联邦社会救助法》。这些法规为长期消灭贫穷奠定了基础。

众所周知,美国并不是一个典型的福利国家,但"在美国人眼里,所有的社会福利行为中,没有比针对孩子们的福利活动更为重要的事情了"②

---

① 冀慧珍:《可持续生计理念下的社会救助政策改革》,载《中国行政管理》,2012年第1期。

② 牛文光:《美国社会保障制度的发展》,中国劳动社会保障出版社2004年版,第81页。

因而，早在 19 世纪，儿童福利就开始受到美国人的重视，他们意识到儿童安全和教育的重要性，他们懂得儿童的未来就是国家的未来，"美国的命运决定于美国年轻一代的命运"①。1909 年美国白宫首次召开了儿童会议，被视为美国儿童福利政策的开端，教育方面，美国政府对儿童的基础教育资助非常大。美国最大的政府资助项目就是公立幼儿园（Kindergarten），作为儿童正式进入小学的准备，约翰逊总统时期开始设立了另一种幼儿园（Head Start），主要服务于贫困家庭的儿童，目的是为他们提供力度更大的支持，1965 年美国颁布施行了两个有关教育救助的法律，即《中小学教育法》和《高等教育法》，前者是美国历史上第一个由联邦政府对中小学生进行普遍资助的法律规范，之后，美国遵循立法先行的政策模式，根据儿童的具体情况，制定了有针对性的法规，如针对儿童被虐严重的社会现实，1974 年通过了《虐待儿童的预防和治疗法》（Child Abuse Prevention and Treatment Act）；针对未成年犯罪，同年又通过了《少年司法与犯罪预防法》（Juvenile Justice and Delinquency Prevention Act）；为了促进残疾儿童接受教育，1975 年通过了《所有残疾儿童教育法》（The Education of all Handicapped Children Act），1986 年通过了《学龄前残疾人教育修正法》（Preschool Amendments to the Education of the Handicapped Act）；为给儿童创造友善积极的生长环境，1980 年通过了《儿童福利收养援助法》（The Adoption Assistance and Child Welfare Act），1990 年通过了《家庭支持法案》（Family Support Act），1999 年通过了《寄养独立法》（Foster Care Independence Act）。早在 1991 年，美国用于 6 岁以下儿童的费用就已达到 239 亿美元。②

美国针对儿童的社会服务特别发达而全面，针对贫困儿童，他们设立了教育券，贫困儿童的家长可以凭借教育券为儿童购买需要的教育服务，而儿童的教育服务形式多样，包括心理辅导、居家服务、托养服务、寄养和领养服务，以及为家长所提供的父母能力培训等特殊服务，

---

① Walter I. Tratter, *From Poor Law to Welfare State——A History of Social Welfare in America*, New York: The Free Press, 1989, p. 105.
② 张晓霞：《美法两国儿童福利制度的差异比较》，载《社会》，2003 年第 6 期，第 6 页。

这些服务由具有专业资质的机构提供,能够保证服务质量,因而,美国从物质到服务多方面为贫困儿童接受教育提供了条件。

泰国的医疗救助着眼于贫困群体的健康,堪称发展中国家医疗救助制度的典范。泰国的医疗保障体系并未实现完全的公平平等,根据群体特征不同,分别设立了不同内容和级别的医疗保障项目,第一类是公务员和国有企业的雇员,这类人处于优势地位,享受公费医疗,这类人群具体包括政府雇员、政府退休人士及其家属,约占人口的12%,另外还有占人口比重1%的国企雇员、退休人士及其家属;第二类是一般的社会医疗保险的形式,对象是10名雇员以上的民营企业的雇员,约占人口的20%,这种形式的特征是雇主、雇员和政府共同出资缴费,出资方式由社会保险医疗基金支付;第三类是自愿性的医疗保险,包括城镇的灵活就业人员和农村居民,前者占人口的1%—6%,后者占人口的12%,这种保险形式灵活,根据保险合同确定保险的具体内容,其中农村居民是以健康卡的形式体现和保障的(健康卡在他信政府医疗改革后停用);第四类是没有医保的民众,约占人口的25%—39%。[①] 2001年泰国他信政府开始实施全民医保(universal coverage)改革计划,最核心的就是"30泰铢人人健保"计划,废除了以前每年支付500—1000泰铢的保费以获得健康卡的做法,而改为看病时支付30泰铢,由作为第三方购买者的医保机构采用按人头付费的方法购买医疗服务。尤其值得关注的是,贫困群体连30泰铢都不需缴付。

泰国经验给我们以启示,医疗救助不同于慈善,不是临时性的,应当作为一个长期持续的制度而存在,只要有贫困人群,就应当有为他们服务的免费而优质的医疗服务;同时,医疗救助与普通医疗政策是分不开的,一个国家,既需要有为普通人设立的完备的医疗制度,也需要有与此衔接紧密、无缝的医疗救助制度,这样,才能改变"因贫致病"、"因病致贫"的恶性循环,还国民以健康无忧的生存环境。

---

① 顾昕:《泰国的医疗救助制度及其对中国的启示》,载《中国行政管理》,2006年第7期,第74页。

（四）完善社会救助权的制度

权利只有以制度为保障才能持续实现，德国法学家 C. 施密特说过："不仅要在宪法中保障个人的权利，而且要规定一定的客观制度，由制度来保障公民个人权利的实现"①，纵观世界各国的社会救助改革，成功的范例无不是制度先行，以制度作为保障的。

作为世界上第一个工业化国家，英国的社会救助制度一向走在前列，随着社会经济政治的发展，无时不在进行着调整，而每一步调整和改革，都以制度为体现。1601 年，英国以《伊丽莎白济贫法》为社会救助制度的发轫，虽然该法受时代局限有不可避免的缺陷，但仍开创了以立法和正式制度推进社会救助事业的先例。后来，英国对济贫制度进行了修订，1795 年，颁布了《斯皮纳姆兰法案》，该法"保证了'生存的权利'；工资补贴变得很普遍；家庭津贴也被追加上去；而所有这些都是采取公共救济的方式，亦即不需要使接受救济者到贫民习艺所去。虽然救济的范围很小，但它却足以勉强糊口"②。因此，即使波兰尼将这个法视为英国工业革命过程中社会提供的反"脱嵌"手段，在社会救助权的维护上，它仍有着积极意义，它面对工业革命的自由发展，宣称人们"无须恐惧饥饿，而且无论其收入多少，行政教区会照顾他和他家属的生活"③，这不正是现代生存权利的宣言和体现吗？因而《斯皮纳姆兰法案》实在是一部社会救助权的法案。但尽管这样，《斯皮纳姆兰法案》也并没有能力阻止贫穷的蔓延和贫民的剧增。因而英国于 1834 年通过了《新济贫法》，该法停止院外救济的方式，推翻了《斯皮纳姆兰法案》的补贴方式，要求穷人一律在贫民习艺所接受救济。

后来，随着人们对贫困理性认识的增强，1925 年颁布了《寡妇孤儿

---

① 杨春福：《自由、权利与法治——法治化进程中公民权利保障机制研究》，法律出版社 2007 年版，第 28 页。
② 〔英〕卡尔·波兰尼：《巨变：当代政治与经济的起源》，黄树民译，社会科学文献出版社 2013 年版，第 176 页。
③ 〔英〕卡尔·波兰尼：《巨变：当代政治与经济的起源》，黄树民译，社会科学文献出版社 2013 年版，第 176 页。

及老年年金法》，对因经济危机而造成的失业人口和其所赡养的人口的生活保障进行规定。1933年，英国成立了失业保险法定委员会和失业救济管理局，分别负责失业保险和失业救济。1934年，英国通过新的《失业法》，该法令将长期失业的情况从社会保险计划中分离出来单独给予救济。这些法律规定，已经突破了济贫法时代"院内救济"的局限，体现出了保障公民生存权的国家责任特点。①"二战"后，英国逐步建立起统一的社会保障体系，其中包括1948年的《国民救助法》，1976年，经修订后更名为《补充救助法》，规定以下人群属于救助对象：16岁以上收入不足以满足最低生活需要的英国居民；无法支付治疗牙科疾病、配眼镜及外科手术等费用的低收入者；领取失业保险金期满仍未就业者；未婚母亲及其子女；单亲且有年幼子女的妇女；流浪者及其他贫困者。1986年，当时执政的英国保守党政府又颁布了新的《社会保障法》，提出了新的救助措施，包括：统一了家计调查标准；为正在工作的低收入群体及其家庭实行家庭信贷，取代了以前实施的家庭收入津贴制；针对儿童及无劳动能力者，提供收入补贴，该收入补贴仅为有子女的家庭及丧失工作能力的家庭提供，而非所有的低收入家庭。后来，工党执政后，又曾对社会保障制度进行过一些改革和调整。经过二三百年不断的调整，英国社会救助制度发展成为"可以满足具有不同实际需求的人们需求的一揽子解决方案"②。

通过以上对英国社会救助制度发展过程的简单梳理，我们可以发现，每一次对社会救助进行调整时，基本都遵循法律和制度先行的改革模式，这种模式保证了英国社会救助制度的权威性和稳定性，也有利于向民众及时传达制度背后的理念，从而使改革更容易得到配合和支持，也使现代公民权利的观念逐渐深入人心。

---

① 杨思斌：《英国社会救助立法的嬗变及其启示》，见中国社会科学网，http://orig.cssn.cn/sf/bwsf_sh/201310/t20131022_447585.shtml（访问时间：2013年12月11日）。

② Carol Walker, *Managing Poverty: The Limiit of Social Assistance*, London & New York: Routledge, 1993, p.77.

（五）倡导多元化主体的积极参与

可持续生计理念、发展型社会政策是当代社会救助制度改革的重要理论支撑，这些理论对于完善社会救助制度，形成健康的社会权利观有着重要意义；发展型社会政策首先是在20世纪七八十年代由美国加州大学伯克利分校的梅志里（J. Midgley）教授提出的，他以横跨社会发展和社会福利两个领域的研究方法，对经济和社会协调发展进行了研究，发展型社会政策以"发展"作为其发展的目标，包含多维度的发展，即包括增进人力资本，提高社会发展指标的水平，改善人们的生活环境和增进人们的社会参与、自我依赖的能力等。发展型社会政策更多强调的是发展中国家在经济发展过程中社会政策的作用，强调在经济发展过程中注重国民社会福利的跟进，从政策的"上游"预防贫困，因而被各国视为改革社会救助制度的圭臬。

与传统政策的单一责任主体相比，发展型社会政策强调多元主体参与基础上的合作。20世纪五六十年代，强调政府对经济和社会发展负责的国家主义理论兴盛一时，但随后由于政府本身所具有的强制性、权威性及效率低等特征，国家主义理论遭到批判，七八十年代，人们开始关注非政府组织在社会发展中的影响和作用，社区等非政府组织受到人们的重视；发展型社会政策在以上理论的基础上，提出多方主体参与，建设社会投资型国家，当然它并没有放弃政府之手的积极作用，反而对政府的职能和执政水平提出了更高的要求。对公民进行社会救助，是政府责任心的体现，也是现代国家公民生存权利的体现，因此，政府是社会救助的第一责任主体。但仅凭政府这一个责任主体并不能保障社会救助的有效性，慈善组织、社会救助团体等大量的非政府组织也可以成为社会救助活动中的积极主体，公民作为社会救助政策的对象和受益者，对社会救助政策的需求及其改善最有发言权。政府应该提倡多元主体积极参与社会救助，保障参与渠道畅通。

香港政府善于调动社会各界的积极性，为贫困群体就业创造机会。他们意识到贫困群体往往也同时缺乏社会资本，就业渠道相对狭窄，其低技术的职业背景使其受景气因素影响最大,因此,即使通过培训获得了一定的就业能力,面对不利的外部大环境,劳动者也不可能进入点石成金的"米达斯"自由王国。因此,政府和各种社会组织在此层面发挥积极作用,采取多种措施为贫困群体创造就业机会:

第一,政府增加直接投资,创造就业岗位。过去五年内港府投资2350亿元发展公营基础设施建设,为贫困群体有效创造了就业机会。为帮助青年人就业,自2008年起,香港政府通过非政府机构为15—29岁青年提供了3000个临时职位。① 建设中的新机场计划不仅有望媲美深圳和樟宜机场的物流能力,还可以带动周边产业,使青年求职者受惠。

第二,鼓励企业提供贫困群体的就业机会。劳工处向雇主提供经济补贴等优惠条件,鼓励企业聘用弱势和贫困社群。社会福利署实施"创业展才能"计划,向非政府组织提供种子基金,支持有关机构开办小型业务,但要求每项业务的受雇人员中至少有一半是残障人士。

第三,兴办社会企业,创造就业机会。香港在社会服务采取政府主导、社会组织服务的模式,而社会企业是其特色所在。所谓社会企业(Social Enterprises),既不是纯粹的企业,也不是一般的社会服务,这种组织通过商业手法运作,所得盈余用于社会企业再投资、扶助弱势社群和促进社区发展,重视社会价值多于经济价值。② 社会企业最初致力于解决残障人士就业服务问题,后来逐渐将扶助对象扩展至其他弱势和贫困群体,意在提高他们的技术水平和就业能力,使他们在工作中获得自力更生的勇气和建立良好的社会资本。

香港的就业能力政策体现了成功的多元参与的专业化政策体系。由于政府起到辅助和促进作用,各类社会组织成长为社会政策重要参与力量。这些社会组织不仅与市场需求联系紧密,同时具有专业化的管理和

---

① 《香港政府2013年施政报告》,第25页,见香港特别行政区行政长官网站,http://www.ceo.gov.hk/sim/report-yearone/(访问时间:2013年11月10日)。

② 林吉郎:《民间团体发展社会企业的策略途径:香港经验的启发》,载台湾行政院劳工委员会职业训练局中彰投区就业服务中心:《多元开发就业方案——民间团体发展成为社会企业论述精选集》,2008年版,第52页。

服务水平。在香港的专业教育中，有关社会政策的研究是一个成熟的领域，各类社会组织也具有较高的管理水平，从而使得促进就业能力的政策和辅助措施具备专业化的资质，深刻地影响了社会政策的实施效果。

这些国家有关社会救助制度的变革不仅仅是具体制度和政策调适的表现，更是在时代变迁背景下社会权力结构、政策理念及社会心理文化的发展和变动，是上层建筑对时代的积极调试和适应，这些深层次结构变化中体现出的规律性值得借鉴。 CPS

比较政治学理论和方法研究

Comparative Politics Studies

更正声明

由于稿件投送时与译者的沟通有所疏误，导致我刊《比较政治学研究》（第6辑）所载《比较政治学研究中被边缘化的中国研究》（〔加拿大〕玛丽伊芙·瑞内）一文的编译者信息中，译者胡华杰的单位被误写为北京大学政府管理学院，应为江苏省行政学院硕士研究生在读。

《比较政治学研究》编辑部
2015年8月

权力生态学视角的权力理论比较研究

刘清江[*]

【内容摘要】 在社会科学领域中,权力一直被认为是人类特有的社会活动,权力体现的是社会性特征,而权力在社会领域的表现及与动物学界交叉性研究却突出了权力的自然属性。在目前充满权力欲望的话语体系中,权力的自然属性不能坦荡地展露出来,而且社会存在的"无欲望"的权力也被遮盖了。权力的自然属性、动物性权力、"无欲望"的权力在目前的权力话语中还没有适当的位置,而且目前的学科体系中还没有一个能够完全容纳权力内容的学科。笔者试图超出传统社会科学领域,在现有权力话语体系的基础上突破性地对权力的思维逻辑进行梳理,并在此基础上,导出权力生态学的权力思维逻辑。

【关键词】 权力认知;权力思维逻辑;欲望的权力;无欲望的权力;权力生态学

权力不再是人类的专属产品,亚里士多德的关于"人类是天生的政治动物"的论断到了有必要修正的时候了,因为其他动物也会搞一些政治性活动。蚂蚁、蜜蜂的社会性分工几乎成为普遍性常识,在灵长目动物中更是如此,甚至有明显的政治化倾向。在一群黑猩猩中,总会有一

---

[*] 刘清江:山西大学政治与公共管理学院。

个首领处于高高在上的地位，享受着其他同伴所没有的特权。当然，也会发生首领地位的争夺，黑猩猩的政治斗争也是很残酷的，经常会导致流血冲突。最强壮的不一定就是天然的首领，面对共谋的智慧，最强壮的猩猩也可能会落得一个悲惨的命运，其后代也会被赶尽杀绝。①

一、权力认知的动物学领域延伸

把权力的专属标签从人类的身上剥落下来，我们要感谢那些灵长目动物研究的学者们。动物凶残的职业性猎食与人类相互之间的残暴性屠杀经常性地成为研究的类比项。他们普遍认为动物没有禁忌、缺乏文化，肯定人类的动物本能因素，且存在于人类的基因之中，常常能够冲破文明的表象导致人类置一切礼仪于不顾。② 奥地利动物学家洛伦茨（Konrad Lorenz）是人类侵犯性存在于基因观点的强烈捍卫者，美国人阿德雷（Robert Ardrey）在《非洲起源》（African Genesis）一书中提出人类的祖先其实是一种精神不稳定的破坏自然平衡的食肉动物。古德诺认为人类不是唯一攻击性的灵长目动物，黑猩猩的香蕉实验证实了黑猩猩也是一个自相残杀的动物群体，这一点在社会科学中长久地归为人类的特性，洛伦茨和阿德雷也是这样认为的。但是对黑猩猩、土狼、狮子、叶猴的观察表明，一些动物也能进行自相残杀的行为。社会生物学家威尔森（Ed Wilson）的一个结论是只要观察一个特定的动物超过1000小时，就会发现致命的争斗。或许在暴力非权力论者如阿伦特③（Arendt）眼中，

---

① 参见〔美〕弗朗斯·德·瓦尔：《人类的猿性》，胡飞飞等译，上海科学技术文献出版社2007年版；《黑猩猩的政治——猿类社会中权力与性》，赵芊里译，上海译文出版社2009年版。
② 〔美〕弗朗斯·德·瓦尔：《人类的猿性》，胡飞飞等译，上海科学技术文献出版社2007年版，第13页。
③ 参见〔美〕史蒂文·卢卡斯：《权力：一种激进的观点》，彭斌译，江苏人民出版社2008年版，第23页。摘引自 Arendt, H., On Violence, London: Allen Lane, 1970. 文中多次提到暴力非权力的论述，如"暴力总是能够摧坏权力；一支枪管所发出的命令会产生最有效的命令，带来最直接的和最彻底的服从。永远不可能从枪管中产生出来的是权力"（p.53）；"权力与暴力是相反的；其中一种的绝对的统治就是另外一种的消失。暴力出现在权力出现危急的地方，但是一旦听任暴力自行发展，最后的结果只能是权力的消失"（p.56）。

这不过是暴力的展示,并不是权力的内容。但是对于其他的权力论者如罗素,展现的是权力的残忍性。

尽管不同的权力理论对上述内容存有分歧,但也足以证明了人类和其他一些动物在权力行为上是相通的。人类在权力行为的表现上具有动物性的一面,动物的一些权力行为也标示其处于进化的高级阶段。德斯蒙德·莫里斯的表达会更彻底一些,其在为《黑猩猩的政治》写推荐序的时候,直接用"政治的根比人类更古老"作了序的题目。

二、权力思维逻辑的回顾与梳理

对权力的理解,必须置于一定的时空背景下,否则就会为权力纷繁杂多的感性的或者理性的认知无所适从。任何权力的认知只是揭示了权力的部分,不能概括权力的全部。但是不同的权力认知存在着内在的一种必然联系。在不同的时代、时期,不同的空间位置,权力所展现的内容是不一样的,再由于不同社会思维逻辑的差异,对权力的理解就更是千差万别了。在千差万别的权力理解中,要找出内在的必然联系是很难尽善尽美的事情,特别对于那些囿于特定权力思维的人,不同权力认知之间的通约状况是不可能达到的。如果能够跳出特定权力思维的局限,不同权力认知的内在逻辑关系也就存在理顺的可能。

(一)自古以来的公权力思维逻辑:以道德、公平为权力界分的节点

在远古时期,人类对于个体的自然权力并没有自觉的认识,更没有公权与私权的界分。公权与私权的界限流动造成的不平等现象都会习惯于从既定命运的角度来思考。对于那些处于公权力地位的人,为私为公都是合理性的自然安排。在某一个特定的时段空间,不同人类社会权力生态结构有了质的差异,随着历史的沉淀,演绎出众多不同的人类文明。不论是西方还是非西方的地区,对权力的认知都会有一种自身的文

化惯性，这种惯性的能力决定着权力认知的差异。传统中国与西方社会就存在着迥然不同的权力认知。传统中国认为"权力"的权具有平衡、比较的意蕴，如"权，然后知轻重；度，然后知长短"①、"古人有权成败、计轻重而行之者，伊尹、霍光是也"②、"且人固难全，权而用其长者"③、"九和之弓，角与杆权"④。在中国文化思维的习惯中，并没有赤裸裸的对立性作用，"权"与"力"不会发生直接的联系，权力只是日本西化后的一个借来语。在传统中国的"权力"语境中，行为者的相互关系强调的是阴阳消长的相互转化，常道是易，权力内含于大道之中。权力在道的制约下，表现为权谋之术，在此意蕴与西方的权力观念发生了连接。当然，尽管不同文明存在权力认知的差异，但是在远古时期它们之间也有着惊人的共同性，尽管彼此之间没有什么交往和联系。进入文明时代，权力最初是与道德紧密联系的。如古希腊，柏拉图、亚里士多德都致力于城邦至善之道，权力使用的目的最终就是城邦之善，最大权力者与哲学王、贤者联系起来了。

自殖民体系席卷全球，来自欧洲权力逻辑体系处于权力认知的主流地位。权力认知的发展实际上反映的是欧洲权力认知的历史与逻辑。在理论上，权力与道德的分离也是以马基雅维利为界分的。在马基雅维利那里，权力成为国家赤裸裸的目的追求。为了扩大权力、维持权力、削弱他方权力，国家可以不择手段。脱离了道德的权力，也逐渐还原了自身的本性，"马基雅维利的《君主论》中的所有段落都可以直接用来解释黑猩猩的行为"⑤。没有道德、道、德正当性制约的权力，体现了其肆无忌惮的"恶"。权力逐渐以"恶"的本性出现在各种权力的论述中。为了制约权力的"恶"，各种各样的制度被设计出来，当然并不是所有的制度都是为了制约权力的。当然这里也并不否认权力与道德结合也会

---

① 《孟子·梁惠王上》。
② 《三国志·武帝纪》注。
③ 《吕氏春秋·举难》。
④ 《周礼》。
⑤ 〔美〕弗朗斯·德·瓦尔：《黑猩猩的政治——猿类社会中权力与性》，赵芊里译，上海译文出版社2009年版，第4页。

有"恶"性的展现和以前的制度设计也考虑到制约权力的"恶"行为。但是权力与道德的分离使"以权力制约权力"成为最合理的制度设计逻辑，这种制度设计逻辑实际上是"以恶制恶"的思维延伸。到此时，世界范围内，王权、教权、部落长的权力是权力的主要形态。不管是部族国家、王国、还是宗教国家，权力主要是指政治权力，与国事活动紧密的权力。就是到目前为止，依然有一批学者持有这样的观点，在一定时期还是主流的观点。随着民族国家的兴起，国家学说主导了政治学的发展方向。关于国家主权的论战在霍布斯、洛克、卢梭三派中展开了，国家权力的来源不再是神授、天授的，而是来自于人民权力的授予。权力开始撕开政治权力的幕布，从国家、政府论述的框架中逐步释放出来。但是，各种权力活动的结果主要还是国家和政府行为的表现。

有一点可以肯定的是上述的权力形态都是指以后权力理论认知的公权力，即公共权力。公共性成为政治权力的主要特点，自然也是"权力即政治权力观"的认识基础。有资格行使公共权力的政府和国家，掌握着在其所控制地域范围内所有资源的最终分配权。因公共权力形成的公共领域是社会中各种组织、各种权力最集中的汇聚之地。当然所有资源并不真正为政府所控制，最终分配权指的是处于公共权力位置的组织所能行使权力在理论上的最大可能性。就是有节制的政府也是尽可能地去扩大这种权力。在许多民主理论的论述中，几乎都把美国政府作为节制政府的典范。由于议会权力和司法权力的制约，美国政府尽可能谨慎地保持着对私权的界限。在罗尔斯的《正义论》中"为了公平的正义"根本就是如何正当地保持公权与私权之间、私权之间的界限稳定。[1] 现代政府的权力几乎都通过宪法对其边界进行了限定。但是结果呢？政府的权力还是在不断地扩大。[2] 美国政府自建国以来到现在，在有节制的情

---

[1] 罗尔斯的稳定性追求就是把社会中各种差别抽象为一种原初状态，是人们处于无知状态的主观的公平性认定，也就是拉一道无知之幕，在此公平的基础上寻求差别的变动。

[2] See Theodore J. Lowi and Benjamin Ginsberg, *American Government: Freedom and Power*, 4th ed., New York: W. W. Norton & Company, Inc., 1995, pp. 22 – 23.

况下,行政权力不知扩大了多少倍。我们可以选择政府直接或间接所控制的职能性机构的数量和政府的预算费用作为测评指标,可能会得到一个吃惊的结果。在权力社会化的过程中,"斯诺登事件"恰恰证明了政府权力的不断扩大。政府的权力从公共领域无声无息地渗透到私人领域。权力平衡的制度设计好像是一个精致的摆件,对公共权力的扩大没什么很好的办法,只是设了一道"同意"的门槛。在"同意"的基础上有节制地扩大政府的公权。政府就像是一头权力怪兽,而在特定地域内获得公权地位的国家权力在国际社会中又以一种组织的私权而存在。"以权力界定利益"就成为传统现实主义的核心原则。没有"以权力界定利益","无论是国际政治还是国内政治的理论是根本不可能产生的,因为没有它我们就无法将政治的和非政治的事实加以区分,也无法给政治领域带来至少是某种程度的系统化条理"①。不同的国家和政府,权力的扩张能力、速度、程度、条件、规模等是不同的,加上权力层级之间出现的越权和权力滥用,公权力现象是复杂多变的。公权力在控制和反控制中吸引了大部分权力理论家的关注。

因此,最初在理论上,所谓的权力,指的就是公权力。在道德与权力紧密结合的阶段,公权就是私权,私权就是公权。当权力与道德发生分离后,公权尤其是国家权力具有了明显的界域,公权领域成为欲望权力的横行领域。当大众权力受到了普遍关注,公平就成为公权与私权界分的节点。

(二) 现代化进程中西方文明话语下权力思维逻辑的多重理解

当人民主权论成为公权力的主要范式,权力就正当地越出了政府和国家的界限,在社会领域中逐步成长起来,以各种社会组织的形式规定了权力的边界。各种社会组织数量的增加是处于"人权"的不断释放过程中。在国家层面,代表某一种人权的国际组织穿透国家的边界以众多

---

① 〔美〕汉斯·摩根索:《国家间政治——权力斗争与和平》(第七版),〔美〕肯尼斯·汤普森、戴维·克林顿修订,徐昕等译,北京大学出版社2006年版,第29页。

的形式与国家形成了约瑟夫·奈所总结的复合相互依赖的格局，促进了各种权力的成长，同时也形成了相互制约的状态。在政府层面，社会化管理越来越成为政府职能发挥的大部分，政府的统治职能被包裹在社会化管理的内核中。权力在社会领域中扩散开来，促进众多不同权力类型组织的形成。这里要强调的是，上面的叙述并不是要否定人民主权论出现前社会组织存在的事实，区别是以前的社会组织权力存在的合理性经常会被政府、国家权力的正当性所侵夺，但是也会呈现出妥协的共存状态，形成一定的社会权力结构状态。社会权力结构状态的稳定性决定着共存状态的稳定性。难以控制的权力呈现出众多的权力形态，这是罗素的权力形态相互转化理论①的现实基础。

当权力与道德渐行渐远，权力与各种各样的制度愈益发生紧密的联系，但是对权力的存在却引发了各种各样的分歧。但基本上是以人个体自身为出发点的。

在罗素看来，权力与人的欲望有着不可分割的关系。欲望中有一种权力欲的特殊东西，是其他欲望的基础。荣誉欲是通过权力的获得而得到满足，追求商品的欲望离开权力欲也就有限的很了。② 罗素认为社会动力学的规律只能用权力加以说明，凡是最希望获得权力的人，最有可能获得权力。对权力的爱好不甚强烈的人，是不可能对世事的演进产生多大影响的；引起社会变革的，通常就是极希望引起社会变革的那些人。③ 在尼采那里，权力是意志的产物，权力意志充斥着社会的方方面

---

① 罗素的《权力论：新社会分析》实际是权力形态转移理论的专著，在书中第一章的纲领性文字就能得到证明："在书中，我打算证明：在社会科学上权力是基本的概念，犹如在物理学上能是基本概念一样。权力也和能一样，具有许多形态，例如财富、武装力量、民政当局以及影响舆论的势力。在这些形态当中，没有一种被认为是从属于其他任何一种的，也没有一种形态是派生所有其他形态的根源。"在全书的章节布局也是按照权力形态进行的，整个文字渗透的是权力形态之间的相互转换。
② 〔英〕伯特兰·罗素：《权力论：新社会分析》，吴友三译，商务印书馆2012年版，第3页。
③ 〔英〕伯特兰·罗素：《权力论：新社会分析》，吴友三译，商务印书馆2012年版，第5—6页。

面，就连美好的道德表象下也体现的是权力意志的流淌①，尼采把关于权力意志的科学作为唯一的未来科学②，以权力意志的概念肢解了上帝的存在，在其生命结束时，也完成了对权力的顶礼膜拜。

马克斯·韦伯、卡尔·马克思、涂尔干作为社会学的三大奠基人物，虽然对权力没有专门的论述，但是也蕴含着关于权力的基本认知。在《布莱克维尔政治学百科全书》中韦伯认为权力是"在社会交往中一个行为者把自己的意志强加在其他行为者之上的可能性"③。韦伯是为了资本主义精神作为理性的原则进行论证，把资本主义的贪欲等同于所有人身上的欲望④，只是在实现这种欲望的可能性上产生了差异，理性的资本家会产生更大的权力，进而成为国家权力的代言人。卡尔·马克思并没有像韦伯一样对资本主义追求财富的欲望进行理性的论证，反而把社会结构的异化⑤归结于这种贪婪的欲望，改变异化的社会结构主要依靠的是被统治阶级的权力成长。马克思抽离出阶级为权力活动的主体。对于无产阶级来说，权力成长的动力是共产主义的信仰。根据罗素权力观，这实际上是对信仰追求的一种欲望。涂尔干虽然没有如韦伯、马克思那样从社会人欲望为起点重点着墨于国家公权力，但是他直接视国家

---

① 参见〔德〕尼采:《权力意志》，孙周兴译，商务印书馆2008年版。书中关于道德的语句散见于各个时期，多有精辟的论述，且与权力、意识紧密相连。如"道德的败坏者转变为在道德上受敬仰者——反之亦然"(p. 25)、"道德属于情绪学说"(p. 29)，而"在每个思想下面都隐藏着一种情绪。每一个思想、每一种情感、每一种意志都不是从某种特定的欲望中产生的，而毋宁说都是一个总体状态，是全部意识的整个表层，是从对所有对于我们具有构建作用的欲望的瞬间权力固定中产生出来的，……下一个思想则是一个标志，标明总体的权力形势在此间如何发生了变化"(p. 23)。"我们所有有意识的动机都是表面现象：背后隐藏着我们的本能和状态的斗争，争夺强力的斗争"(p. 10)。

② 参见〔德〕尼采:《权力意志》，孙周兴译，商务印书馆2008年版。"重新解释一切事件的尝试"、"一切赞扬和责难都透视地从一种权力意志出发"(p. 24)、"一种未来哲学的序曲"、"快乐的科学"、"重估一切价值的尝试"、"权力意志。一种未来哲学的预兆"等散见于《权力意志》各处，可见尼采好长一段时间在思考着权力意志将作为一种未来的哲学、未来的快乐的科学，以其无所不包而成为唯一。

③ 〔英〕戴维·米勒、韦农·波格丹诺编:《布莱克维尔政治学百科全书》，邓正来等译，中国政法大学出版社1992年版，第592页。

④ 〔德〕马克斯·韦伯:《新教伦理与资本主义精神》(修订版)，于晓等译，陕西师范大学出版社2006年版，导论，第4页。

⑤ 参见《马克思恩格斯全集》(第三卷)，人民出版社2002年版，第38—39页。

权力为正当存在，没有从权力的"恶"性出发，而是把权力的惩罚美化为道德驯化的过程，"惩罚并不是为了使他人的身体或灵魂吃苦头，……不过是一个可以感受到的符号，……一种标记"①，一般的社会良知通过这种感受的符号表达出来。在涂尔干这里权力又成为道德的议题。

马克思在以阶级的概念对各种社会形态进行结构性的阐释后，其重点就转向了如何改变资本主义国家少数人统治的事实，寻求多数人实现统治的道路。所以，马克思重点考察的是资本主义国家的社会结构。实际上，在典型的资本主义国家里，马克思主义寻求多数人统治的结果并不乐观。推翻异化社会结构的暴力革命形式并没有在资本主义力量强大的国家中实现，反而从资本主义力量最薄弱的环节获得了成功，而在传统的资本主义国家马克思主义者采取了议会斗争的形式，这在实际上是在与资产阶级统治妥协的基础上承认了国家社会的多元化事实。除了葛兰西学派继承了马克思权力分析逻辑，米尔斯也秉着马克思揭示资本主义国家少数人统治的事实。在对美国社会考察的基础上，米尔斯以《权力精英》掀开了多元化社会的面纱，引起了多元主义学派的强烈反击。米尔斯指出权力精英"主宰了现代社会的主要等级制度和组织结构。支配着大公司，操纵着国家机器并拥有着各种特权，掌握着军权，占据着社会结构的战略要津，所有这一切集中了他们（权力精英）所享有的权力、财富和声望的各种有效手段"②。与其有类似观点的是费洛伊德·亨特，其认为"掌权者的不准备也不愿意讨论的决策也根本不会受到下层群众的直接攻击"③。多元主义者认为权力精英统治模式本质上将权力等

---

① 〔法〕涂尔干：《道德教育》，陈光金、沈杰、朱谐汉译，上海人民出版社2006年版，第123页。
② 〔美〕C. 赖特·米尔斯：《权力精英》，王崑、许荣译，南京大学出版社2004年版，第2页。
③ Floyd Hunter, *Community Power Structure: A Study of Decision Maker*, Chapel Hill. NC: University of North Caroline Press, 1953, p. 245.

同于权力运用①，社会多元化的事实是不可否认的，多元化必然的结果是导致权力的分散化。达尔作为多元主义权力理论的代表对米尔斯的精英权力理论进行了批判，"他提出一种根据存在于决策制定过程中的可以观察到的明显的冲突行为来界定权力的主张，同时通过实证研究指出美国是权力多元分布的社会"②。在决策过程中权力选择的可能性与韦伯的权力观呈相承的关系，其在对精英理论批判的过程中逐渐在一定程度上接受了米尔斯的观点，这在多元民主理论中认为美国是"多重少数人的统治"③ 获得了证实。但是达尔和米尔斯的权力观依然是建立在权力欲的起点上的，否则他们不会被纳入权力冲突理论的范畴。

帕森斯对米尔斯权力精英理论的反对却走上了另一条路线。将权力的概念与权威、同意和集体目标的实现联系起来，同时与带来冲突的强制力和武力区别开来，依赖"制度性的权威"④ 使权力概念中性化。帕森斯的权力温情路线，可能受了涂尔干的影响，其把权力设想为"一种为了有效的集体行动而集合起来的责任或义务的普遍化的媒介"⑤ 可以说是承启涂尔干的观点。尼古拉斯·卢曼沿着涂尔干、帕森斯的媒介权力的认知路径，直接把这种权力建立在社会的交往上，社会交往是尼古拉斯·卢曼权力观的逻辑起点，与其逻辑起点相似的是彼得·M. 布劳的交换权力观，社会交换是布劳权力观的逻辑起点。布劳认为"向其他人提供必要的利益毫无疑问是获得权力的最普遍的方法"⑥。而卢曼并没有止步于社会交往媒介的认知上，其通过与其他媒介的比较，权力媒介

---

① 参见〔美〕史蒂文·卢卡斯：《权力：一种激进的观点》，彭斌译，江苏人民出版社2008年版导论，第5页。
② 彭斌：《译者的话》，见〔美〕史蒂文·卢卡斯：《权力：一种激进的观点》，彭斌译，江苏人民出版社2008年版，第1页。
③ 〔美〕罗伯特·达尔：《民主理论的前言》（再版前言），东方出版社2009年版，第123页。
④ T. Parsons, *Sociological Theory and Modern Society*, New York: Free Press, 1967, p. 331.
⑤ T. Parsons, *Sociological Theory and Modern Society*, New York: Free Press, 1967, p. 331.
⑥ 〔美〕彼得·M. 布劳：《社会生活中的交换与权力》，李国武译，商务印书馆2008年版，第179页。

不同的是"代码指导的交往"①。可以说卢曼的媒介权力观是皮埃尔·布迪厄符号权力学②的前驱之作。帕森斯、卢曼和布劳等学者已经脱离了权力欲的逻辑起点。

对于建立在人欲望起点的权力认知,被误认为"新精英主义学派"③的彼特·巴卡拉克和摩尔顿·S. 巴拉兹也有不同的看法。他们以"不决策"④ 的分析否认了不存在唯一的权力欲的权力认知起点。在批评多元主义对明显冲突议题的关注,揭示了因不决策妨碍了成为现实议题的那些潜在议题也是至关重要的。权力欲体现的是权力的控制与支配,那些潜在议题的主体主要不是从自身的权力欲望出发,而是对不平等权力现状的公正诉求,其有机会可能展示出的权力并不是为了新的控制与支配,恰恰是公正成为这种权力的逻辑起点。

卢卡斯在把多元主义权力观归为第一维,"不决策"的权力为第二维,继而提出第三维的权力观时,实际上是揭示出一种"消失的权力"。A 采用诱导、激励、劝说等的手段、权威的影响,以利益一致的状态使 B 不表现为明显的、潜在的冲突对抗形式。B 的权力在 A 的权力表现的遮盖下"消失"了。其实,表象下的 A 的权力,"在相对自主的情况下,并且特别是在不依赖于 A 的权力的情况下,这些并不等同于 A 而是等同于 B 在运用选择"⑤。B 暗含着主观意愿的功利性选择。

不管是"不决策"的权力,还是"消失的权力",本质上是欲望逻

---

① 〔德〕尼古拉斯·卢曼:《权力》,瞿铁鹏译,上海人民出版社 2005 年版,第 17 页。
② See Pierre Bourdieu, *Language and Symbolic Power*, Cambridge: Harward University Press, 1991.
③ 参见〔美〕史蒂文·卢卡斯:《权力:一种激进的观点》,彭斌译,江苏人民出版社 2008 年版,导论,第 6 页。
④ 参见〔美〕史蒂文·卢卡斯:《权力:一种激进的观点》,彭斌译,江苏人民出版社 2008 年版,导论,第 6 页。不决策是 "一种导致了抑制或阻碍某种针对决策制定者的价值或利益的潜在或明显的挑战的决策。"所以,不决策是 "一种这样的方式,通过这种方式,在共同体中那些对现存的利益或特权的分配进行变革的要求被公正地表达出来之前可能被压制;或者被掩盖;或者在它们获得通往相应的决策制定舞台的通道之前被否决;或者,如果没有出现上述这些情况,那么,就会在政策过程的决策实施阶段中被损害或破坏。"
⑤ 〔美〕史蒂文·卢卡斯:《权力:一种激进的观点》,彭斌译,江苏人民出版社 2008 年版,第 26 页。

辑主导的权力。虽然在西方社会也存在着无欲望的权力，但是并没有形成社会的主要流象。在权力理论发展的逻辑上，欲望的权力处于绝对支配的地位，根本没有无欲望权力呼吸的空间。意图突破的"消失的权力"在卢卡斯看来也不过是一种激进的观点。

（三）中国的权力思维：展现了权力的另一张面孔——无欲望的权力

在总是把佛教作为颓废的宗教①、中国文化的思维是原始思维②的西方文化背景下的权力理论家是很难穿越到无欲望权力的认知。卢卡斯"消失的权力"已经走到了极限，三张权力面孔可以说是欲望权力的完备状态。循着卢卡斯的激进思维，无欲望的权力可以作为权力的第四张面孔。实际上，无欲望的权力与其他的权力三张面孔不是因循的关系，而是并行的。无欲望的权力成为中国传统社会的独特权力景观。在中国文化的语境下，无欲望的权力具体表现为"无为的权力"。中国有"无为之政"，如汉初奉行道家的修生养息。按西方的话语逻辑，"无为之政"具有无政府主义倾向。

由于人生境界的差异，总有些主体没有"权力表达"的主观意愿，虽然客观条件他们具备了影响、控制他人的权力，也有时实际上改变了他人的行为。在这里，没有明显的、潜在的冲突，没有诱导、激励、劝说的积极意图。按卢卡斯的思路走，这更是一种激进的观点，因为在欲望横行的现实社会中很少有真实的行为表现。但是在中国的历史社会中，总闪现出一些躬身而行的痕迹。在西方的进取性思维中，我们现在很自然地把这些主体的"表达状态"置于道德虚伪的框架中，中国古代人对"道"的追求被纳入了儒家修善自身的道德欲求范围。消灭了人的

---

① 参见〔德〕尼采：《权力意志》，孙周兴译，商务印书馆2008年版，第249、337页。在249页中"此乃虚无主义的最极端形式：虚无（无意义）永恒！佛教的欧洲形式……迫使们达到这样一种信仰"；在337页中，"道德信仰没落的标志虚无主义"。
② 参见〔法〕列维·布留尔：《原始思维》，丁由译，商务印书馆1991年版，第14、15、33、37、38、44、46、47、123、206、210、212、213、241、248、278、281、291、293、296、306、313、317、330、447、469页。

欲望，虽然并不纯粹，但是"无为的权力"还是建立在没有欲望的逻辑起点上。"无为的权力"有时是先天具备的，有时是因为权力主体的环境条件发生改变而造成的。褒姒引来诸侯的卫王之举，海伦导致了国家之间的战争等，褒姒和海伦显然是有权力的。而在她们的内心中，并没有要显示她们的这种权力，但是权力行为结果产生了。在进攻性的权力语境中，褒姒和海伦不过是权力的工具，他者权力的道具。"无为的权力"在其他任何地方没有进入政治活动的领域，而在中国，"无为的权力"导致了中国禅让制的诞生。

三圣时期的禅让不可考，有清晰历史记录的禅让却充满了虚伪和血腥。我们在指责王莽开启了虚伪的禅让传统，却缺乏积极的理性思考。欧洲能把"备受指责"的民主抽离到现在的"被普遍追求的状态"，而我们却把禅让置于万劫不复之地。试想王莽以道德的力量获得最高统治权力，且没有流血冲突的发生，是不是空前绝后？在权力更替而没有发生流血冲突不就是选举民主备受赞扬的原因么？禅让制是"无为权力"的产物，"无为的权力"在现代、后现代的主流语境中失去了赖以存在的客观条件。但是，"无为的权力"比后现代的权力观念更具有积极意义。

（四）没有摆脱欲望逻辑的后现代权力认知

后现代的权力观是以安东尼·吉登斯的结构化权力、布迪厄的符号权力、福柯权力学为代表。吉登斯在剖析"行动者实现其目的之能力"和"集体特性"两种传统的权力观[①]时，实际上是为现代和后现代的权力观划清了界限。他认为这两种权力都具有支配性特征，而布迪厄的权力支配理解已进入了"（符合理性的）同意"和"自愿的、自由的、深思熟虑的甚至是蓄意的谦卑恭顺"[②]的领域中，"以性格倾向的形式持久

---

① 参见〔英〕安东尼·吉登斯：《历史唯物主义的当代批判：权力、财产与国家》，郭忠华译，上海译文出版社2010年版，第49页。

② 参见〔美〕史蒂文·卢卡斯：《权力：一种激进的观点》，彭斌译，江苏人民出版社2008年版，第138—139页。

地与深深地嵌入身体中"①。这是福柯以权力技术的手段所达到的结果。通过规训、惩罚等技术性手段,使人体变成驯顺的肉体,"可以被驾驭、使用、改造和改善。……这种著名的自动的机器……也是政治玩偶,是权力所能摆布的微缩模型"②。"集体特性"在后现代的视阈中,演绎成隐藏了主体的微观权力学。微观权力学的逻辑起点在哪里?当再倒推到"集体特性"上,思考布迪厄的同意"什么"、对"什么"谦卑恭顺,及福柯的驯顺的肉体的主体真的消失了么?答案是国家的公权力,后现代的权力观又回到了韦伯、涂尔干、马克思的权力逻辑思路。

小结:不管是现代的权力观,还是后现代的权力观;不管是西方的权力逻辑思维,还是传统中国的权力逻辑思维。他们对于权力认知的重要共同点就是只限于人类自身的领域内探讨,最远就到达了人的欲望。权力认知在欲望之前戛然而止,演绎出了"欲望"的权力和"无欲望"的权力两种权力的逻辑路线。"无欲望"的权力在"欲望"的权力淹没下,只在中国的传统社会中,可见一点点的微光。"无欲望"权力就是要灭人特有的"欲",最高境界就是"万物与我为一"③,如庄周在"蝶与我"之间穿梭,人与万物的和谐共处。在这一点上,与研究动物权力行为的学者,在人与动物权力的共通性上一致了。只不过"无欲望"权力是在人的社会性上架通了人与动物的联系,而动物学界的权力研究却打通了人与动物在自然属性的相继性。"无欲望"权力是"道"的高点,而作为动物本性的权力却是道德标准的最低点,二者都穿透了人欲的界限。

三、权力的动物本性还原:权力生态学的权力思维逻辑

如果不把权力的"恶"性推及到动物的本能使然,那些热衷权力的

---

① 〔美〕史蒂文·卢卡斯:《权力:一种激进的观点》,彭斌译,江苏人民出版社 2008 年版,第 140 页。

② 〔法〕米歇尔·福柯:《规训与惩罚——监狱的诞生》,刘北成、杨远婴译,生活·读书·新知三联书店 2003 年版,第 154 页。

③ 《庄子今注今译》,陈鼓应注译,中华书局 1983 年版,第 71 页。

人就一直认为自己是人类群体中最有智商的,他们追求权力的行为是人的本性决定的,是合乎道义的人性行为;或者"聪明"人群向政治领域的趋向性集中缺少一个合理的阻遏手段。对性的坦荡裸露、对杀戮的忠心狂热、对导致他人受伤的快感享受,成为人的"正当"追求,政客的人生修炼。马基雅维利的狮子和狐狸的双重性格动物性指标成为政客的最高修炼目标。在资本主义精神的理性导引下,对权力的追逐,成为人的普遍信条。"好人统统是软弱的:他们之所以是好人,是因为他们没有强大到交恶的地步。"① 道德、制度成为弱者的权利诉求手段。道德、制度在亵玩权力的人看来,是为了获取最大利益可以随意调节的万花筒。其实,这些人已经不经意地踏入了动物的领域内。"恶"性的权力是动物野性的释放,"恶"性越大,其本性就越接近动物的本性。动物本性的权力思维逻辑认知是对热衷追求权力的人的一种警示语。

  对于权力生态学,权力的逻辑起点自然需要延伸到动物领域。对权力的渴望几乎是与生俱来的②,不管是对黑猩猩,还是对每一个人来说。亚里士多德不就是持这样的观点么,我们现在也经常地认为某些人被认为是具有政治本能的。"用先天的社会倾向作为达到某种目的的手段是需要有后天的经验来支持的。"③ 德瓦尔发现黑猩猩耶罗恩在权力的争斗中有一种后天习得的预测能力。耶罗恩最后选择与尼基合作,"也许已经被一些微妙的效应或关于这一过程的最终结果的预测所激励"④。黑猩猩这种经常在人类中看到的权力手段的聪明选择不只是偶尔观察到的结果。我在动物园看到了黑猩猩在得到人们赏赐的食物总是会等待一个黑猩猩的"同意"才敢送到自己的嘴里。影响力、联盟、平衡、稳定性、交换、操纵、理性的策略、性特权等在社会科学中耳熟能详的与权力有

---

① 〔德〕尼采:《权力意志》,孙周兴译,商务印书馆 2008 年版,第 12 页。
② 〔美〕弗朗斯·德·瓦尔:《黑猩猩的政治——猿类社会中权力与性》,赵芊里译,上海译文出版社 2009 年版,第 228 页。
③ 〔美〕弗朗斯·德·瓦尔:《黑猩猩的政治——猿类社会中权力与性》,赵芊里译,上海译文出版社 2009 年版,第 228 页。
④ 〔美〕弗朗斯·德·瓦尔:《黑猩猩的政治——猿类社会中权力与性》,赵芊里译,上海译文出版社 2009 年版,第 229 页。

关的术语，在对黑猩猩的观察中可得到印证。因此，权力生态学必然要涉及动物权力行为的整合、论述。

在生态进化序列中，从权力原生态向权力异化态转变过程中，"恶"性的权力不断被放大。在追求自由的过程中，自由的边界经常为他者的权力所困扰；而且异化态的权力社会已经越过了人类社会的范围造成了环境的恶化，引发了一系列的生态危机，如生态系统的恶化、大范围的污染、自然资源的逐渐耗尽、世界热带森林的大面积消失等。这种现象还在继续加剧，人类加大了研究的力度，发明了大量的技术性手段，但并没有把恶化的趋势遏制下去。自然而然还原到人类行为逻辑来思考改善人与自然的关系，关于权力逻辑起点的重新思考也就自然提到了研究日程中来。权力生态学要求对权力的基本认知进行动物性的还原，低下人类高于一切的那颗傲慢的头颅，人与其他生物一样只是地球环境生态系统的一个环节而已，所不同的只是人类权力行为的肆意破坏。

如果人类动物性的权力能够得到正确认识，人类向社会性行为的不断迈进就更有了恒久追求的意义。人之为人的主要特点不是直立行走和语言等具有明显自然属性的东西，也不是受欲望支使的权力行为，而是对人类自身美好生活追求的善的积累的社会性改进。在权力生态学中，权力也要有个必然的归宿。在从自然属性逐步走向社会属性的过程中，权力的归宿体现于社会性改进过程中。社会性改进不是要制造庞大的奴役人自身的组织系统，而是体现在个人的心性修养上，如古希腊的哲学王、中国古代的圣人等作为社会性人的最高目标。从自由的角度看，是人的双重自由的实现，既不受自然所奴役，也不被社会所奴役。对于普通人，离哲学王、圣人的目标很远，在漫长的社会性改进过程中，会产生认为是遥不可及的梦想，丧失前进的动力。在以动物性为权力的逻辑起点，会让人们有一个坐标基点，能够有效地衡量社会性改进的效果。

以动物性权力为起点，分离出欲望的权力和无欲望的权力两种权力思维的逻辑路线。欲望的权力和无欲望的权力推动着人类社会不断地发展，表现为文明与野蛮的交融争斗。依靠欲望的权力使人类走向了与自然逐渐分离的超强的组织化系统，个人在组织化系统中日益失去了自由的表达能力，并不断地被自身所创造的组织系统所驱使，对环境系统过度地索取资源，来满足组织系统的需求。凭借无欲望的权力，让人类回复到与自然共存的融合状态，努力改变欲望权力造成的对人类社会、对自然环境的双重奴役状态，使个人尽可能地摆脱组织系统的支配。最终形成个人权力自由的社会状态。

全球治理的内在逻辑与模式

王金良*

【内容摘要】 全球治理是一个具有高度争议性的概念,有人把它等同于世界政府,也有人把它看作是全球公共和私有权力之间协调管理全球共同事务。从内在逻辑来说,全球治理具有跨越主权国家的治理系统,也是一种没有中心权威的治理体系。根据理论界各种代表性的观点,全球治理可以分为四种不同的模式,即国家中心治理、国际机制治理、超国家中心治理和多层次全球治理。从实践上说,当前全球治理的主要动力是主权国家尤其是大国。同时,为了寻求合作以解决全球性问题,国家建立了国际组织以及重要的国际机制,这是未来全球治理转型的关键点。

【关键词】 全球治理;国家中心治理;国际机制治理;超国家中心治理;多层次全球治理

一、全球治理的概念

"治理"(governance)源于古希腊的"kubernáo"一词,原意指的是

---

* 王金良:华东政法大学政治学研究院讲师,主要研究领域为全球化与全球问题。

"掌舵",哲学家柏拉图在使用这一词时把它延伸为统治、管理等意思。"governance"源自于盎格鲁-撒克逊语中的词汇,强调在决策实施过程各种可能性,目的是不断自我调整以适应新的环境。世界银行把"治理"视为是"为了追求发展而在对一个国家的经济和社会资源进行管理的行为"①。可以看出,世界银行对于治理的定义偏重于政府的公共管理行为,认为治理就是"各种各样的个人、团体——公共的或每个人的处理其共同事务的总和。这是一个持续的过程,通过这一过程,各种互相冲突和不同的利益可望得到调和,并采取合作行动"。联合国全球治理委员会认为"治理是公私机构管理其共同事务的诸多方式的总和,既包括有权迫使人们服从的正式制度和规则,也包括人们和机构同意的或以为符合其利益的各种非正式的制度安排"②。也就是说,治理并非特指的是政府的活动,它尤其重视非政府组织的地位和功能。无论是政治学还是在其他学科之中,治理的概念都是不确定的。③ 我们认为,"治理"指的是通过机构,权威和协作的方式进行资源分配,以及控制和协调社会或经济活动的行为。治理强调了非正式的途径,也离不开习俗、道德标准和规范的制约。

詹姆斯·罗西瑙(James Rosenau)提出了"全球治理"(global governance)的概念,他认为全球治理是一种非国家中心的治理状态。罗西瑙认为全球治理就是包括通过控制以产生跨国家影响的各个层面包括从个人、家庭、团体再到国家的一系列规则系统,甚至包括把全球相互联系的规则系统。④ 戴维·赫尔德认为:"全球治理不仅意味着正式的制度和组织——国家机构、政府间合作等——制定(或不制定)和维持管理世

---

① Klaus Dingwerth and Philipp Pattberg, "Global Governance as a Perspective on World Politics", in *Global Governance*, Vol. 12, 2006, pp. 185–203.

② Commission on Global Governance. *Our Global Neighbourhood: The Report of the Commission on Global Governance*, Oxford: Oxford University Press, 1995, p. 2.

③ 刘小林:《全球治理理论的价值观研究》,载《世界经济与政治论坛》,2007 年第 3 期。

④ Rosenau, J. N., "Governance in the Twenty-first Century", in *Global Governance*, Vol. 1, 1995, pp. 13–43

界秩序的规则和规范,也意味着所有的其他组织和压力团体——从多国公司、跨国社会运动到众多的非政府组织——都追求通过跨国规则和权威体系产生影响的目标和对象。"① 罗西瑙把全球治理看作是为"没有政府的治理",他提出了主权国家与非国家权力之间的"两枝世界理论"(Bifurcated Theory),这是一种高度复杂的全球治理体系。② 安东尼·麦克格鲁等人强调了非国家行为体以及技术变革对于全球治理的重要性。③ 克雷格·墨菲(Craig Murphy)详细考察了自1850年以来世界组织的历史沿革过程,根据墨菲的观点,"全球治理"主要指的是依靠各种专门的和一般的国际组织——欧洲同盟,国联和联合国,这些"前世界国家"创设了一系列制度程序,依靠核心国家共同统治而不是征服,不断把主权集中于超过单个主权国家至上的国际机构之中。全球治理具有特殊的意义,它不同以往的以主权国家为主体、以国家利益为目标、以权力斗争为手段和以国家实力为基础的国家间政治关系。

全球治理这一术语究竟包含了什么内容呢?首先,"治理"一词不同于政治统治的过程,治理指的是通过某种政治规则来解决冲突和公共问题,它也被用于描述受到公众监督的过程,也就是说治理的效能和结果必须反映了民主的原则。从分析中的非规范化的角度来看,治理过程包括了五个层面,即问题、行为体、社会规范、进程和节点(nodal points)。从治理的对象来说,全球治理指的是对全球公共事务的方式进行管理。为什么人们不使用其他概念如国际政治、国际组织、全球公民社会等来描述这一现象呢?拉里·芬克尔斯坦(Larry Finkelstein)注意到从一开始"全球治理"几乎可以包含任何与治理相关的内容。④ 全球治理的概念是非常模糊的,这使得相关讨论和分析出现了泛化的趋势。马

---

① 〔英〕戴维·赫尔德:《全球大变革:全球化时代的政治、经济与文化》,杨雪冬等译,社会科学文献出版社2001年版,第70页。

② Rosenau, J. N., *Turbulence in World Politics: A Theory of Change and Continuity*, Princeton: Princeton University Press, 1990, pp. 445 – 454.

③ Weiss, T. Governance, "Good Governance and Global Governance: Conceptual and Actual Challenges", in *Third World Quarterly*, Vol. 5, 2000, pp. 795 – 814.

④ Finkelstein, L. S., "What Is Global Governance?", in *Global Governance*, Vol. 3, 1995.

丁·林伊森等人认为全球治理指的并不是全球生活领域或层面的某一具体方面，只是一个为便于观察具有复杂性和多样性的全球生活的一个有益视角。① 从这个意义上说，更加谨慎地使用这一术语，无论从内涵还是外延的使用方面，都应该把这一概念精确化。只有这样，这一术语才可以作为理论分析的工具，它不同于以国家利益为基准的分析方法，从而能够全球政治的研究提供了一个更好的视角和框架。全球治理不是建构在一个统一、和谐、平等关系基础上的治理形态，它是由国家中心治理与超国家治理构成的一个具有非对称结构特征的治理形态。② 然而，从某种程度上说，全球治理并没有明确地比较国家与非国家组织之间的权力关系，也没有考虑到不同国家之间的权力关系。从概念上讲全球治理是有缺陷的，它无法反映全球政治之中各种行为体之间的权力结构关系。③

全球治理的概念涵盖了三个层面的意义。第一，"全球治理"一词中"全球"的涵义是什么？第二，"全球治理"为什么需要"治理"而不是统治或权力实施的过程？第三，全球治理与传统国际政治形态有何本质的区别？我们认为，全球治理中"全球"的意思一是指全球各个层面的组织和团体都可以参与进来，包括超国家、国家、次国家以及个人都可以是治理的主体，进一步说它的理想状态最终将建立在超越主权国家之上的"全球共同体"；二是指全球治理主要致力于解决超越主权国家之上的"全球"性问题，在这一过程中，需要解决全球层面的集体行动困境问题，通过各个相关治理主体之间的协调和合作，从而在全球层面提供"公共物品"并承担公共的"成本"，以及解决公共的"问题"。在全球治理的过程中，"治理"是最重要的内容，它不同于传统意义上的政治和统治过程。根据戴维·伊斯顿的经典解释，政治统治指的是资

---

① 〔美〕马丁·林伊森、蒂莫西·辛克莱：《全球治理理论的兴起》，张胜军编译，载《马克思主义与现实》，2002 年第 1 期。
② 〔日〕星野昭吉：《全球治理的结构与向度》，载《南开学报》（哲社版），2011 年第 3 期。
③ 〔荷〕亨克·奥弗比克：《作为一个学术概念的全球治理：走向成熟还是衰落？》，载《国外理论动态》，2013 年第 1 期。

源的权威性分配过程,涉及到了不同人群利益的集体决策过程。治理并不能简化为良好的公共管理技术,它包含法律、政治、体制、行政、规范和伦理等一系列方面的内涵和意义。从某种程度上,"治理"主要有赖于社会的和非中心的权威。一般而言,治理发生通过网络以保障公共部门和私有部门之间进行协作和互动;也包括通过市场而不是政府来分配资源;依靠社会的各个团体来监督和评估政府的行为;以及通过多元化的服务和管理过程等等。换句话说,与统治相比治理是一种内涵更为丰富。它既包括政府机制,但同时也包含非正式、非政府的机制,随着治理范围的扩大,各类组织和群体都可以通过治理的以满足各自的需要。最后,在本质上全球治理与以主权国家为基石的国际政治形态有何区别呢?"没有政府的治理"是一种"无政府"的状态,但不是"无治理"的状态。秩序可以与最小程度的稳定和连贯性联系起来,罗西瑙认为在"无政府状态"之下,通过多元行为体之间的合作协调,同样可以达到某种"治理"的状态。归纳来说,全球治理实际上是全球化时代的一种理论构想,目的是应对或解决全球范围内的各种超越国家主权的政治、经济和社会问题。

二、全球治理的四种模式

近年来,关于全球治理的研究已经成为一个重大课题,在国际关系、政治学、社会学以及经济学等学科中都有所涉及。

从理论上说,全球治理理论形成于20世纪90年代,从根本上说它是一种应对全球危机的理论设想,由于主权国家在治理方面的无能或不足,全球治理成为一种创新性的理论设想和主张。对于非均衡全球化世界的治理,人们关注的重点放在了各类国际组织和全球规制。也有人从跨国公司、知识共同体以及市场机制出发,为全球治理的创新提供了另一种观察视角。全球治理兴起的要素包括全球知识权威、技术基础结构以及市场化机制的相互关联。① 从本质上说，全球治理理论是产生于全球化时代的一种理论主张和设想。

（一）国家中心治理模式

在国家中心治理模式中，强调了国家尤其是霸权国家治理的有效性，认为霸权国家即美国提供了全球治理所需的公共物品和秩序。在这种治理模式中，霸权国家的利益是第一位的，大多数国家尤其是弱小国家的利益被边缘化或排除在决策过程之外。

从 20 世纪 80 年代开始，国际关系学科的现实主义学派的代表人物之一罗伯特·吉尔平，就提出了霸权主义的治理主张。他认为霸权可以带来国际体系的稳定，也可以带来公共权威（public authority），并且能够为国际社会提供公共商品。到了 20 世纪 90 年代末期，为了批评全球治理理论中有意或无意的否定以及轻视"国家"的倾向，霸权治理主张的拥护者和支持者也活跃起来。

在霸权治理的模式中，大国是治理体系中的主角。美国麻省理工学院经济学资深教授查尔斯·金德尔伯格（Charles P. Kindleberger）提出了霸权稳定论的观点，他认为只有霸权国家才可以为全球治理提供所需的支持。金德尔伯格指出 1929 年大萧条波及面这么宽、程度这么深、持续时间这么长，是由于英国没有能力、美国又不愿意承担责任以稳定国际经济体系，这使得该体系处于不稳定的状况。20 世纪 30 年代经济大危机之所以成为世界性的，是因为没有一个大国有能力或愿意承担制止危机的责任。② 金德尔伯格借鉴了亚当·斯密的理论和思想，他把各国的民族利益看作是私人商品，世界经济的稳定就是全球商品（cosmopolitan goods）。在某个特定社会中，公众商品通常是由政府提供的，但在无政府的国际社会中，只有大国即全球经济稳定者（stabilizer）才有能力提供全

---

① 〔美〕马丁·林伊森、蒂莫西·辛克莱：《全球治理理论的兴起》，张胜军编译，载《马克思主义与现实》，2002 年第 1 期。

② 〔美〕查尔斯·金德尔伯格：《萧条中的世界，1929—1939》，宋承先等译，上海译文出版社 1986 年版，第 348 页。

球的公共物品。

只有在霸权存在并提供全球公共物品的前提下,自由经济秩序才能得以维持和发展。第二次世界大战之后,在美国的主导建立了以"关税及贸易总协定"(GATT)为主导的国际贸易体系,同时国际货币基金组织(IMF)以及世界银行(WB)也发挥了全球经济治理的部分功能。罗伯特·吉尔平认为,霸主国或领导者有责任提供这三类公共商品,即自由开放贸易制度、稳定的国际货币和国际安全,并承担其全部成本。他也从指出霸权国家必然衰落的趋势,主要原因是霸权国的政治、军事、经济和科技优势是很难长期维持的;同时,在为全球提供公共物品和治理的过程中,霸权国家支付了过多的成本,以至于最终拖垮了自身的经济实力。

斯蒂芬·克拉斯纳(Stephen D. Krasner)认为当前全球政治并没有改变国家权力的属性,对内主权、威斯特伐利亚主权以及国际法的主权仍然是维护国家间交往的原则。罗伯特·基欧汉和约瑟夫·奈认为,民族国家并不会失去其在国内和全球治理中主角的作用。[1] 在跨国治理没有取代国家的地位之前,对于国家主权的重大削弱都是非常危险的。[2] 主权仍旧是国家获得合法性的理论基础,同时国家也为国际活动以及其他跨国互动提供了重要的平台。[3] 从实践上看,美国是当今世界唯一的超级大国,也是唯一具有全球性影响并作出全球性行动的国家。美国在处理全球事务和治理全球公共问题中一直发挥着至关重要的作用,它的支持是很多超国家组织得以正常运行的前提条件,而且很多社会运动组织也是以美国为基地的。全球政治中的权力分配、国家利益等基本规则仍然有效,如何在协调各国国家利益的基础之上,达成一种公平而有效的

---

[1] 〔美〕罗伯特·基欧汉、约瑟夫·奈:《导言》,见约瑟夫·奈等编:《全球化世界的治理》,王勇等译,世界知识出版社2003年版。

[2] Stephen, D. K. (ed.), *Problematic Sovereignty-Contested Rules and Political Possibilities*, Columbia University Press, 2001, p. 45.

[3] Rosenau, J. N., "Governance, Order and Change in World Politics", in Rosenau, J. N. (eds.), *Governance without Governant: Order and Change in World Politics*, Cambridge: Cambridge University Press, 1992, pp. 44 – 45.

全球治理体系是问题的关键所在。

(二) 国际机制模式

全球治理挑战了政府或传统公共权威的观念,强调了一系列制度和机制的重要性。正如詹姆斯·罗西瑙的观点,在一种没有政府的治理状态中,关键就是让制度发挥治理的作用,而不能依靠任何组织或体系。[①] 在奥兰·扬 (Oran R. Young) 的新自由主义国际机制论 (Theory of International Regime) 中,国际机制居于重要地位。奥兰·扬认为,全球治理是以国家为中心的政府间合作以及政府间国际组织作为国际机制的主导力量。[②] 由此可见,他的全球治理观是站在以国家为中心的立场上,通过国际机制来协调各个国家的不同利益和诉求。

国际机制模式对于全球治理的理论发展有着重要的贡献,它提供了一种"国际治理"的研究视角。马丁·林伊森和蒂莫西·辛克莱认为全球治理理论来源之一就是国际规制理论。[③] 国际机制模式主要指的是以国际组织和国际机制为中心的治理,包括政府间机制以及国际非政府组织参与机制的总和。当前联合国、G8、G20、"金砖国家"组织、国际货币基金组织、世界银行、世界贸易组织等等超国家组织,已经成为全球治理的重要力量。当前全球治理模式的制度化焦点是由重要的国际金融机构、七国集团国家政府的财政部、私人性国际关系委员会和商业团体组成的网络。[④] 从全球治理变革方向来说,我们可以期待联合国等国际组织能够充当全球治理的主体,从而为构建一个公平而正义的全球政治体系贡献力量。

[①] Rosenau, J. N., "Governance, Order and Change in World Politics", in Rosenau, J. N. (eds.), *Governance without Governant: Order and Change in World Politics*, Cambridge: Cambridge University Press, 1992, p. 5.

[②] Young, O. R. (ed.), *Global Governance: Drawing Insights from the Environmental Experience*, Cambridge: The MIT Press, 1997, pp. 283 – 284.

[③] 〔美〕马丁·林伊森、蒂莫西·辛克莱:"全球治理理论的兴起",张胜军编译,载《马克思主义与现实》,2002 年第 1 期。

[④] 〔美〕马丁·林伊森、蒂莫西·辛克莱:"全球治理理论的兴起",张胜军编译,载《马克思主义与现实》,2002 年第 1 期。

(三) 超国家中心治理模式

在超国家中心治理模式中,强调了公民社会组织在全球治理变革进程中的作用。全球公民社会组织已经发挥了全球治理的作用,皮特·威利茨考察了一些公民社会组织之后,认为权力正不知不觉地从各国的上层阶级向各种国际制度转移(如联合国环境纲要、联合国发展纲要、联合国海洋法、联合国发展援助、联合国经社理事会、海牙国际法庭、世界自然保护协会、国际货币基金及世界银行等等)。① 各国从不情愿、不主动地进入国际合作与协调过程,逐渐朝着比较情愿、比较主动的协作方向迈进。由于国际政治中主权国家的缺失及非政府的补充作用,国家在国际政治中的地位和角色发生了变化。国家间政治的"主导"进程也呈现了新变化,它已经"嵌入了"非政府组织的各种影响。② 罗伯特·考克斯 (Robert W. Cox) 指出全球公民社会运动的复兴,可以推动全球政治的变动和重建。③ 在考克斯看来,由于在政治社会 (political society) 和公民社会 (civil society) 之间存在着特殊的关联,因此全球霸权处于一种复杂的环境之中。全球治理的变革应该考虑到全球公民社会组织的需求和影响,才能够重新塑造新自由主义意识形态带来的不利影响。全球治理的另一个面向就是继续发挥全球公民社会组织的良好作用,使之成为全球治理变革的重要动力。④ 近年来,全球公民社会组织已经在环保、慈善、妇女和人权等问题上发挥了良好的作用。

---

① Willetts, P., "Transnational Actors and International Organization in Global Politics", in Baylis, J. (eds.), *The Globalization of World Politics: An Introduction to International Relations*, Oxford: Oxford University Press, 1997, pp. 1 – 11.

② 刘贞晔:《国际政治领域中的非政府组织——一种互动关系的分析》,天津人民出版社2005年版,第227页。

③ Cox, R. W. & Schechter, M. G., *The Political Economy of a Plural World*, New York: Routledge, 2000, pp. 103 – 104.

④ 〔美〕马丁·林伊森、蒂莫西·辛克莱:《全球治理理论的兴起》,张胜军编译,载《马克思主义与现实》,2002年第1期。

四、多层次全球治理模式

根据詹姆斯·罗西瑙的观点,全球治理是由多层次的治理主体构成的,国际范围的各种机制和规范逐渐成为新的权威中心,这就是所谓的两枝世界理论。在全球政治中存在两个世界,一个是国家中心的世界(state-centric),另一个是多元中心的世界(multi-centric world)。[①] 日本学者星野昭吉也认为全球治理由两个层次的治理结构构成的,即国家中心治理与非国家中心治理,非国家中心治理就是超国家中心治理,这个治理结构构成了一种复杂的全球治理形态。[②] 全球治理意味着国家与非国家行为体之间的合作,以及从地区到全球层面解决共同面临问题的新方式。[③] 同时,罗西瑙非常重视非国家行为在全球治理中的重要影响,主张"以联合国及其相关制度为中心,拓宽多种国际机制与跨国合作政策的网络"[④]。在这个"没有政府的治理"体系中,权力是高度异质性和分散性的,这与传统国家为中心的国际权力体系有本质的差别。然而,罗西瑙并没有贬低主权国家的地位,甚至认为国家仍然是相对重要的行为体。在这个多层次全球治理模式中,主权国家并没有形成垄断性的权威,超国家组织、跨国组织以及公民社会组织等等分享其权威,从而形成了一种多层次、多中心、多通道的"全球政治"。作为这一过程的结果,既往的权利与义务平衡正在不知不觉地发生变化:一面是主权国家的权力要求,另一面是国际社会的权威性正在提升,这也反映了全球政

---

① James Rosenau, *Turbulence in World Politics*, Princeton NJ: Princeton University Press, 1990, pp. 249 – 253.

② 〔日〕星野昭吉:《全球社会和平学》,梁云祥等译,北京师范大学出版社2007年版,第354—359页。

③ 〔日〕星野昭吉:《全球政治学——全球化进程中的变动、冲突、治理与和平》,刘小林等译,新华出版社2000年版,第278页。

④ Rosenau, J. N., "Toward an Ontology for Global Governance", in Hewson, Martin., & Sinclair, T. (eds.), *Approaches to Global Governance Theory*, Hewson Albany: State University of New York Press, 1999, pp. 295 – 296.

治变化的发展趋势，主权国家的地位和功能进一步弱化了。

在多层次全球治理模式中，存在着一个由不同层次的行为体、力量和运动构成的复杂结构。它强调了国家和非国家权力之间的平衡，也强调了国际法和国际制度的重要性。国家、非国家行为体以及跨国行为体，它们可以有正当的个体利益诉求，也可以通过合作共同解决面临的全球公共问题。总之，国家仍是全球治理的主要成员，但不再是唯一的行为体了。

围绕全球治理的主体、对象、机制、价值和目标，可以把它归结为国家中心治理、国际机制、超国家中心治理以及多层次全球治理四种模式。第一，霸权治理是国家中心治理的一种代表形式，所谓霸权治理指的是只有霸权国家全球治理的主体，也只有霸权国家才有能力和意愿解决全球公共问题。第二，国际机制强调了以国际组织和国际机制为中心的治理，是由各种国际机制，包括政府间机制以及非政府组织参与的总和。当前全球治理的主要框架如联合国、G20、欧盟、国际货币基金组织、世界银行、世界贸易组织等等已经成为全球治理的重要机构。第三，在超国家中心治理的模式中，主要强调了公民社会组织在全球治理变革进程中的作用。公民社会是全球治理进程中的重要组成部分，公民社会组织可以塑造世界政治文化以及影响国家和政府间组织的治理决策。① 第四，在所谓多中心的治理模式中，强调的是多元性的全球治理结构，国家与其他非国家主体都具有治理的资格和地位。

小 结

在国家中心治理、国际机制、超国家中心治理以及多层次全球治理四种模式之中，霸权国家的治理强调了国家尤其是霸权国家治理的有效

---

① Boli, John., & Thomas, G. M., "World Culture in the World Polity: A Century of International Non-Governmental Organization", in *American Sociological Review*, Vol. 2, 1997, pp. 171 – 190.

性，认为霸权国家如美国提供了全球治理所需的公共物品和公共秩序；而国际机制流派认为最核心的要素就是各种国家间交往的规制和规范，是指导和约束全球治理的一系列原则、规范、规则和程序；超国家中心治理立足于全球治理变革的未来前景，把希望寄托于全球公民社会组织，是一种具有"解国家"性质的主张和理念。最后，在多层次全球治理模式中，强调了国家治理与非国家治理的相互关联和整合。从实践上说，随着全球政治体系的持续转型，全球治理的模式和形态也将发生重要变化。 CPS

2011—2012年国外政治文化研究综述

王晓飞[*]

自从1956年美国政治学家G. A. 阿尔蒙德在研究政治体系中首次使用"政治文化"一词以后，政治文化的研究取得了长足的发展，已经成为现代政治分析的主要方法之一。随着现代社会中文化要素在国家政治社会中的地位越来越凸显，非西方多元价值模式也逐步受到认可，研究政治文化便成为比较政治学当中的重要议题之一。中国政治学界在80年代初开始进行政治文化研究，也取得了丰富的研究成果。但是，关于政治理论，当然也包括比较政治理论在很大程度上都来源于西方学界的介绍和移植。本文的主要目的是对2011—2012年国外发表的关于政治文化研究文献进展进行梳理和综述，希望对于国内的政治文化研究起到一定的借鉴作用。

本文将涉及到的国外期刊主要包括《政治研究》(Political Studies)、《比较政治研究》(Comparative Political Studies)、《美国政治学期刊》(American Journal of Political Science)、《美国政治学评论》(American Political Science Review)、《国际社会科学评论》(International Social Science Review)、《斯堪的纳维亚政治研究》(Scandinavian Political Studies)、《政治学杂志》(The Journal of Politics)、《政治研究季刊》(Political Research Quarterly)、《欧洲政治科学评

---

[*] 王晓飞：上海政法学院国际关系学院讲师。

论》（*European Political Science Review*）、《宗教研究评论》（*Review of Religious Research*）、《历史杂志》（*The History Journal*）等。在文章中，笔者尝试把2011—2012年有关政治文化的研究归结为下述几类，进行逐一论述。

一、政治文化与族群政治

随着第三波民主化浪潮的到来，大众的政治参与、社会运动已经成为塑造、比较国家政治文化的重要方面。因此，在有关政治文化的研究中，影响公民政治参与的因素研究成为国外研究政治文化的重要方面，而不同的民族和宗教也掺杂期间，使得政治文化的研究显得更为复杂化。民族、宗教的研究，在比较政治文化研究方面，已经占据了举足轻重的地位。

不同宗教、民族的界定与划分，对于政治参与的影响是显而易见的。R. K. 布朗（R. Khari Brown）于2011年在《宗教研究评论》上发表了《美国不同种族/民族的宗教、政治话语和行动主义》一文。这篇文章评估了在不同种族/民族的政治和公民行动中，神职人员和世俗参与在政治对话中的鼓励政治参与方面所发挥的作用。当他们被神职人员要求的情况下，大众倾向于参与到不同形式的政治行动中去。因为美国人对神职人员有高度的信任，也因为政治诉求往往由与文化相关的方式连接在一起。此外，在宗教场所内参与到政治讨论中很有可能增强一种政治代表性和有效性。对于所有的团体而言，世俗的政治协商都与行动主义相关联。然而，尽管从神职人员的政治激励与黑人和拉美裔的行动主义有关，但是在激励白人和加勒比黑人行动方面，这仍然是一个微不足道的因素。在神职人员和大众群体之间意识形态的对称性可能能够解释从神职人员激发不同的种族/民族群体行动的程度。

作者在研究中认为神职人员在激励白人和加勒比黑人参与到政治生活中去，在其中只能起到微小的作用，然而，他们在激励黑人和拉美裔美国人参与到政治生活中去是卓有成效的。这篇文章通过对比两者的不同之处，展现了信任、互惠这些社会资本真实地存在于族群团体之间，对政治参与、政治文化产生着特定的影响。

而苏莱玛·瓦尔德斯（Zulema Valdez）在《社会科学季刊》上发表的《在美国拉美人的政治参与：群体认同和意识的影响》主要考察群体认同和意识如何影响在美国的拉美人的政治参与。对于这方面的定性研究表明群体认同的构建是流动的、动态的过程，这通常取决于一个给定的背景。他认为当前对这一关系的定量研究一般集中于一个单一的族群团体，例如墨西哥人，或者是泛族群团体，例如拉美裔/西班牙裔，这些都限制了研究结果的范围。因为这种研究忽略了这样一个事实，即群体成员他们本身如果有选择的话，他们有可能会选择不一样的自我认同。

因此，研究显示拉美裔人自我认同为是美国人身份的更有可能从事政治活动，而当用族群、泛族群和种族认同产生的群体意识会改变这种趋势。他得出结论认为，何种拉美裔人参与到政治中去，参与到什么程度，依情况主要取决于自我身份的认同和群体意识的特定方面。

政治文化在全球化的背景下，在不同的国家中呈现出迥然不同的情形，亨廷顿所谓的"文明的冲突"，其中也是暗含了各个国家、地区不一样的政治文化环境。而当在不同的政治文化发展中熏陶下的个体接触的时候，政治文化随即也会产生融合与碰撞，而民族、宗教都在其中扮演了重要的角色。

托雷·奥尔森（Tore Vincents Olsen）在《斯堪的纳维亚政治研究》上发表的《丹麦的政治文化：吸收移民的平等条件?》关注的问题也是当代随着西方社会移民的增加，民族、宗教问题是否会给西方国家的社会整合带来一系列的政治、社会问题。在移民时代，将移民纳入到国家的政治体制中对于民主而言是至关重要的，规范意义上民主的平等意味着服从法律的人应当具有平等的发言权，这一点哈贝马斯也阐释过；并且，对移民的政治包容也会增强社会协调和合作的能力，尤其是像丹麦这样的小国家，社会群体之间的协调和合作对于维持福利国家、确保经济的国际竞争力是至关重要的。

政治文化中非正式的规范、价值和信念，是作为族裔上和宗教上的少数民族的移民所面临的制度和话语机遇结构（discursive opportunity structures）问题的一个方面。奥尔森的这篇文章分析了丹麦的政治文化中对于将移民纳入到自身的国家政治生活中所存在的潜在障碍。研究中发现，主要是丹麦政治文化自由的、世俗的和共和主义的特征在象征性的推断性层面上排除了某种文化和宗教身份和利益，丹麦的政治文化主要被看作是世俗的，宗教的争论被摒除在政治之外，而且丹麦的政治文化也并不是基于基督教文化。这种文化一方面对于少数民族的融合是有益的，另一方面，对多元文化主义者理解政治文化的立场的普遍抛弃，同时也会倾向于否定现存政党之外的建立在宗族和宗教基础之上的政治组织的重要性。

事实上丹麦的政治文化在实践和制度层面上可能提供了更多的开放性。然而，丹麦的政治文化是否能够适当处理文化和宗教的多样性这一问题仍然存在。奥尔森的研究有助于我们理解在发达国家中，移民或者少数民族所面临的政治融合的问题与困境，他们也在潜移默化地影响着这些国家的政治文化。尽管西方社会可以有选择性地实行减少移民流入数量的政策，正如丹麦在过去的20年中所做的那样，但是想要完全消除这一问题几乎是不可能的。因此，奥尔森所讨论的这个问题仍然会长久为各个移民国家所关注。

皮帕·诺里斯（Pippa Norris）和罗纳德·英格尔哈特（Ronald F. Inglehart）2012年在《政治研究》上发表的《穆斯林融入到西方文化中：在起源和目的之间》一文，主要论述在何种程度上移民仍然认同着他们自身的文化，而在何种程度上，移民他们能够习得在新家园的文化。这些问题的答案不仅具有重要的政治意义，而且也有助于我们理解在何种程度上哪些基本的文化价值观是持久的或是可塑的，同时也有助于我们理解，文化价值到底是一种个体的特质，还是应该归咎于一个既定的社会。文章的第一部分考察了关于在西方国家中增长的社会多样性所产生的影响的理论。文章中区分了两类的社会："起点"（定义为穆斯林移民原来的伊斯兰国家，包括了多数穆斯林人口的20个国家）和"终点"（定义为穆斯林移民作为目的地的西方国家，包括了22个经合组织的成员国国家，其中包含了新教和天主教的广大人口)。利用这个框架,文章表明,就平均而言,穆斯林移民的基本的社会价值观念被在他们原来的国家和现在的国家主流的价值观中和,一方面穆斯林移民开始适应西方的主流文化,另一方面他们仍然持续地反映了原先国家中的价值观念。文章得出结论认为穆斯林转移到西方国家中,本身并没有严格意义上固定态度,相反,正如同化理论所认为的那样,他们逐渐吸收了大量的当地文化。

这篇文章也是针对了在欧洲社会中出现了越来越多的穆斯林移民的情况,而伊斯兰极端主义运动有对这些国家产生强大的冲击。然而,多样性的文化背景既可以被视为对现有社会的威胁,也可以产生创新、有创造力的有益贡献,而这种创造力能够在全球化的时代让社会和经济成功地适应新的挑战。政治文化并不是一成不变的,而非西方的政治文化载体对于政治文化的发展提供了竞争性,我们所期待的应该是政治文化的融合而不是对抗,也不是僵硬的、一成不变的政治文化。在其中,我们也应当反思政治文化如何能够通过社会流动、政治社会化等要素产生影响,而不是只是以静态的观念来看待特定国家的政治文化。

二、政治文化与社会资本

社会资本理论自从20世纪90年代以来,逐步成为社会学、政治学领域的关注热点。社会资本存在于社会结构之中,利用全新的概念体系和理论分析框架,对社会资本的研究在一定程度上拓展了对于政治文化的研究。一个国家社会资本的强大与否,对政治文化也有截然不同的影响。西方学界对政治文化的研究,比如政治信任、集体行动等,不可避免与社会资本的研究相互关联。

马库斯·曼格姆(Maruice Mangum)在《国际社会科学评论》发表的《解读非洲裔美国人的政治信任:研究心理参与、政策满意度和参照群体的影响》一文中指出,通常研究认为与美国白人相比,非裔美国人对政府表现出较低水平的信任。但是,对解释这一群体具体的政治信任水平的研究是较为缺乏的。他认为政治信任主要是群体对政府行动产出的期望和与产出的关系这两个要素密切相关的。现存关于政治信任的研究证实了非裔美国人比美国白人表现出更少的信任，例如帕特南的《独自打保龄》一书中也有所描述。然而，这些研究除了推测外，很少为非裔美国人对政府的不信任提供理论上的辩护，通常是缺乏经验研究的证据，这往往根植于他们对于种族歧视的经验。

采用取自1996年全美黑人选举研究所得出的数据，本文探讨三种解释要素如何来影响到非裔美国人的政治信任：心理参与、政策满意度和参照群体，并且以此建立了三种解释性模型。"心理参与"模型显示了非裔美国人对于政府的信任随着个人效力、团体效力、政治意识形态和政党认同的不同而不同。当个体感受到对政治效力剥夺感时，无法对政府产生影响时，也就可能破坏他对政府的信任感。"政策满意度"模型证明了当非裔美国人相信歧视问题正在得到处理，并且认为国家的两个主要政党正在代表他们努力工作时，他们是信任政府的。而"参照团体"模型显示非裔美国人为社会团体的努力程度，以及他们情愿或者不情愿被社会整合，都会影响他们对政府的信任。当政府的组成部分中缺乏个体或者团体非裔美国人的时候，这种具有描述性的代表群体就是缺乏的，当然，这种描述性的群体代表并不一定能够决定产生政治信任，但是缺乏这一要素是一种需要衡量的标准。

特定的历史事件也会对一个国家的政治文化起到潜移默化的影响，通过马克·海瑟林顿（Marc J. Hetherington）和贾森·胡塞尔（Jason A. Husser）在《美国政治学期刊》上发表的《信任如何重要：关于政治信任变动的政治关联性》一文，考察了公民对政治议题的关切程度受到特定的事件的影响程度。

大多数美国人经常关心政府处理再分配和种族这方面的能力，但是"9·11"恐怖袭击使得在媒体方面，对外交事务的关注有了大量增长，它导致人们从国防和外交政策上来考虑政府。作者的研究是要显示这种显著的变化改变了由政治信任塑造的政策偏好，具体来说，研究表明信任不会影响人们针对种族的相关计划的态度，但是会影响一系列外交政策和国防事务的偏好。通过综合从 1998 年到 2004 年采集到的数据媒体内容进行分析，可以得出结论认为：通常来说，信任影响国防和种族政策偏好，这种影响当媒体更加关注在这些领域时候会增加，而处于低潮时就会降低。大众媒体在影响公民的政治偏好方面已经在发挥着越来越重要的作用，进而在这一过程中，我们也可以看到我们不得不重视"话语权"问题。而在这个信息化革命越来越深入的时代，大众媒体也开始在塑造或者改变着公民的政治文化。

对政治信任的考察也是公民文化的一个重要方面，下面一组文章对政治信任有着较为明显的差异。肯·牛顿（Ken Newton）和索尼娅·泽莉（Sonja Zmeili）在《欧洲政治科学评论》上发表的《三种形式的信任和他们之间的关联》一文中考察了特定的社会信任、一般的社会信任和政治信任三者的关系，并且测试了关于它们的各种政治、社会心理以及社会资本理论。他们比较从 2005—2007 年世界价值观调查项目所获得的数据，认为最新的数据挑战了一个广为接受的假设，即认为特定的社会信任在现代民主政体中即使不是有害的，也是没什么重要性可言的。研究也显示特定的社会信任和其他形式的信任之间具有很强的、积极的关联，但是三者之间的关系并不是对称的。

与此截然不同的是，马克·霍格（Marc Hooghe）在《英国政治学和国际关系杂志》上发表的《为什么从根本上说只有一种形式的政治信任》一文的观点则认为，并不存在多种形式的政治信任以供区分。关于英国的选举研究表明，政治信任是一种一维的态度，因为公民显然没有区分各种政治机构的运作。可信赖的程度并不是针对个人品质、政党或者是政治机构，而是作为一个整体的政治系统。对这种情况的解释可能是，政治信任判断反映了在政治系统中占主导的政治文化。因此可以被理所当然地认为政治文化是一种系统的特征，它能够指导大多数政治参与者和政治机构的行为。这些文章对于政治信任的不同观点，一定程度上丰富了关于政治文化的理论内涵。

丹尼尔·霍斯（Daniel P. Hawes）和雷内·罗恰（Rene R. Rocha）在 2011 年在《政治研究季刊》上发表的《社会资本、种族多样性和公平性：评估美国公平性的决定要素》。文章指出，社会资本这一概念的引进对政治学的研究是颇具创新性，同时也是具有争议的一个概念，而罗伯特·帕特南（2000）对社会资本有较为出色的研究工作，他记录了社会资本的下降这一事实，并且在美国国家这一层面上，将社会资本与更为广泛的公共政策联系在一起。而罗德尼·希罗（Rodney Hero）则强调种族多样性，并且通过对公平问题的关注来对社会资本的效益进行质疑，他认为在一个高社会资本的共同体中，社会资本有可能在总体上对公民是有益的，然而这些效益在一个种族多样性的政治体制中将会不匀称分布。

帕特南的研究表明了社会资本与社会公平是相兼容的，而希罗认为两者是负相关的。然而，希罗和帕特南的论点都是有局限性的，因为他们只具有代表性的数据，并且他们的理论观点暗含着随着时间推移的动态关系。丹尼尔·霍斯和雷内·罗恰创造了一个国家层面上的社会资本指数和某种程度随着时间和国家变化而不同的种族多样性。他们使用多变量模型去判断是社会资本还是种族多样性谁能够更好地预测政策的公平程度。研究发现，社会资本会对政策的公平产生不利的影响，而种族多样性则与政策平等有着积极的联系。

这篇文章试图通过同时对社会资本和种族多样性建立动态的测量，去解决在帕特南—希罗的争论中所产生的问题。作者认为社会资本和希罗的主要的自变量（种族多样性）是高度相关的，然而二者在当前展现出了截然不同的形态：社会资本的下降和种族多样性的增长。

这篇文章所提供的启发是阐释更加多的适当测量，有助于我们对社会资本、对政治文化有更为深刻的认识，社会资本的理论并不能够涵盖到国家政治、社会生活的各个方面。当我们面对如下问题：社会资本如何影响政治制度的有效性，社会资本与广义的信任之间的联系，或者是社会资本、信任、种族多样性和其他核心概念之间的因果关系如何。这些问题都可以能够这篇文章中得到启发，对社会资本的有效测量会随着时间和空间的变化而不同。

政治文化的塑造并不仅仅是随着社会经济的发展自然而然产生的，

政治文化同时也受到国家政策的影响。劳伦·麦克莱恩（Lauren M. Maclean）2011年在《比较政治研究》上发表了《国家收缩和非洲的公民权行使》一文。麦克莱恩主要讨论如何解释在日常生活中非洲人实施公民权利各种各样的途径，而在特定情况下，国家构建的程度如何影响作为个体的非洲人思考他们权利、责任和实现他们公民权利的恰当方式。在过去20年中撒哈拉沙漠以南非洲的广大地区，新自由主义的经济改革带来了国家在提供健康和教育服务方面的重大紧缩。这篇文章认为，那些拥有最低限度的关于公立学校和诊所的经验的非洲人，比那些完全没有国家社会服务经验的人，更有可能行使他们的公民权利。这篇文章证实了国家社会政策的微体验和非洲的民主巩固之间的政策反馈是存在的。

从中我们可以看出，国家的政策是如何影响到政治过程的。公民参与到政治生活中去，并不仅仅是因为经济的发展，而是和政治过程相关联。市场经济的发展确实可以产生出大量的政治参与，但是却并不是必然的，而且政治参与既有可能引起参与内爆，也可能产生政治制度化，这种结果是不确定的。然而，从文中我们可以看到，在非洲的公民权的形式是具有动态特质的。国家的社会政策会对整个国家的公民文化、政治参与等问题起到很明显的导向作用。政治文化的塑造需要通过对公民的政治行为施以一定的引导，这在相当大程度上能够规范一个国家的政治参与，从而维持政治稳定。

三、全球化背景下的政治文化发展：政治文化的国别和地区研究

阿尔蒙德和维巴在分析公民文化之处，就是根据一国人民对政治系统和自身的态度进行类型学划分的，将公民文化分为地域型文化、依附型文化和参与型文化三种，同时，他们也指出任何国家的公民文化都不可能是纯粹的，而只可能是混合型的政治文化。因此，当今的政治文化

的研究仍然绕不开对于特定国家、地区的政治文化的研究，而且作为案例研究而言，可以促进我们对特定国家和地区的政治文化发展方向的理解。

维克托·米内多（Victor Menaldo）在《政治学杂志》上发表的《中东和北非有弹性的君主》一文。作者在这篇文章主要是解释在"阿拉伯之春"期间，在中东和北非观察到的政治动乱的变化。这个地区的君主制国家在很大程度上避免了暴力，然而共和政体却没有幸免。关于君主政体的政治文化如何解决统治者可信承诺问题的理论解释了这一现象。这篇文章利用中东和南美国家1950—2006年的面板数据集（a panel dataset），表明君主们与非君主相比而言更少经历政治动荡，这个结果得到多种测量方法的支持。同时，君主国家也更倾向于尊重法治、财产权，并且倾向于发展经济。

但是这一结果也暗含了一个有趣的悖论：在中东和北非地区最好地经受住"阿拉伯之春"的政体是那些最不现代化的，即意味着它们有着游牧生活、部落主义，并且由君主统治，然而，这些国家却维持着更接近于一种自由资本主义的秩序。这些国家在将来是否可能经历政治自由化，从而最终发展为民主政体，正如摩洛哥等一些国家最近经历的改革那样，这仍然是需要观察的。这篇文章为我们考察传统国家在现代化过程中所遇到的挑战和有利的因素，君主政体的文化在很大程度上的确能够起到维持政治稳定的作用，尤其是在政治危机，包括受外部环境的影响下。虽然自由民主的政治体制仍然是各个国家追求的目标，但是在政治实践过程中，向民主文化转型的道路仍然是反复曲折的。

相关文献中也从历史的角度来考察政治文化的发展，例如海伦·麦卡锡（Hellen McCathrthy）2012年在《历史杂志》上发表的《谁之民主？两次世界大战期间英国政治文化的历史》一文。这篇文章综述了在两次世界大战期间英国的政治文化历史书写的现状，特别关注了1918年到1928年期间伴随着英国公民权扩展的民主社会的特征。作为研究起点的是罗斯·麦基宾（Ross McKibbin）在他的两本晚近的书《阶级和文化》（1998）和《政党和人民》（2010）中论述的有影响力的阐释。这一观点认为英国在两次战争直接的民主受到了反社会主义的中产阶级形象的塑造。

作者进一步认为，在第二次世界大战之后，两次战争期间反社会主义的话语霸权，对社会民主的进程造成了严重的后果。虽然这种讲述在很多方面是令人感兴趣的，然而麦卡锡认为最新的许多关于这一时期的研究文献表明了对麦基宾如下的核心问题一系列不同解读的可能：在两次战争期间，英国是一种什么样的民主？鉴于这些研究，这篇文章表明，英国的政治文化在这些年中比麦基宾所允许的更为"大众化"。

约翰·霍普金斯大学的塔拉斯·库奇（Taras Kuzio）在《东欧政治和社会》上发表的《政治文化和民主：动弹不得的乌克兰》从现实的政治谈起，分析2004年橙色革命和选举反对派候选人、曾经作为国家银行行长和总理拥有巨大的声望维克多·尤先科的当选，曾经被视为是乌克兰政治的新纪元，从而来开启深层次的社会改革和对政治腐败的斗争。但是五年过后，他的反对者亚努科维奇，取代了尤先科的位子成为总统。库奇认为，尤先科总统任期的失败对于分析乌克兰作为一个艰难前进而又僵化的国家是个很好的案例。

文中通过与意大利、格鲁吉亚的比较，库奇把乌克兰的一成不变和腐败归结于如下因素：首先，乌克兰的政治文化被它自身的路径依赖深刻塑造，它继承了外国帝国统治的历史遗产——其中很多是不属于欧洲意义上的，并且苏联的极权主义造成了巨大破坏，向市场经济的快速过渡充满了腐败。在过去的半个世纪里，乌克兰人经历过了勃列日涅夫三十年的"停滞时代"和库奇马不到十年的向市场经济的快速过渡。其次，社会内部要求变革的压力过于软弱，要求变革的政治意识过于弱小，并且公民社会显示的力量较为薄弱。2004年的"橙色革命"也是对乌克兰人正常的消极行为的一种越轨。当变革在乌克兰公民中持续流行的时候，他们缺乏实现他们要求的能力。同时，这个国家的精英们更偏向于安于现状和维持一个一成不变的国家。第三，在乌克兰缺乏外部的压力。北约和欧盟会员国往往是在后共产主义的欧洲国家国内变革的两个主要催化剂，但是它们当中没有一个机构在乌克兰扮演类似的角色。这三方面的因素决定了乌克兰在可预见的未来仍然将是一个一成不变的国家。对于乌克兰政治文化的历史解读，有助于我们更深层次地考察当前乌克兰政治危机的产生根源及其发展趋势，并且也能更好地分析乌克兰与欧盟、俄罗斯之间的历史联系。

2011年史蒂夫·芬克尔（Steven E. Finkel）和艾米·史密斯（Amy Erica Smith）在《美国政治学期刊》上发表了《在一个新民主政体中的公民教育、政治讨论和民主知识、价值的社会传播：2002年的肯尼亚》。这篇文章仍然是在讨论一个传统的问题：在新的民主政体中，公民教育如何影响民主政治文化的发展。

肯尼亚国民教育计划（Kenyan National Civic Education Programme）直接揭示了公民教育首先影响了知识、价值和个人的参与式倾向，通过接受教育，这些个人变成了意见领袖，并且利用他们的社交网络将这些新的定位与其他人沟通。讨论他人的公民教育经验的个人，很快就会显示出在民主知识和价值方面的显著增长，诸如关于肯尼亚人的公民观念、政治容忍等关键性的民主价值。在很多情况下，对间接经验的学习甚至比个人亲自参与到项目中去更为明显。他们从而发现了"补偿效应"的进一步证据，比如公民教育和后公民教育讨论在受教育更少和更低层次融合到社会中的肯尼亚人中间影响更大。

非洲地区由于受殖民主义、传统的种族主义等因素的影响，政治现代化程度都普遍较为低下，非洲社会经历着前所未有的政治、社会和经济的发展转型。因此，以特定的非洲国家作为研究对象，将有助于我们发掘在脱离了西方发达工业社会背景的影响，重新观察在新型民主政体中，公民教育、民主价值等有关政治文化各方面的发展变化。

在理论层面上，这篇文章认为通过研究加强了一个这样的信息，即民主规范、价值和行为在相当短的时间内是可以得到积极改变的。在政策层面上，他们应当鼓励寻求在这些国家中推动民主文化的积极变化。这种国民教育必须与行动、参与式的方法相联系，纯粹的以训诫为基础的教育是不能真正起到作用的。当然，成功的民主转型除了需要支持性的大众政治文化外，仍然取决于许多其他重要的因素。

关于比较政治文化的亚洲地区的研究，阿卜杜勒·拉希德·摩腾（Abdul Rashid Moten）2011年在《亚洲事务：美国评论》上发表了《在马来西亚改变政治文化和选举行为》。文章指出，1998年马来西亚的改革和1999年开展的大众选举深刻影响到了马来西亚的政治文化，并且在2008年的选举中明显地表现出来。1999年以前的研究，基于比较碎片化的证据，显示马来西亚具有的是一种"服从性"的政治文化。形成鲜明对比的是，2008年之后的调查数据呈现出高水平政治参与的景象，甚至可以称之为"参与式"政治文化。这种现象可以归因于当时政治体制的糟糕表现，加上公民社会、非官方的大众媒体的出现，都对马来西亚的政治文化的变迁产生了深刻的影响，从而导致2008年选举中，在议会中出现了强烈的反对派。这反映了马来西亚的选举正在逐步走向成熟，也预示了这个国家较好的民主前景。布莱恩·何（C. S. Bryan Ho）也在该杂志上从社会运动的角度探讨了澳门地区的政治文化、社会运动和政府治理能力三者之间的关系。

当然，关于政治文化也存在一些特定的跨国问题的研究，这些研究在一定范围内具有普遍的意义。与传统的分析对象不同，某些特定的社会行为也会对政治文化起到一定的影响，这些问题在一些国家中表现出一定的共性，具体表现为政治活动参与程度上的差异。《美国政治学评论》刊登的里贾纳·贝特森（Gegina Bateson）的《犯罪被害和政治参与》一文则是研究了在犯罪中的被害者身份和政治参与这两者的关系，犯罪的被害者处境会对公民参与到政治生活中去起到一定的影响作用。文章中，贝特森认为犯罪被害是政治参与的一个重要的因素，与主流的假设认为犯罪被害者会退出公共生活不同，作者通过对五大洲的调查数据分析指出，遭受到犯罪的个人比那些非受害者会更多地参与到政治生活中去。犯罪被害的效力大致相当于额外的五到十年的教育，这意味着犯罪被害这一因素对影响政治参与最具有指标性。创伤后成长理论和狭隘的个人利益并不能够完全解释为什么犯罪被害者在政治领域会变得活跃，作者同时也认为，被害者转向政治生活可能也是出于情感和表达方面的原因。由于犯罪被害是一种常见的经验，所以它对于我们理解它的政治后果是极为重要的。

　　这篇文章有三方面的贡献：首先，它确认了犯罪被害作为对政治参与的强力的和显著的持续信号，有益于推进我们对于政治参与原因的理解。其次，结果证明了由犯罪被害而产生的政治参与积极结果并不限于内战的幸存者或者特定的国家，而是较为普遍的现象。最后，是最为实际意义：这篇文章提供了新的维度来分析犯罪被害人的行动，在世界各地，这一因素已经在政治上扮演了重要的角色，从阿根廷到美国再到日本。另外，犯罪被害有时候与对民主的不满，以及对独裁主义、严厉的监控策略支持相联系，特别是在拉美地区。

　　对于问题的特定理解，也反应出特定的政治文化下面所产生的理解差异。凯瑟琳·盖尔伯（Katharine Gelber）发表在《政治研究》上的《政治文化、使用旗帜和言论自由》一文中指出，旗帜的使用通常会产生激烈的争辩，这些争辩从根本上来说，会开启关于言论自由的适当程度和范围这一问题。国旗是表达个人对于特定国家看法的一种自然而有力的媒介，然而，这同样会产生充满争议、情绪激烈的反应。这篇文章在更广泛的言论自由的考虑的背景下，考察了在政治文化中对于旗帜使用的态度。通过分析在澳大利亚、美国和新西兰的事件，这篇文章表明对使用旗帜作为一种政治表达媒介的回应，显示了我们对言论自由的意义、影响以及局限性的一种有瑕疵的理解。我们对于这一问题研究的重要意义在于，它揭露了言论自由本身在有争议的事件上的脆弱性，并且关于这一问题的争论仍将长时期延续下去。

　　通过对2011—2012年有关西方政治文化的研究综述，可以看出关于政治文化的研究涉及到国家政治生活的各个方面，并且从来都不是孤立存在的，与一个国家的经济社会发展、历史变革都有着极为密切的联系。虽然并不能够关照到这一主题的各个方面，我们仍然可以大致地总结出目前西方政治文化研究领域的一些研究特点和发展方向。

　　1. 西方政治文化的研究在有把更多地往一些欠发达地区和国家集中的趋向，主要包括亚非拉地区，而这三个地区的政治文化发展也呈现出不同的发展态势。因为西方国家的发展模式相对而言较为稳定，缺乏社会转型、政治转型的可以进行观察的素材。因此，那些充满政治变革的地区，非洲、亚洲等往往成为了政治学家密切关注的目标，从中我们可以观察到政治文化的发展在整个社会中是如何发展起来的。如果说西方发达国家是一种"过去式"的话，发展中国家的这些政治现象则是"进行时"的。在西方国家中，学者更多地关注到了全球化时代下非西方移民对西方的政治文化所产生的影响，也更加注重对少数群体相关的政治文化研究。而对于不发达地区的研究集中在对社会资本、社会运动等问题，在一定程度上这也与民主转型和民主巩固有密切的联系。

2. 西方政治文化的研究，逐渐把视野转向某一地区和国家，或者是特定的民族、宗教影响之下的政治文化，亦或是对特定事件的政治文化视角的分析，而不是构建宏观意义上的理论。我们应该看到西方的政治文化研究从一开始就并不是纯粹的理论研究，而是深入考察各个国家的政治文化现状和差异，然后评价这些差异存在的各种原因。同时，对社会资本的研究也拓展了政治文化的研究理论与方法。因此，对于政治文化的研究，不是简单停留在国别、地区的研究，而应该不断扩展政治文化的内涵、细节研究，对于中国的政治文化研究来说，在理论分析的基础上，也应当开展田野研究等研究方式，结合社会学、民族学、人类学等学科的有益方法进行分析。

3. 对西方政治文化研究的介绍并不是要求对于中国的研究也追随西方既有的研究理论，更多地是一种方式方法的借鉴和学习。西方政治理论的引进固然重要，同时也应当看到这种研究是具有时效性和地域性的，并不能够照搬照抄来解释中国的政治和社会问题，更谈不上解决。就政治文化理论而言，其中所包含的内容也纷繁复杂，需要有选择性地加以学习和借鉴。我国正处在改革开放的深化期，社会和经济的变迁也带来各方面的问题，同时面临现代化和后现代化带来的机遇与挑战。如何利用把西方的理论知识、实践方法本土化，这在相当长的时期内会成为我国政治学研究的任务。

参考文献：

1. Gegina Bateson, "Crime Victimization and Political Participation", in *American Political Science Review*, Vol. 106, No. 3, August 2012, pp. 570 – 587.

2. R. Khari Brow, "Religion, Political Discourse, and Activism Among Varying Racial/Ethnic Groups in America", in *Review of Religious Research*, Vol. 53, No. 3, December 2011, pp. 301 – 322.

3. Tore Vincents Olsen, "Danish Political Culture: Fair Conditions for Inclusion of Imimigrants?", in *Scandinavian Political Studies*, Vol. 34, Issue 4, 2011, pp. 269 – 286.

4. Zulema Valdez, "Political Participation among Latinos in the United States: The Effect of Group Identity and Consciousness", in *Social Science Quarterly*, Vol. 92, Issue 2, June 2011, pp. 466 – 482.

5. Taras Kuzio, "Political Culture and Democracy: Ukraine as an Immobile State", in *East European Politics & Societies*, 2011.

6. Hellen McCathrthy, "Whose Democracy? Histories of British Political Culture between the Wars", in *The History Journal*, Volume 55, 2012.

7. Abdul Rashid Moten, "Changing Political Culture and Electoral Behavior in Malaysia", in *Asian Affairs: An American Review*, 2011.

8. Victor Menaldo, "The Middle East and North Africa's Resilient Monarchs", in *The Journal of Politics*, Vol. 74, No. 3, July 2012.

9. Steven E. Finkel and Amy Erica Smith, "Civic Education, Political Discussion, and the Social Transmission of Democratic Knowledge and Values in a New Democracy: Kenya 2002", in *American Journal of Political Science*, Vol. 55, No. 2, 2011.

10. Daniel P. Hawes and Rene R. Rocha, "Social Capital, Racial Diversity, and Equity: Evaluating the Determinants of Equity in the United States", in *Political Research Quarterly*, Vol. 64, No. 4, December 2011.

11. Pippa Norris, Ronald F. Inglehart, "Muslim Integration into Western Cultures: Between Origins and Destinations", in *Political Studies*,

Vol. 60, 2012, pp. 228 – 251.

12. Lauren M. Maclean, "State Retrenchment and the Execise of Citizenship in Africa", in *Comparative Political Studies*, 2011.

13. Maruice Mangum, "Explaining African-American Political Turst: Examining Psychological Involvement, Policy Satisfaction, and Reference Group Effect", in *International Social Science Review*, January 2012.

14. Katharine Gelber, "Political Culture, Flag Use and Freedom of Speech", in *Political Studies*, Vol. 60, 2012, pp. 163 – 179.

15. Ken Newton and Sonja Zmeili, "Three Forms of Trust and Their Association", in *European Political Science Review*, Vol. 3, Issue 2, July 2011, pp. 169 – 200.

16. Marc Hooghe, "Why There is Basically Only One Form of Political Trust", in *The British Journal of Politics and International Relations*, 2011.

17. Marc J. Hetherington, Jason A. Husser, "How Trust Matters: The Changing Political Relevance of Political Trust", in *American Journal of Political Science*, Vol. 56, No. 2, April 2012, pp. 312 – 325.

西方政治思想研究

Comparative Politics Studies

论马克思主义的自由观

王秋红[*]

【内容摘要】 自由不是自由主义的专利,马克思主义也有自己的自由观。与自由主义强调个人自由相比,马克思主义的自由是全面的,即自由是人类对自然、社会和个人的认识和控制。这种自由观同历史唯物主义相联系,强调人类对自然的自由水平决定了人类对社会和个人的自由水平;它认为人类要超越资本主义,到共产主义实现彻底的、全面的自由。马克思主义创始人过于强调物质自由,忽视了人们精神层面的自由;过于强调同质性的自由,忽视了人们个体之间的差异;公民自由是马克思主义强调的,但所有的社会主义国家在这方面都还没有完全成功。在市场经济成为潮流的形势下,精神自由、个人自由和公民自由的建设是马克思主义、社会主义国家建设的必要课题。

【关键词】 马克思主义;自由;市场经济

自由是现代社会争论不休、无法回避的一个课题,它不是自由主义的专利,马克思主义也有自己的自由观。不断讨论研究马克思主义自由观,是社会主义社会建设发展的使命使然。

---

[*] 王秋红:山西大学政治与公共管理学院。

一

马克思主义承继了近代社会的自由主题，肯定自由是人类生命活动的本质，"一个种的全部特性、种的类特性就在于生命活动的性质，而人的类特性恰恰就是自由的自觉活动"①。"自由确实是人所固有的东西，连自由的反对者在反对实现自由的同时也实现着自由。"② 以发展的眼光来看，人类的历史就是一部不断追求自由、实现自由的历史。但是与自由主义主要强调人在社会中的自由相比，马克思主义认为自由意味着人类要做自然、社会和个人三大领域的主人。做自然的主人，是指人类能够完全认识自然、征服自然和改造自然，突破自然对人类的阻碍、奴役，使自然完全满足人的物质需要。做社会的主人，包括两方面，一方面指在经济领域，人类能够根据社会的目的改造生产关系，同时调整人和自然的关系；另一方面指在政治领域，不存在被剥削和被压迫的现象；也就是人在经济和政治领域人人都能免于被剥削和被压迫。人做自己的主人是指人的一切劳动不再是异己的、被迫的活动。这种全面彻底的自由是历史发展的最终目的，达到这种目的是一个漫长的历史过程。马克思主义承认，在上述三大领域中，人类对自然的自由水平决定着人类其他两个领域的自由实现水平。人类征服自然水平的高低，不仅决定着人类能否从自然界获取足够的生活资料，能否有剩余时间从事生产以外的活动，还决定着人类相互间的交往关系是否突破狭小的地域空间，在广阔的地域进行联系和交往，也就是说马克思主义自由是和历史唯物主义相联系的。

人类历史是从不自由向自由的缓慢的进展过程。人类最初征服自然的能力是很低的，只是简单地利用自然界来为自己服务，没有征服和改

---

① 《马克思恩格斯全集》第 42 卷，人民出版社 1979 年版，第 96 页。
② 《马克思恩格斯全集》第 1 卷，人民出版社 1960 年版，第 63 页。

造自然界的能力。在蒙昧时代低级阶段，人类仅仅靠采集果实、根茎为生，与这种能力相匹配，人类只能栖身于热带或亚热带的森林中；到中级阶段人类学会捕鱼、用火、使用未加磨制的石器，依靠这种本领，人类走出森林，沿着河流活动在地球的大部分地区。到野蛮时代中级阶段，人类学会了动物的驯养、繁殖和植物的种植和栽培，畜牧业和农业产生了；在高级阶段，铁器的发明，导致大规模的农业形成，同时手工业出现了；畜牧业、农业和手工业的发展，使剩余产品大大增加，大量的商品交换使商业成为一个独立的经济部门。伴随人类征服自然能力的提高，人类在社会关系上也在进步，从杂乱的性交关系发展出了血缘家庭，后来又出现了氏族制度。在野蛮时代晚期，商品经济和人员的流动冲击着以平等、民主和互助为特点的氏族制度，国家作为社会矛盾不可调和的产物产生了，社会出现了统治阶级和被统治阶级的区分和对立。

国家是经济发展到一定阶段的产物，但依然是生产力不够发达的表现，剩余产品不能满足所有人的需要的表现。"社会分裂为剥削阶级和被剥削阶级、统治阶级和被压迫阶级，是一切生产不大发展的必然结果。当社会总劳动所提供的产品除了满足社会全体成员最起码的生活需要以外只有少量剩余，因而劳动还占去社会大多数成员的全部或几乎全部时间的时候，这个社会就必然划分为阶级。在这个完全委身于劳动的大多数人之旁，形成了一个脱离直接生产劳动的阶级，它从事于社会的共同事务；劳动管理、政务、司法、科学、艺术等。因此，分工的规律就是阶级划分的基础。"①

与生产力不发达相适应，体力劳动阶级终生局限在非常狭小的范围内。他们终生从事一种劳动或行业，在体力和脑力劳动上陷入片面的狭隘的发展，在精神和肉体上陷入奴役状态。比如城乡之间的对立是人类有史以来最大的片面发展的表现，它"使农村人口陷于数千年的愚昧状况，使城市居民受到各自的专门手艺的奴役。它破坏了农村居民的精神发展的基础和城市居民的体力发展的基础。如果说，农民占有土地，城

---

① 《马克思恩格斯选集》第3卷，人民出版社1972年版，第321页。

市居民占有手艺，那么，土地同样占有农民，手艺同样占有手工艺者"。到了近代，随着工场手工业的发展，人类的片面狭隘的发展达到了新的阶段，它"把个人变成畸形物，它压抑工人全面的生产志趣和才能，人为地培植工人片面的技巧，……个体本身也被分割开来，成为某种局部劳动的自动的工具"。①

在马克思主义看来，这种片面分工使劳动成为对人的奴役，是一种异化劳动，是不自由的表现。"只要分工还不是出于自愿，而是自发的，那末人本身的活动对人来说就成为一种异己的、与他对立的力量，这种力量驱使着人，而不是人驾驭着这种力量。"② 当个人被迫从事某种劳动或活动，他不是自由的，不论这种外在的强制力量是社会还是自然界的。

由这种被迫从事各种分工劳动的人结合起来的社会秩序，对于各个人来说，也是一种压迫性的、不受他们控制的力量，在这种社会里，他们就不是自由的。"受分工制约的不同个人的共同活动产生了一种社会力量，即生产力。由于共同活动本身不是自愿地而是自发地形成的，因此这种社会力量在这些个人看来就不是他们自身的联合力量，而是某种异己的、在他们之外的权力。"③

自由主义反复强调自由是人的本质，社会发展的目的就是如何实现人的这种独立自主的本质。而马克思主义认为人们在政治和社会关系上的被强制、受奴役的状态——也就是不自由的状态，是与生产力的不发达相联系的。

二

自由和必然的关系也是近代自由的一个话题，马克思主义继承黑格

---

① 《马克思恩格斯选集》第 3 卷，人民出版社 1972 年版，第 330 页。
② 《马克思恩格斯选集》第 1 卷，人民出版社 1972 年版，第 37 页。
③ 《马克思恩格斯选集》第 1 卷，人民出版社 1972 年版，第 39 页。

尔的观点,"自由是对必然的认识,'必然只是在它没有被了解的时候才是盲目的'"①。这里,必然和规律是一个含义,规律不仅指自然规律,也指社会规律和支配个人的外在力量。人们在自然、社会和个人活动中,由于不能认识自然规律、社会规律和支配人自身的外在力量,这些规律和力量就表现出必然性的现象与人们对抗。而当人们能够能充分认识这些规律和力量时,就能够驾驭和控制这些规律、力量,为人类服务,这时人类就实现了自由。

认识自然规律是为了利用自然为人类服务,"自由不在于幻想中摆脱自然规律而独立,而在于认识这些规律,从而能够有计划地使自然规律为一定的目的服务。……自由是在于根据对自然界的必然性的认识来支配我们自己和外部自然界"②。人类最初对自然规律一无所知,只能盲目地服从自然界的变化,成为它的奴隶,"自然界起初是作为一种完全异己的、有无限威力的和不可制服的力量与人们对立的,人们同它的关系完全像动物同它的关系一样,人们就像牲畜一样服从它的权力"③。对自然规律的认识是一个缓慢的过程,到了近代,人类对自然规律的认识加强了——如自然科学的发展,人类利用自然的能力也大幅增强了。但是人们利用自然应该有限度,不能破坏自然界,"我们统治自然界,决不像征服者统治异民族一样,决不像站在自然界以外的人一样,——相反地,我们连同我们的肉、血和头脑都是属于自然界,存在于自然界的;我们对自然界的整个统治,是在于我们比其他一切动物强,能够认识和正确运用自然规律"④。因此,马克思主义认为,人类在改造自然界的同时,也要改造人类自身,人类和自然、精神和物质、灵魂和肉体并不是对立的,它们之间有着一致性。

人们也要认识社会规律,"社会力量完全像自然力一样,在我们还没有认识和考虑到它们的时候,起着盲目的、强制的和破坏的作用。一

---

① 《马克思恩格斯选集》第3卷,人民出版社1972年版,第153页。
② 《马克思恩格斯选集》第3卷,人民出版社1972年版,第153—154页。
③ 《马克思恩格斯选集》第1卷,人民出版社1972年版,第35页。
④ 《马克思恩格斯选集》第1卷,人民出版社1972年版,第518页。

旦我们认识了它们,理解了它们的活动、方向和影响,那末,要使它们愈来愈服从我们的意志并利用它们来达到我们的目的,这就完全取决于我们了"。① 这里社会力量主要是指人类开发出来的生产力,当人类无法认识生产力的本性时,它就会作为盲目的力量发挥作用。这个领域的自由只能是联合起来的人们为了自己的生存,合理地安排自己的生产和需要,但是这个自由是有限的,人们不管如何认识了生产规律,艰辛的生产劳动过程是不能免除的。"像野蛮人为了满足自己的需要,为了维持和再生产自己的生命,必须与自然搏斗一样,文明人也必须这样做;而且在一切社会形式中,在一切可能的生产方式中,他都必须这样做。这个自然必然性的王国会随着人的发展而扩大,因为需要会扩大;但是,满足这种需要的生产力同时也会扩大。这个领域内的自由只能是:社会化的人,联合起来的生产者,将合理地调节他们和自然之间的物质变换,把它置于他们的共同控制之下,而不让它作为一种盲目的力量来统治自己;靠消耗最小的力量,在最无愧于和最适合他们的人类本性的条件下,来进行物质变换。但是,这个领域始终是一个必然王国。"只有在生产劳动过程终结的地方,也就是在人们不再为生存而忧虑时,人们才能开始过自己想要的生活,这个时候,自由王国才开始诞生。"自由王国只有建立在必然王国的基础上,才能繁荣起来","自由王国只是在必要性和外在目的规定要做的劳动终止的地方才开始;因而按照事物的本性来说,它存在于真正物质生产领域的彼岸。"② 自由王国是人的意志能够充分发挥作用的领域,是人在完成自己的物质生产、满足生存需要后,合理安排自己的社会生活的领域。人类的自由王国是有限的,不是无限的,满足人们的物质生产资料需要始终是必然王国的领域;只有在物质生产完结的领域,才是人类自由真正发挥的领域。

---

① 《马克思恩格斯选集》第 3 卷,人民出版社 1972 年版,第 319 页。
② 《马克思恩格斯全集》第 46 卷,人民出版社 1979 年版,第 928—929 页。

三

马克思主义肯定资本主义创造人类有史以来的巨大的物质财富,人类对自然的自由达到最高的程度。但是,与这种巨大生产力相对照的是,人类的自由也面临巨大的危机。

首先,资本主义的生产是社会化的大生产,这种生产要求人们按照其本性对它进行管理。但是,资本主义的基本矛盾,即社会化的大生产与资本主义的生产资料私人占有制,使得资本主义的生产处于无政府状态,从而导致经济危机周期性地爆发。"只要我们拒绝理解这种生产力的本性和性质,它就总是起违反我们、反对我们的作用,把我们置于它的统治之下。但是它的本性一旦被理解,它就会在联合起来的生产者手中从魔鬼似的统治者变成顺从的奴仆。"①

其次,随着大工业的兴起,劳动的异化达到了更高的程度。工人只是简单地操作机器,成为机器的单纯附属品。"机器劳动极度地损害了神经系统,同时它又压抑肌肉的多方面运动,夺取身体上和精神上的一切自由活动。甚至减轻劳动也成了折磨人的手段,因为机器不是使工人摆脱劳动,而是使工人的劳动毫无内容。"② 同时,"不仅是工人,而且直接或间接剥削工人的阶级,也都因分工而被自己活动的工具所奴役;精神空虚的资产者为他自己的资本和利润所奴役;律师为他的僵化的法律观念所奴役,这种观念作为独立的力量支配着他;一切有教养的等级都为各式各样的地方局限性和片面性所奴役,为他们自己的肉体上和精神上的近视所奴役,为他们的由于受专门教育和终身束缚于这一专门技能本身而造成的畸形发展所奴役"③。

再次,资产阶级自由是一种自私自利的个人自由,这种观念不是把

---

① 《马克思恩格斯选集》第3卷,人民出版社1972年版,第319页。
② 《马克思恩格斯全集》第44卷,人民出版社1982年版,第486—487页。
③ 《马克思恩格斯选集》第3卷,人民出版社1972年版,第331页。

人们联合起来,而使人们相互隔离。资产阶级自由从法律和制度上确立个人自由的界限,这就是从事一切对别人没有害处的活动的权利。但这种"自由是作为孤立的、封闭在自身的单子里的那种人的自由"。它"不是建立在人和人结合起来的基础上,而是建立在人与人分离的基础上。它是分离的权利,是狭隘的、封闭在自身的个人的权利"。这种自由的突出地表现在私有财产权,"就是任意地和别人无关地、不受社会束缚地使用和处理自己财产的权利;这项权利就是自私自利的权利。这种自由使每个人不是把别人看作自己自由的实现,而是看作自己自由的限制"①。在资本主义社会,"任何一种所谓人权都没有超出利己主义的人,没有超出作为市民社会的成员的人,即作为封闭于自身、私人利益、私人任性、同时脱离社会整体的个人的人。在这些权利中,人绝不是类存在物,相反地,类生活本身即社会却是个人的外部局限,却是他们原有的独立性的限制。把人和社会连接起来的唯一纽带是天然必然性,是需要和私人利益,是对他们财产和利己主义个人的保护"②。

但是,资本主义社会为实现全面的自由奠定了坚实的物质基础,经济生产能够满足所有人的生活需要,把人分为统治阶级和被统治阶级的物质基础消灭了。"蒸汽机是所有那些以它为凭借的巨大生产力的代表,唯有借助于这些生产力,才有可能实现这样一种社会制度,在这种制度下不再有任何阶级差别,不再有任何对个人生活资料的忧虑,在这种制度下第一次能够谈到真正的人的自由,谈到那种同已被认识的自然规律相协调的生活。""由于现时的生产力的巨大发展,把人分成统治者和被统治者、剥削者和被剥削者的最后根据,至少在最先进的国家里已经消失了。"③

同时,资本主义社会也诞生了实现全面自由的阶级,——无产阶级。"历史的领导权已经转到无产阶级手中,转到这个由于自己的整个社会地位只有用完全消灭任何阶级统治、任何奴役和任何剥削的方法才能解放自己的阶级手中;社会生产力已经发展到资产阶级不能控制的程

---

① 《马克思恩格斯全集》第1卷,人民出版社1960年版,第438页。
② 《马克思恩格斯全集》第1卷,人民出版社1960年版,第439页。
③ 《马克思恩格斯选集》第3卷,人民出版社1972年版,第154、42页。

度，只等待联合起来的无产阶级去掌握它，以便建立这样一种制度，使社会的每一个成员不仅有可能参加生产，而且有可能参加社会财富的分配和管理，并通过有计划地组织全部生产，使社会生产力及其所制成的产品增长到能够保证每个人的一切合理的需要日益得到满足的程度。"①

马克思主张对资产阶级国家机器进行改造，消除国家机器的压迫性，建立民主共和国，实现政治自由。马克思主义主张"自由就在于把国家由一个站在社会之上的机关变成完全服从这个社会的机关"。"一切自由的首要条件：一切公务人员在自己的一切职务活动方面都应当在普通法庭上按照一般法律向每一个公民负责。"②把国家由高高在上的独立于社会之上的机关变为服从社会的机关，消除国家的独立性。马克思主义创始人高度赞扬了巴黎公社在改造资本主义国家机器的措施，"为了防止国家和国家机关由社会公仆变为社会主人——这种现象在至今所有的国家中都是不可避免的，——公社采取了两个正确的办法。第一，它把行政、司法和国民教育方面的一切职位交给由普选选出的人担任，而且规定选举者可以随时撤换被选举者。第二，它对所有官职人员，不论职位高低，都只付给跟其他工人同样的工资"③。

资本主义实现了人类有史以来最高的生产力水平，也对自然的自由达到最高的水平，但是，这种高度发达的生产力却没有给人们带来相应的社会自由和个人自由，适应人类自然自由的要求。人类应该在经济领域进行变革，改变资本主义私有制；在政治领域进行变革，消除国家的独立性，实现社会自由和个人自由。

四

马克思主义认为人类要实现全面的、彻底的自由，只能在共产主义

---

① 《马克思恩格斯选集》第 3 卷，人民出版社 1972 年版，第 42 页。
② 《马克思恩格斯选集》第 3 卷，人民出版社 1972 年版，第 20、30 页。
③ 《马克思恩格斯选集》第 2 卷，人民出版社 1972 年版，第 335 页。

社会。

首先,在共产主义社会,科学技术的发展使人类能够完全掌握自然规律,能够利用自然规律为人类服务;科学技术的发展为人类创造高度发达的生产力,物质财富能够满所有人的物质需要,能够实现"各取所需";在这个意义上,人类对自然的自由实现了。在这样一个生产力高度发展的社会里,生产资料由社会占有,消除无政府的商品生产,代之以有计划的社会生产。

其次,由于生产力的高度发展,"某一个特殊的社会阶级对生产资料和产品的占有,从而对政治统治、教育垄断和精神领导的占有,不仅成为多余的,而且成为经济、政治和精神发展的障碍"①。阶级和阶级压迫的现象将会消除,作为阶级压迫工具的国家也将消失。

最后,异化的奴役的旧的劳动分工将会消除。一方面,大工业是以日新月异的科学技术为基础,随着生产过程的系统化,随着科学技术对生产领域的渗透,"大工业的本性决定了劳动的变换、职能的更动和工人的全面流动性"②。社会生产越来越"需要各方面都有能力的人,即能通晓整个生产系统的人"。另一方面,"教育可使年轻人很快就能够熟悉整个生产系统,它可使他们根据社会的需要或他们自己的爱好,轮流从一个生产部门转到另一个生产部门。因此,教育就会使他们摆脱现代这种分工为每个人造成的片面性"③。"生产劳动给每一个人提供全面发展和表现自己全部的即体力和脑力的能力的机会","生产劳动就不再是奴役人的手段,而成了解放人的手段,因此,生产劳动就从一种负担变成一种快乐。"④

在马克思主义看来,当人类能在高度发达的物质生产领域消除剥削和压迫,按照社会的需要组织社会生产,人类就当之无愧地实现了彻底的自由。"人终于成为自己的社会结合的主人,从而也就成为自然界的

---

① 《马克思恩格斯选集》第 3 卷,人民出版社 1972 年版,第 321 页。
② 《马克思恩格斯选集》第 3 卷,人民出版社 1972 年版,第 334 页。
③ 《马克思恩格斯选集》第 1 卷,人民出版社 1972 年版,第 223 页。
④ 《马克思恩格斯选集》第 3 卷,人民出版社 1972 年版,第 333 页。

主人，成为自己本身的主人——自由的人。"① "只是从这时起，人们才完全自觉地自己创造自己的历史；只是从这时起，由人们使之起作用的社会原因才在主要的方面和日益增长的制度上达到他们所预期的结果。这是人类从必然王国进入自由王国的飞跃。"②

结 论

马克思主义的自由观是人类有史以来最为彻底、最为全面的自由观，它超越了近代自由主义只强调个人自由的狭隘的自由观，说明人类不自由的物质基础，说明了要实现自由的根本途径是实现经济领域的变革，消除生产资料的私有制，实现生产资料的社会占有。其前提是生产力的高度发达，能够满足人类的所有物质需要。这个设想是大胆而革命的。不过，遍观当代世界，无一国家和社会实现这个理想。究其原因，是马克思主义自由观对人类社会的发展设想过于乐观、自信，没有充分考虑到人类社会发展的复杂性、曲折性。

首先，马克思主义全面自由的实现是以高度发达的生产力为条件，但是迄今为止，人类生产的物质财富还不能满足所有人的需求，而且人类对物质生活的需求是不断提高的。在生产力高度发达的今天，人类已经遭遇了能源短缺和资源枯竭的问题，表明自然资源还不能完全保障人类的物质需求，要实现"各取所需"的理想至少在当前的状态下是不可能的，何况还有许多国家还处于不发达状态。总之，从物质基础上看，人类实现全面彻底的自由还很遥远，物质财富的困乏使得国家将会在长期内存在而不是消亡。

其次，马克思主义认为要实现全面彻底自由的根本途径是取消商品生产，由社会占有生产资料，实行有计划、有组织的生产，实现人类对

---

① 《马克思恩格斯选集》第 3 卷，人民出版社 1972 年版，第 443 页。
② 《马克思恩格斯选集》第 3 卷，人民出版社 1972 年版，第 323 页。

生产的完全控制。取消商品生产，由社会组织生产，带来的问题是社会如何能够获取所有人的需求信息，如何能够实现最有效的资源流动，如何能够满足所有人的需求。如果人类按照统一划一的方式进行生产和消费，势必是一个个新的小国寡民的世界，人类还没有学会在一个开放的世界实行计划经济。目前的经验是，商品经济或市场经济还是人类实现经济交往的最有效的方式，它避免了人类把所有的权力和资源都集中在某些人或某些集团上。从这个意义上，人类在经济领域，还不能通过计划经济实现社会结合的自由。

第三，马克思主义把实现共产主义的理想寄托在无产阶级身上，但是无产阶级的政治追求并不完全按照马克思主义创始人设想的那样。在发达资本主义国家除了俄罗斯通过十月革命建立社会主义国家最后又解体外，其他国家的无产阶级力量从未单独掌过权，而是融入了资本主义国家体制，成为资本主义国家的一部分。另一方面，工业革命时代无产阶级密集存在的产业，在信息时代来临后大都成为夕阳产业，无法成为先进生产力的代表，还有一些产业经过技术改造，需要的工人人数大幅减少，其政治影响也大大减少了。而社会主义革命成功的国家都是在比较落后的地区，这些地方无产阶级力量比较薄弱，共产党领导革命成功与其说是代表无产阶级的力量，不如说是代表了这个国家中要求现代化的、反对封建势力的进步力量。问题是在这些落后地区建立起来的社会主义国家，共产党能否永久保持自己的革命性先进性，保持自己不会成为脱离社会脱离人民的特权阶层，阻碍社会的前进。

第四，马克思主义想要实现全面彻底的、没有矛盾的自由，是一种同质性的自由，忽视个体之间的差异和特殊性。但是人类社会和历史的发展体现的是群体和个体的矛盾、普遍和特殊的矛盾，这是不能否认和忽视的。近代大工业的发展不是普遍地而是区域性地首先在英国展开，而在英国大工业的发展，也不是普遍地而是带有个体性和区域性。从整个人类历史来看，工业革命的兴起和发展无疑是人类历史的一大奇迹。人类历史因工业革命的产生而进入一个新的阶段。当我们为工业革命巨大的生产力而欢呼时，我们应该注意的是英国特殊的制度为工业革命的产生创造了条件。当人类需要继续维持生产力的快速发展，人类首先要创造一定的条件来维护它。这就是个人和社会的关系如何界定，如何保护个人的首创性。

不能否认马克思主义在资本主义处于鼎盛阶段，提出了社会主义的理论，来抗衡资本主义的个人自由的泛滥，为资本主义的健康发展提供了一剂良药，但是，个人自由的泛滥不能完全以取消为代价，重要的是社会和个人之间保持平衡。今天资本主义社会依然在发展，是因为在这些崇尚自由的国家，有强大的社会力量在抵制个人自由的横行，通过层层的规制网络锁链把个人自由引向社会秩序和发展的轨道上。

最后，在政治领域，马克思主义主张国家的最后消亡；提出在国家存在的时代，民主共和国是最后的形式；提出了"自由就在于把国家由一个站在社会之上的机关变成完全服从这个社会的机关"。马克思赞扬巴黎公社用选举、罢免和低工资的形式取消了国家的独立性，实现了公务人员的社会公仆的性质。这是对近代资本主义国家代议制政府的发展。巴黎公社是工人阶级的政府，不过，当商品生产至今还是有效的生产方式，纯粹工人阶级政府就是一种奢望，有效的政府只能是能够代表双方利益的政府。从历史看，现代国家是各种力量和利益的综合，但是有效地消除政府的独立性和神秘性，是现代政治的特点，马克思主义发展了这一点。

综上所述，在物质财富永远无法得到满足的情况下，精神自由必须提倡，以平衡物质自由的缺陷，这是马克思主义强调较少的；在计划经济被否定、市场经济被肯定的情况下，保护财产权利、肯定个人自由以及各项权利保障就成为制度建设的重大课题，而这是马克思主义的空白；在国家不可能很快消失的情况下，公民自由的建设就成为必不可少的，以使共产党的各级干部不会成为脱离人民社会的特权阶层，这一点是马克思主义强调的，但在社会主义国家都还没有完全成功。在市场经济成为潮流的新形势下，共产党作为社会主义国家唯一执掌政权的政党，原来作为无产阶级或者劳动人民的党会发展成为一个全民性的政党，阶级性的模糊或者性质的变化会导致实践上党有可能脱离劳动人民成为特权阶层或特定利益集团的代理人,从而导致党的覆亡。除了社会公平的建设,精神自由、个人自由、公民自由的强调和建设也是防止新形势下党员变质变性的利器,是对马克思主义自由观过分强调物质自由的矫正,是社会主义健康发展的必要。**CPS**

霍布斯政治哲学中的理性

张 君[*]

【内容摘要】 在霍布斯的政治哲学中，理性概念的地位和作用，可以从其与激情、主权、宗教这三个概念之间的关系角度予以探究。在霍布斯看来，理性与激情都是有目的的，激情应受到理性的规范，至少它不应背离理性自我保存的最后底线；在自然状态中，个体自然理性之间的冲突争执极有力地催生出主权这一概念，而主权者的自然理性正是确保主权之实施的有力工具；理性在认识论上具有十分积极的作用，但形而上领域却必须留给信仰，至于宗教教义解释权，霍布斯在《利维坦》中将其交给了主权者，因而主权者的自然理性无须顾及神职人员的态度。

【关键词】 理性；自然理性；正确理性；激情；主权；宗教

在古典政治哲学中，理性的地位是至高无上的，它藉由意气控制欲望，让欲望为自身服务。而在近代政治哲学中，理性概念已然式微，其地位被日益凸显的意志所取代，沦落为一种辅助性、工具性的存在。众

---

[*] 张君：中国社会科学院人事教育局助理研究员，中国社会科学院研究生院政治学理论专业博士研究生。

所周知，霍布斯是西方近代政治哲学的奠基人之一。在其庞大缜密的思想体系中，理性概念实际上涵盖着多种内涵，包括自然理性、私有理性、正确理性、最高理性等。总的来说，在霍布斯那里，理性概念的地位也已经衰落，不再是主导性、目的性的存在。根据以往的文本研究，对霍布斯理性概念的内涵，大致可以作这样的理解：它是指个体的自然理性，而其他有关理性的词汇表述都是紧紧围绕自然理性，是从不同角度对自然理性所作的阐发，分别揭示的是自然理性不同侧面的诸种内涵。那么，在霍布斯的政治哲学中，理性概念的地位和作用又是如何呢？在本文看来，要解决这一问题，可以尝试从霍布斯的理性与其政治哲学重要概念间的关系角度进行探究。沿着这一思路，本文选定了霍布斯政治哲学最成熟的著作《利维坦》作为主要研究文本。从章节编排来看，《利维坦》全书分四个部分，即：论人、论共同体、论基督教体系的共同体以及论黑暗王国，其中后两个部分涉及的是宗教。这样，也可以说《利维坦》的整个论述分为三个环节：论人、论主权（或者论共同体）和论宗教。在这三个环节中，除了理性概念外，激情、主权与宗教这三个概念也非常重要，甚至可以说更为重要。因此，本文从《利维坦》三个论述环节中依次选取了这三个概念，希望通过对其与理性概念间的关系作一深描式探讨，以更深入、更细致也更全面地把握好霍布斯政治哲学中的"理性"思想。

一、理性与激情

激情，英文对应词是"passion"。在《利维坦》第六章的题目中，霍布斯给出的界定是"自觉运动的内在开端——通称激情"（Of the Interiour Beginnings of Voluntary Motions; commonly called the Passions）[1]。在

---

[1] 〔英〕霍布斯：《利维坦》，黎思复、黎廷弼译，商务印书馆1985年版，第35页；Thomas Hobbes, *Leviathan*, edited by Richard Tuck, New York: Cambridge University Press, 1996, p. 37。

霍布斯的思想中，激情这个概念的内涵也很丰富。《论公民》开篇提到"人之自然天赋可以归结为四类：体力、经验、理性和激情"，这里的理性与激情都是先天的，是自然理性、自然激情。然而，霍布斯的激情概念还有别的意蕴，因为"激情本身不但会由于人们的体质结构不同而异，同时也会由于习惯与教养不同而有别"①，如此一来，激情就不完全局限于先天的范围之内了，它也关涉乎后天个体的实践。

在《利维坦》第六章中，霍布斯首先区分出两种运动：生命运动和自觉运动（又称"动物运动"）。生命运动"无需构想帮助"，"从出生起就开始，而且终生不间断"；自觉运动则是按照心中想好的方式而行的，是在意识的参与下进行的。所以说，自觉运动最初的内在开端就是构想映像，也就是"意向"（Endeavour）。意向有两种基本的类型：当意向是"朝向引起它的某种事物时，就称为欲望或愿望"；"而当意向避离某种事物时，一般就称之为嫌恶"②。欲望与嫌恶所指的都是运动，但二者运动的方向不同，前者是靠近，后者是退避。至于欲望与嫌恶的来源，也有两种。一种是与生俱来的；另一种是由于经验而产生的，它是对具体事物的欲望，是由于本人或其他人尝试过其效果而来的。

与欲望和嫌恶这两种运动相对应，就出现了两组截然相反的激情，如欲望与嫌恶、爱好与憎恨、美与丑等。这些诸如欲望、爱好、爱情、嫌恶、憎恨、快乐和悲伤等的激情都是单纯的激情；而这些单纯的激情如果在个体的心中接连出现、相互影响，或者被置于判断、推论的考虑之下，则就有了不同的名称，就不再是单纯的激情了。具体而言，即"第一，当它们一个接一个出现时，便会随着人们对于达到其欲望的可能性的看法而有不同的名称；第二，它们也会由于被爱好或被憎恨的对象而有不同的名称；第三，是由于许多激情总在一起考虑；第四，则是

---

① 〔英〕霍布斯：《利维坦》，黎思复、黎廷弼译，商务印书馆 1985 年版，第 53—54 页；Thomas Hobbes, *Leviathan*, edited by Richard Tuck, New York: Cambridge University Press, 1996, p. 53。

② 〔英〕霍布斯：《利维坦》，黎思复、黎廷弼译，商务印书馆 1985 年版，第 36 页；Thomas Hobbes, *Leviathan*, edited by Richard Tuck, New York: Cambridge University Press, 1996, p. 38。

由于变动或连续状态本身"①。另外,激情谱系中有一种为人所特有,它是想要知道为什么及怎么样的欲望也即好奇心,正是这种激情促使人们不断的、不知疲倦地积累着知识,"所以人之有别于其他动物还不止是由于他有理性,而且由于他有这种独特的激情"②。激情是应该受到规范与指导的,而"不受规范的激情大部分就是颠狂"③。颠狂的种类几乎与激情本身的种类一样多,它总的特点是"对任何一种事物的激情比旁人一般的情形更强和更激烈"④。根据是否有利于个体的自我保存,激情又可分为两类:一类是个体的自负虚荣以及对权势、财富、知识、荣誉等的欲望,这是人与人之间纷争不断的根源;另一类是个体对暴死的恐惧,它是道德意识的源泉,其与理性一起引导人们摆脱自然状态、从而进入公民社会。⑤

在西方古典传统中,理性是至高无上的,能够洞见世界万物的本质,它通过意气来调控欲望,使欲望最终服务于理性的目标,而这里的意气与欲望相当于霍布斯思想中的激情概念。⑥ 在霍布斯的思想中,理性与激情这二者的内在关联已与古希腊时有了不小的分歧,那么理性与激情的关系到底如何呢?

---

① 〔英〕霍布斯:《利维坦》,黎思复、黎廷弼译,商务印书馆1985年版,第39页;Thomas Hobbes, *Leviathan*, edited by Richard Tuck, New York: Cambridge University Press, 1996, p. 41。

② 〔英〕霍布斯:《利维坦》,黎思复、黎廷弼译,商务印书馆1985年版,第40页;Thomas Hobbes, *Leviathan*, edited by Richard Tuck, New York: Cambridge University Press, 1996, p. 42。

③ 〔英〕霍布斯:《利维坦》,黎思复、黎廷弼译,商务印书馆1985年版,第56页;Thomas Hobbes, *Leviathan*, edited by Richard Tuck, New York: Cambridge University Press, 1996, p. 55。

④ 〔英〕霍布斯:《利维坦》,黎思复、黎廷弼译,商务印书馆1985年版,第54页;Thomas Hobbes, *Leviathan*, edited by Richard Tuck, New York: Cambridge University Press, 1996, p. 54。

⑤ 参见雷艳平:《霍布斯激情理论探析》,湖南师范大学硕士学位论文,2006年,第19页。

⑥ 在柏拉图的思想中,理性是符合理念世界的部分,而灵魂的其它两个部分意气与欲望则是符合于知觉世界的部分,其中意气是倾向于理性的高尚因素,欲望是抗拒理性的低贱因素。参见〔德〕文德尔班:《哲学史教程》,罗达仁译,商务印书馆1987年版,第170页。

在理性与激情这二者的先后位置上,由于人之自然构成中同等地具有理性与激情,因此在这一角度上二者并无差异。但是,从自然界的演进而言,由于激情中只有好奇心那一种欲望为人类所特有,所以,在作为"宇宙的精华、万物的灵长"的人类在地球上出现之前,激情就已存在于自然界了。而理性却是为人类所特有,是人之为人的关键要素。因此,激情不能体现人的本质,不能促使人趋向于其内在的形式;与其相反,理性却能展现人之为人,使得人能够实现其应有的本质,从而有别于动物。这样一来,在自然界的整个演进过程中,相对于理性,激情虽然在时间上具有优先性,但却不能说明其高于理性。

在与外界的接触中,人之最初的东西是感觉,感觉是在外界物体对人的专司感觉的器官施加压力而造成的。当物体已经移去时,感觉渐次消失,但当初的物体仍留有了一个映像,只是更为模糊而已,这就是想象。感觉和想象都是受动的,而当想象的东西接连出现时就形成了思维序列或者称为心理讨论。在有目的的思维序列中,激情作为自觉运动的内在开端,它使得人的内在活动由被动性的接受转化为主动性的意向,并掌控着思维序列的导向。与激情关涉的是思维序列相比,理性处理的是语言序列。而作为理性的工具,"语言的一般用处是将心理讨论转化为口头讨论,或将思维序列转化为语言序列"①。如此一来,在人的内在活动的顺序上,激情就先于理性。

在上述中,本文曾谈及人之特有的激情即好奇心,它是想要知道为什么及怎么样的欲望,在其推动下,人们不断地探知事物的原因及可能的结果,满意于不知疲倦地增加知识而非短暂、强烈的肉体愉悦,因此人们运用理性探究未知的动力与原因中就有激情的参与。在去世后出版的《一个哲学家与英格兰普通法学者的对话》中,霍布斯曾谈到:"我很清楚,法律的知识是通过大量的研习获得的,跟所有其他的科学一

---

① 〔英〕霍布斯:《利维坦》,黎思复、黎廷弼译,商务印书馆1985年版,第19页; Thomas Hobbes, *Leviathan*, edited by Richard Tuck, New York: Cambridge University Press, 1996, p. 25。

样,如果它们被研习和获得,他们就是通过自然理性而非技艺理性实现的"①,而在《利维坦》中,霍布斯曾说:"至于获得的智慧,我所指的是通过专门的方法和教导获得的智慧,这方面只有推理一项。推理所根据的是语言的正确运用,所产生的是学识……智慧的这种差异的原因在于激情……最能引起智慧差异的激情主要是程度不同的权势欲、财富欲、知识欲和名誉欲。"② 所以说,激情影响的不是自然理性本身,而是自然理性的功用或机能,正是个体之间在激情上的程度差异,造就出不同的个体有着不同的自然理性功用或机能即理性推理能力的高低。

在力量方面,《利维坦》中有几处也曾涉及过理性与激情的对比。在第十四章谈及如何保证信约的效力时,霍布斯曾说道:"语词的约束过于软弱无力,如果没有对某种强制力量的畏惧心理存在时,就不足以束缚人们的野心、贪欲、愤怒和其他激情。"③ 语词的运用是理性的功用或机能之一,而人们的诸种激情对语词约束的反叛与冲击就意味着激情对理性的挑战与轻慢,最终语词无法约束激情的事实也就说明了激情在力量上相对于理性的优势。这一点在第十九章论证"公私利益结合的最紧密的地方,公共利益所得到的推进也最大"时也得到了体现,霍布斯说:"在大多数情形下,当公私利益冲突的时候,他就会先顾个人的利益,因为人们的感情的力量一般说来比理智更为强大。"④ 另外,在第二十七章论及仇恨、淫欲、野心和贪婪等激情易于产生罪恶时,霍布斯说道:"野心和贪婪也是经常存在而且富有压力的激情,而理智则不能经

---

① 〔英〕霍布斯:《一个哲学家与英格兰普通法学者的对话》,毛晓秋译,上海人民出版社 2006 年版,第 19 页。
② 〔英〕霍布斯:《利维坦》,黎思复、黎廷弼译,商务印书馆 1985 年版,第 53—54 页;Thomas Hobbes, *Leviathan*, edited by Richard Tuck, New York: Cambridge University Press, 1996, p. 53。
③ 〔英〕霍布斯:《利维坦》,黎思复、黎廷弼译,商务印书馆 1985 年版,第 103 页;Thomas Hobbes, *Leviathan*, edited by Richard Tuck, New York: Cambridge University Press, 1996, p. 96。
④ 〔英〕霍布斯:《利维坦》,黎思复、黎廷弼译,商务印书馆 1985 年版,第 144 页;Thomas Hobbes, *Leviathan*, edited by Richard Tuck, New York: Cambridge University Press, 1996, p. 131。

常存在来抵抗它们……至于淫欲,则虽不持久,却极为猛烈"①,这也能够说明激情与理性在力量对比上的强弱态势。②

在古典时期的哲学思想中,理性通过意气控制着欲望,使欲望为自己服务,它对欲望的约束无时不有而又无处不在。那么这种控制与被控制的关系在霍布斯的理性与激情思想里又有了什么变化呢?从上文的论述中,我们可以看到,理性的位置已有所降低并且理性的力量也有所萎缩,但是霍布斯的理性与古典传统中的理性一样,仍然有着目的指向即最终的自我保存。自然法是上帝的指令,是理性所发现的诫条,而第一条自然法即"每一个人只要有获得和平的希望时,就应当力求和平;在不能得到和平时,他就可以寻求并利用战争的一切有利条件和助力"③就言明了自我保存之意。这第一条自然法不是经由推理而得到的,它得益于理性对上帝自有理性的分享,是自明的,因而也是理性所矢志不渝的终极目标。正是因为理性有目的指向,在《利维坦》中谈及仇恨、淫欲、野心和贪婪等激情容易导致罪恶时,霍布斯强调:"它们是人类和其他一切动物的天性中根深蒂固的弱点,如果不特别运用理智、或经常施以严厉的惩罚,其后果是很难防止的"④,而在第八章中霍布斯又说:"不受规范的激情大部分就是颠狂",这些地方都能说明理性对激情是有规范约束作用的。理性需要控制激情,并且它还需要利用某些激情来达致自己的目的,实现最终的自我保存,而"使人们倾向于和平的激情是对死亡的畏惧,对舒适生活所必需的事物的欲望,以及通过自己的勤劳

---

① 〔英〕霍布斯:《利维坦》,黎思复、黎廷弼译,商务印书馆1985年版,第232页;Thomas Hobbes, *Leviathan*, edited by Richard Tuck, New York: Cambridge University Press, 1996, p. 206。

② 参见王利博士论文:《国家与正义:论霍布斯政治哲学中的利维坦》(北京大学),2006年,第158—159页。

③ 〔英〕霍布斯:《利维坦》,黎思复、黎廷弼译,商务印书馆1985年版,第98页;Thomas Hobbes, *Leviathan*, edited by Richard Tuck, New York: Cambridge University Press, 1996, p. 92。

④ 〔英〕霍布斯:《利维坦》,黎思复、黎廷弼译,商务印书馆1985年版,第231—232页;Thomas Hobbes, *Leviathan*, edited by Richard Tuck, New York: Cambridge University Press, 1996, p. 206。

取得这一切的希望"。①

当然,激情也是有自己的目的的,并且在霍布斯那里理性对激情的规范约束并不是全天候的,霍布斯的理性更像是一个注重拿捏尺寸的温和"指导者"。激情可以去追求自己目的的实现,甚至能够借助于理性的推理计算,寻找出达至目标更为便捷的途径与手段。在《利维坦》第三章中,霍布斯说:"心理讨论受着某种目的控制时便只能是探寻或发明的能力,拉丁文中称之为洞察力或洞见力。这就是为某种现存或过去的结果追寻出原因的过程;也可能是为某种现存或过去的原因追寻出结果的过程。"② 这句话中,心理讨论受着好奇心的驱使,在追寻因果的过程中必然会运用逻辑思考,这样看来,理性的推理能力也并不排斥为激情服务。只有当激情的目的与自然理性激烈冲突时,它才被界定为非理性的,这时它才必须接受自然理性的规范与指导,而适当的教育(Education)与培训(Training)是可以变更人们的欲望的,没有人应该以非理性的方式去行为。那么,如果一个行为是理性的,它是不是就应该由个体去做呢?虽然每个人应该理性地行为是正确的,但当个体所面临的选择都是理性时,所谓理性的行为就并不必然意味着个体应该去做。由此来看,霍布斯的理性概念很温和、富有弹性,而非颐指气使、咄咄逼人,这就给各类激情留有了成长、发挥的机会和空间。③

二、理性与主权

从词源上说,主权(sovereignty)起源于拉丁文"Supremitas"或

---

① 〔英〕霍布斯:《利维坦》,黎思复、黎廷弼译,商务印书馆1985年版,第96—97页;Thomas Hobbes, *Leviathan*, edited by Richard Tuck, New York: Cambridge University Press, 1996, p. 90。

② 〔英〕霍布斯:《利维坦》,黎思复、黎廷弼译,商务印书馆1985年版,第14页;Thomas Hobbes, *Leviathan*, edited by Richard Tuck, New York: Cambridge University Press, 1996, p. 21。

③ 参见 Bernard Gert, "Hobbes On Reason", in *Pacific Philosophical Quarterly*, Vol. 82, Nos. 3&4, pp. 243 - 257。

"Supremapotestas",意思是最高权力,它派生自古法文"Souveraineté",指的是自己之上没有其他权威的政治或其他权威。在古希腊,主权概念表征着主奴关系,存在于奴隶主与奴隶、家长与家庭其他成员之间,它是一种绝对的权力。到中世纪时,主权概念则源自财产权,表征着主客体关系,意在强调主体对他者的绝对性处置能力。① 而在之后民族国家逐渐形成的大背景下,16世纪的法国思想家让·布丹创立了近代意义上的国家主权学说,将国家与主权两个概念第一次明确地联系在一起,他将主权定义为"不受法律约束的、凌驾于公民和臣民之上的最高权力"②,认为其是国家的本质特征。而霍布斯则对布丹的主权学说进行了深化和发展,认为主权是国家的灵魂,它给予国家这一机体以生命和运动。

正因为霍布斯将主权视作为国家的秘钥,国家具备了一种抽象的公共权力,处于一种全能的地位,而主权所具有的内涵则使得霍布斯的利维坦最终将社会予以吞没。在《利维坦》的第十八章中,霍布斯列举了按约建立的主权者所拥有的诸项权利③(Right,而非Power)。第一项是订立主权的信约使得以往的所有信约全都归于无效,并且不允许属民自行返回自然状态或另行订立新的主权信约。第二项是主权者不可能违反信约,属民更不应以此为借口解除应有的服从。第三项是多数人同意缔约推出主权者,则信约的效力便能延伸及于每一个人。第四项是属民不可能遭到主权者的侵害,也没有抱怨的理由。第五项是属民处死主权者都是不义的。第六项是主权者有权审定意见与学说,以求内部安定。第七项是主权者有订立法度规章的全部权力。第八项是主权的内涵也包括司法权。第九项是主权者拥有与其他国家和民族宣战媾和及与此紧密相关的一些权利。第十项是主权的范围还包括所有官吏的甄选权。第十一项

---

① 参见周永坤:《全球性时代的人权》,载《江苏社会科学》,2002年第3期。
② 转引自高景柱:《从君主主权、人民主权到公民权利》,载《山西师大学报(社会科学版)》,2010年第5期。
③ 主权的内涵是"right",它源自人们的"natural right",而"power"则是出自"right",是为求得"right"之实现的工具。

和第十二项是指主权者有权进行赏善罚恶,订立荣衔法规。① 这些权利虽然都是从以缔约方式建立的主权推出,但在霍布斯看来,以征服取得的主权也具有这些相同的权利。

霍布斯对主权内容的如此界定,是与当时英国及欧洲的政治现实密切相关的,而这也符合于霍布斯与英国上层贵族乃至王廷之间的亲密关系。在当时的英国,国王、国会与习惯法之间的权力之争由来已久,到英国内战前更是呈现出愈演愈烈的态势,霍布斯对此以及由此引发的内战很是关切,他担心这种主权分裂的状况会致使英国退回到毫无安全可言的自然状态中。另外,国会还曾惩治过克兰菲德(Cranfield)、白金汉(Buckingham)以及史特拉福德(Strafford)等国王的大臣,在霍布斯看来这显然已经挑战了国王所拥有的主权。而在对外政策问题上,詹姆斯一世和查理一世都与国会有着很大的分歧,查理一世更是直接介入外国战争,导致战争花费浩繁。这些都是当时最现实的问题,霍布斯的主权思想就是对其关注考量,他希望国家能够统于一尊,而自己的思想就是着眼于如何建立一个争议不生因而安定稳固的共同体。②

主权是霍布斯思想中的核心概念,这在其代表作《利维坦》一书中是个无可争议的事实。《利维坦》一书共分四个部分:第一部分是论人(Of Man),它是主权思想的根基;第二部分是论共同体(Of Commonwealth),它是主权思想的主体;第三部分论基督教体系的共同体(Of a Christian Common-wealth)和第四部分论黑暗的王国(Of the Kingdome of Darknesse)则否认教会的自成一统及批判罗马教会的黑暗,进而论证人们应该服从君主的主权。那么,作为主权思想根基之一的理性与主权概念有着什么样的关联呢?

根据自然状态与公民社会的二分法,理性就有了自然状态中的自然

---

① 参见〔英〕霍布斯:《利维坦》,黎思复、黎廷弼译,商务印书馆1985年版,第133—139页;Thomas Hobbes, *Leviathan*, edited by Richard Tuck, New York: Cambridge University Press, 1996, pp. 121 – 126。

② 参见〔美〕约翰·麦克里兰:《西方政治思想史》,彭淮栋译,海南出版社2003年版,第239—245页。

理性与公民社会中的自然理性之区分,而再根据公民社会中自然理性是否是主权者的自然理性作进一步的划分,可得出霍布斯的理性概念的三个层面:自然状态中的自然理性、公民社会中主权者的自然理性以及属民的自然理性。这样,理性与主权的关系就需要分三类进行讨论。

第一类:自然状态中的自然理性与主权。在自然状态中,每个人都对自己的智慧很是自负,不会相信有很多人能像自己这样聪明(wise),而"当那些认为他们自己比其他所有人都聪明的人,叫嚷着要用正确的理性(right reason)进行裁定时,所寻求的却不过是不能根据别人的理性而只能根据他们自己的理性来断定事情……因为他们所做的,只是当自己的每一种激情在内心摇荡时就被视作正确的理性,从而在他们自己的争论中由于自称是正确理性而泄露了他们缺乏正确的理性"①。这样一来,个体之间的自然理性就很难达成共识,而每个人的判断又都或多或少地为自身内心的激情所影响,并因此而对原本可能的判断有所偏离。另外,"由于人体的结构经常不断地在变化中,所以同一类事物便不可能全都在同一个人身上永远引起同一类欲望或嫌恶;而所有的人对任何一个单一对象都具有相同的欲望就更不可能了"②。正是由于个体之间无论在理性方面还是在激情方面都冲突不断、很难达成一致,而自然状态中"每一个人对每一种事物都具有权利,甚至对彼此的身体也是这样",这样的事实就使得人们之间互相疑惧、互相防范甚至是为求自保而先发制人,如此一来,"人们不断处于暴力死亡的恐惧和危险中,人的生活孤独、贫困、卑污、残忍而短寿"。正如在两个人之间发生争论时,只有双方都将某一仲裁人的理性当成正确的理性来遵从方能平息争执,否则双方就只有争论不休甚至可能演变为相互谩骂厮打。而为了消除自然状态中的所有冲突争执以求制止彼此的相互侵害及抵御外来的侵犯,人

---

① 〔英〕霍布斯:《利维坦》,黎思复、黎廷弼译,商务印书馆1985年版,第28—29页;Thomas Hobbes, *Leviathan*, edited by Richard Tuck, New York: Cambridge University Press, 1996, p. 33。

② 〔英〕霍布斯:《利维坦》,黎思复、黎廷弼译,商务印书馆1985年版,第37页;Thomas Hobbes, *Leviathan*, edited by Richard Tuck, New York: Cambridge University Press, 1996, p. 39。

们就必须将各自的意志与判断化约为一个人或一个由多人组成的团体的意志与判断,即"指定一个人或一个由多人组成的集体来代表他们的人格,每一个人都承认授权于如此承当本身人格的人在有关公共和平或安全方面所采取的任何行为、或命令他人作出的行为,在这种行为中,大家都把自己的意志服从于他的意志,把自己的判断服从于他的判断"①。而所谓的意志就是在斟酌之中直接与行动或不行动相连的最后那种欲望或反感,也就是说意志是斟酌中的最后一个欲望。② 这样一来,我们就可以得出,在霍布斯的政治哲学中,众人激情、理性间的对抗不可能以某一人的彻底胜利而告终,所以他选择的解决思路是将众人的激情与理性化约为某一人格的激情与理性也即某一人格的意志与判断。③ 经过自然状态中的人们如此的授权后,那一承当决定权的人格就成为拥有主权的主权者了。所以说,主权的实质是一种决定权,是可以合法的、单方面地将自己的意志与判断施加于他人的权利,而为了达致这一目的,主权者自然就拥有了一些必不可少的权力。

第二类:公民社会中主权者的自然理性与主权。主权是应自然状态中的人们之平息纷争、求得自我保存的要求而来,因此,霍布斯所罗列的主权的十二项权利也是着眼于此。主权者的前五项权利是为维护主权者的特殊地位以求其本身不被挑战,而后面的七项权利则是主权者达致和平与安全的手段,是主权者必不可少的权力。④ 主权之为绝对,不是因为其所内含的权力有多大,而在于众人都尊奉拥有主权之人或团体的意志与判断,也就是说,主权的绝对性是从认识论角度而言的,它是观

---

① 〔英〕霍布斯:《利维坦》,黎思复、黎廷弼译,商务印书馆1985年版,第131页; Thomas Hobbes, *Leviathan*, edited by Richard Tuck, New York: Cambridge University Press, 1996, p. 120。

② 参见〔英〕霍布斯:《利维坦》,黎思复、黎廷弼译,商务印书馆1985年版,第43—44页; Thomas Hobbes, *Leviathan*, edited by Richard Tuck, New York: Cambridge University Press, 1996, pp. 44—45。

③ 前文已述,在霍布斯的思想中,激情的力量已非常强大,理性已无法从容地对其进行束制,而借助于主权者的主权,其他个体的激情就能在最大程度上得到约束。

④ 参见钱永祥:《伟大的界定者——霍布斯绝对主权论的一个新解释》,收录于渠敬东编:《现代政治与自然》,上海人民出版社2003年版,第127—168页。

念的最终裁断者。在霍布斯的政治哲学中,这人定的标准——主权承担起了古典传统中客观、永恒理性之角色。主权者的自然理性并不一定或者说很不可能胜过其他所有人的自然理性,而只是因为它是主权者的自然理性,它便因此可以将自己的判断合法地施加于他人、作为他人观念的裁断标准。所以,虽然主权者的自然理性本身并没有什么优越之处,但却为主权者完成最终的和平与安全目标提供了一项必不可少的工具,也即主权者的自然理性是确保主权行使的工具或手段。当然,处于公民社会之中的主权者,其自身的自然理性依然为内心的各种激情所影响,而这在霍布斯的思想中也被看作是无法消除的。这样,霍布斯将主权作为定分止争的标尺,使得主权者的自然理性有了与自然状态中一样的施展空间并且有了在自然状态中所没有的权威性。霍布斯虽然没有提供出最为理想的解决方案,但其思想中所采取的处理方式却提供了能够解决问题的一种次优路径。

第三类:公民社会中属民的自然理性与主权。从主权的缔造思路即可看出,属民必须服从主权、服从主权者的意志与判断,因此公民社会中属民的自然理性所能施展的空间已不再是没有界限的,它必须在主权所划定的范围内活动。从主权者所拥有的前五项权利可以看出,属民运用自然理性作判断或者满足激情的范围必将受到主权的规范与束制,属民既不可以运用自身的自然理性妄评以主权名义所展开的行为,更不可以利用自身的自然理性妄求达致变更主权者的不法目的。而对于主权者所拥有的后七项权利,属民依旧只能予以配合与遵行,因此,"属民的自由仅仅存在于主权者未对其行为加以规定的事情中存在"[①]。当然,每一个人从自然状态进入到公民社会,其目的都是求得自我的最终保存,因此,如果主权者的行为是要剥夺个体的生命时,无论这种剥夺是否因于个体先前的行为是不义的,个体都将有运用自己的自然理性、拿起武器进行防卫的权利,并且如果一大群人都面临被剥夺生命的境遇时,为

---

① 〔英〕霍布斯:《利维坦》,黎思复、黎廷弼译,商务印书馆1985年版,第165页;Thomas Hobbes, *Leviathan*, edited by Richard Tuck, New York: Cambridge University Press, 1996, p. 148。

求能够对抗主权者的武力,他们相互协助、相互防卫的行为也不为不义。

三、理性与宗教

在探讨近代西方的政治历史或政治思想中,宗教领域始终是无法绕过并且是必须探讨的一个方面。对此,霍布斯也花费了很多的笔墨进行阐述,在其著作《法的要素》(The Elements of Law)、《论公民》、《利维坦》及《一个哲学家与英格兰普通法学者的对话》中都有不少篇幅涉及了宗教方面的问题,而通过对这些内容的梳理,相信应该能厘清宗教领域在霍布斯政治哲学中所占有的位置。

在《利维坦》中,霍布斯曾界定过宗教及迷信等的概念。在霍布斯看来,"头脑中假想出的,或根据公开认可的传说构想出的对于不可见的力量的畏惧谓之宗教。所根据的如果不是公开认可①的传说,便是迷信"②。而在《论公民》中,霍布斯认为迷信来源于"缺乏正确理性的恐惧"(fear without right reason)、无神论则是来源于"缺乏恐惧的理性观念"(an opinion of reason without fear),这样,在《论公民》中霍布斯所认同的宗教定义就必然是由两部分理性与恐惧所组成,即宗教是来源于正确理性的恐惧。同时,"若没有来自上帝的特别帮助,要避开无神论和迷

---

① 《利维坦》的宗教和迷信定义中的"公开认可"(publiquely allowed)一词,A. P. 马蒂尼奇很不赞同,认为霍布斯使用的是讽刺手法、有着修辞的目的,否则根据霍布斯的此一定义,那么"基督教在古罗马的 200 多年的历史中就是迷信,而伊斯兰教在土耳其不是迷信"(参见〔美〕A. P. 马蒂尼奇:《霍布斯传》,陈玉明译,上海人民出版社 2007 年版,第 279 页)。对于这种阐释,本文并不认同。在本文看来,霍布斯使用"公开认可"一词是其正常、真实的表述,它与《论公民》的定义中的"正确理性"一样,都源于人之与生俱来的自我中心式幻想。霍布斯生长于一个基督教的世界中,其所认同的"公开认同"必然是周围的基督徒的一致认同,而其所言的"正确理性"也只能是与基督徒的一般判断相符的理性。

② 〔英〕霍布斯:《利维坦》,黎思复、黎廷弼译,商务印书馆 1985 年版,第 41 页;Thomas Hobbes, *Leviathan*, edited by Richard Tuck, New York: Cambridge University Press, 1996, p. 42。

信两块岩石几乎是不可能的"①,在这句话所对应的英文中,有两个词组值得注意:"special assistance"、"twin rocks",前者洋溢着霍布斯的感恩之心,后者则显示出霍布斯的不满之情,由此,可以合理地推断出,霍布斯对宗教应该是持有肯定的态度。

在霍布斯看来,宗教是为人类所特有的,而这与人之特有的好奇心密切相关。至于宗教的自然种子,具体而言有四类,即"(1)对鬼的看法;(2)对第二因的无知;(3)对所畏惧的事物的敬拜;(4)将偶然事物当作预兆"②。对于这些宗教种子,有两种人为了"使依附于他们的人更服从、守法、平安相处、互爱、合群"均进行了培育,"一种人根据自己的独创加以栽培和整理,另一种人则是根据上帝的命令与上帝的指示……前一种宗教便是人类政治的一部分,宣讲尘世君主要求于臣民③的一部分义务。后一种宗教则是神的政治,其中所包含的是许身为天国子民的人的诫律。一切异教人的建国者和立法者都属于前一类,而亚伯拉罕、摩西和向我们昭示天国法律的救主基督则属于后一类"④。因此,无论何种宗教,其本质上都是政治性的,而世俗权力与宗教权力也都是无法截然分开的,区别只是在于论述世俗权力与宗教权力之统一的角度是着眼于人的政治还是神的政治。⑤

正是从这段论述中,我们可以发现霍布斯对世俗与宗教问题的根

---

① Thomas Hobbes, *On the Citizen*, edited and translated by Richard Tuck, New York: Cambridge University Press, 1998, p. 187; 霍布斯:《论公民》,应星、冯克利译,贵州人民出版社2003年版,第180页。

② 〔英〕霍布斯:《利维坦》,黎思复、黎廷弼译,商务印书馆1985年版,第82页;Thomas Hobbes, *Leviathan*, edited by Richard Tuck, New York: Cambridge University Press, 1996, p. 79。

③ 此处的"臣民"对应的英文词是"Subjects",在《利维坦》1985年的中译本中都将其翻译为"臣民",对此译法除直接引用外,本文不予采用。因为,在笔者看来,臣民对应的是君主,而属民对应的才是主权者。

④ 〔英〕霍布斯:《利维坦》,黎思复、黎廷弼译,商务印书馆1985年版,第83页/p. 79。

⑤ 参见孙向晨:《论〈利维坦〉中神学与政治的张力》,载《复旦学报(社会科学版)》,2005年第3期。在这篇文章以及另一篇文章《基督教的政治化理解——近代西方政治哲学解读基督教的一种基本思路》(载《学术月刊》,2007年第7期)中,孙向晨认为霍布斯采取了将基督教政治化的解读方式,是西方近代历史中将基督教进行政治化解读路径中的一环。而在本文看来,与马基雅维利、卢梭等不同,霍布斯将基督教进行政治化的解读是服务于其将世俗政治镶嵌于基督教神学背景这一目的的。

本、而又近乎自发的看法，也才能在霍布斯将世俗主权镶嵌于一种宏大的基督教神学背景之上时不至于认为突兀与不可思议。在霍布斯看来，自亚伯拉罕与上帝立约起一直到后来犹太人选出扫罗为王时，上帝都直接统治着犹太人；而在基督耶稣第二次降临后，耶稣就成为主权者直接统治人类；在这两个阶段之间，则是利维坦的生存空间、是世俗主权者进行统治的阶段，此时世俗主权者不再是先知、不再是上帝在人间的代理人，但却是"活的上帝"。霍布斯将世俗政治镶嵌于基督教神学背景之上的原因，在本文看来，大致有二：第一，霍布斯有着浓厚的宗教情结，其孪生兄弟"恐惧"也是宗教的肇因，因此，这种镶嵌是很自然的并且是近乎于自发的行为；第二，霍布斯的主权学说是面向基督徒的，为了达到更强的说服效果，所以主动采用了这一话语体系。

那么，在霍布斯看来，理性与宗教有着什么样的关系呢？对于这个问题，本文认为可以分解为以下两个问题来对待：第一，理性与宗教信仰的关联，这一问题探讨的是一般意义上个体的理性与宗教信仰的关系；第二，理性与宗教事务的关联，这一问题探讨的则是理性与现实宗教事务的管辖之间的关系。

理性与宗教信仰的关联，其实指涉的就是理性与信仰二者的相对位置。在中世纪时，这个问题就曾引起过激烈的讨论，争论者大致分为两派：一派认为理性应该为信仰服务，对上帝的存在予以论证以强化人们的信仰；一派认为理性与信仰应划地而治，两不相侵。通过对霍布斯著作中有关宗教方面内容的关注，我们大致可以梳理出其对这一问题的看法。从认识论的角度而言，根据霍布斯的思想，我们可以逻辑地推出：上帝也是实体、物质。在霍布斯看来，我们运用理性的缜密推理就可以逐步地认识世界。世界上所存在的东西都是物质，都是有一定的广延的，而实体就是指物质。圣灵、灵魂等要么不存在，如果存在，那它们肯定也是实体、物质，只不过它们更为稀薄一些。所以说，"无形体的实体"是自相矛盾的，是无意义的名词，而上帝既然是存在的，那么其也应当是实体、物质。另一方面，从信仰的角度而言，霍布斯认为理性应在世俗领域发挥作用，而有关灵魂等方面的分歧则不能用自然理性来检验,即形而上领域应留给信仰。在《论公民》中,霍布斯曾说:"决定信仰问题,即有关神的问题,超出了人类的理解能力,因此需要神的赐福(这样我们至少在关键问题上不至于有过失),这来自基督本人的援助。为了我们永恒的得救,我们必须接受一个超自然的教义,由于它是超自然的,所以是不可理解的。"①而在《利维坦》中,霍布斯认为真正的宗教应该是心中所想象的、并对之畏惧的不可见力量确如人们所想象的一样,它有两种:自然的和启示的。与其相对应,上帝传谕人类的方式也有两种,即通过理性或者启示。然而,由于人类仅凭自己的理性的引导,很容易陷入无神论或者迷信,因此,真正的宗教更多的是指启示宗教,只有凭借上帝给人的启示,人类的信仰之路才能顺利的延伸,也才能发现真正的宗教。而由于上帝传谕启示时只能是以人类可以理解的方式呈现,所以,人们不能将接受启示时所见所闻的形象归于上帝,否则就是在否认上帝的"无限、无形与不可思议性",并且人类不能以自己的形象属性来揣测上帝,也不能滥用人类的有限性而摹状上帝;人类所能做的,只是呈献一个子民所能有的所有崇敬,用一切溢美之词来赞美上帝像什么而非是什么。②

至于理性与宗教事务的关联,则必然会牵涉到主权的范围,这样,本文探讨的将主要是主权者的理性与宗教事务的关联,因为主权相对于宗教事务的范围就是主权者的自然理性之效力可以施及的领域。自16世纪30年代宗教改革运动以来,英格兰的宗教问题也日益复杂化。16世纪末期至17世纪上半叶期间,英格兰的一些新教运动开始激进化,各种小规模的异议新教宗派相继出现并逐渐地开始挑战主权者的权威。③对此,霍布斯在自己的诸多著作中也予以了相当多的回应。在《法的要

---

① 〔英〕霍布斯:《论公民》,黎思复、黎廷弼译,商务印书馆1985年版,第226页;Thomas Hobbes, *Leviathan*, edited by Richard Tuck, New York: Cambridge University Press, 1996, p. 233。
② 参见〔美〕A. P. 马蒂尼奇:《霍布斯传》,陈玉明译,上海人民出版社2007年版,第280—283页。
③ 参见〔美〕约翰·麦克里兰:《西方政治思想史》,彭淮栋译,海南出版社2003年版,第241—242页。

素》和《论公民》中,霍布斯一方面肯定了世俗主权者在宗教事务上的绝对地位,认为在此方面的所有争议都必须由主权者凭依自己的自然理性来决断。另一方面霍布斯又有所保留,他为神职人员留下了可能独立于主权者的自在空间。在宗教教义的解释问题上,霍布斯认为主权者向属民所公布的对基督教教义的解释应该不是由他本人作出。因为《圣经》依赖于信仰,而信仰是无法用理性进行分析的,只要教会的神职人员没有质疑基督教的基石即"耶稣基督亲自降世"(Jesus Christ is come in the flesh①),那么基督徒们就应该信任自那些亲眼见过上帝伟大神迹的人起就世代相传的神职人员。② 所以,在霍布斯看来,"握有国家主权的人作为基督徒,在关系到信仰的神秘性时,必须在正当委派的神职人员的帮助下解释《圣经》"③,而这自然能够得到英国国教的认可与赞赏。在后来写就的《利维坦》中,霍布斯对于理性与宗教的思考有了很大的转变。④ 他开始否认教会神职人员在基督教教义解释方面所谓的特殊能力和相对独立的地位,并将此教义的解释权完全地交给了主权者,这样,主权者就可以依靠自己的理性自如地审查宗教意见、设定公开的崇拜仪式的法定规则,也就是主权者成为宗教学说、宗教仪式的确定者,所以"每一个人都应当考虑一下谁是主权者先知的问题;也就是考虑一下谁是上帝在地上的代治者⑤、并仅次于上帝而有权管辖基督徒;而且应当

---

① Thomas Hobbes, *The Elements of Law: Natural and Politic*, edited with a preface and critical notes by Ferdinand Tonnies, with a new Introduction by M. M. Goldsmith, New York: Barnes & Noble, 1969, p. 59.

② 参见〔美〕A. P. 马蒂尼奇:《霍布斯传》,陈玉明译,上海人民出版社2007年版,第278、289页。

③ 〔英〕霍布斯:《论公民》,黎思复、黎廷弼译,商务印书馆1985年版,第226—227页。

④ 对于这种观点上的转变,塔克认为这是由于霍布斯受到了在17世纪40年代晚期与英国国教的决裂而来的刺激(参见〔英〕霍布斯:《论公民》,黎思复、黎廷弼译,商务印书馆1985年版,"附录一:《论公民》英文新译本导言",第267页)。

⑤ 虽然前文中曾说过:在基督耶稣第二次降临之前,世俗主权者不再是先知、不再是上帝在人间的代理人。但这只是表明在此阶段内上帝不再直接统治人类,上帝与主权者的关系不再是被代理人与代理人的关系。而此处则是将世俗主权者统治人类的阶段置于一个宏大的神学背景之下来理解的,此阶段终将过渡至基督耶稣第二次降临并直接统治人类的阶段,从这一宏大角度来说,世俗主权者自然又成了上帝在地上的代治者了。

把他以上帝的名下令教导的教义当作法规遵守"①。

在宗教问题上，除了主权者的权威外，霍布斯并不承认所谓的受上帝启示的私人权威。因为对于这种权威，主权难以进行有效地约束与规范，而如果在主权者的权威之外另有不受约束的权威，那么社会最终必将陷入无政府状态。所以说，在具体的宗教事务问题上，属民的自然理性应遵奉主权者自然理性的引导、判断，而由主权者的自然理性界定规范各种具体宗教事务。如果主权者不是一个基督徒、否认"耶稣是基督"这一根本教义，那么作为属民的基督徒们该怎么办呢？在这个时候，霍布斯仍然要求属民服从主权者的指令，即使主权者的指令对属民的宗教信仰有所亵渎、冒犯。当然，属民在内心中仍然可以保有并忠实于自己的信仰。因为"他们的信仰，则是内在的和看不见的，他们可以具有纳缦所具有的那种自由，并无须为此而自行冒险"②。

四、结语

理性概念在古典传统中的地位，或许可以借助西方神话来管中窥豹。在古罗马的神话中，正义女神朱斯提提亚（Justitia）③ 的雕像造型为：一手持天平，一手执宝剑，双眼用布蒙着。其内涵为：天平象征公平与正义，宝剑象征权力与力量，蒙眼则象征裁断是非之时绝对中立，

---

① 〔英〕霍布斯：《利维坦》，黎思复、黎廷弼译，商务印书馆 1985 年版，第 346 页；Thomas Hobbes, *Leviathan*, edited by Richard Tuck, New York: Cambridge University Press, 1996, p. 299.

② 〔英〕霍布斯：《利维坦》，黎思复、黎廷弼译，商务印书馆 1985 年版，第 487 页；Thomas Hobbes, *Leviathan*, edited by Richard Tuck, New York: Cambridge University Press, 1996, p. 414.

③ 朱斯提提亚的造型来自于古希腊神话。在古希腊神话中，正义女神泰米斯（Themis）是天与地的女儿，她手中常持一架天平，后来她与宙斯生下一个女儿——狄克。狄克经常手持宝剑，协助其母共掌法律、秩序与正义。后来，古罗马人将泰米斯与狄克的形象合而为一，取名为朱斯提提亚。

纯靠理性推理分析，竭力避免感官影响。① 因此，可以说，在古典传统中，理性的确是至高无上的，它是一切是非评断的尺度。

在霍布斯的政治哲学中，理性概念的地位和作用有了很大的变化。第一，在理性与激情的关系上，本文认为激情的确是先于理性的，但这种在先性却并不能保证激情相对于理性的优越地位，甚至从亚里士多德的形式因、质料因思想出发，反而会得出激情概念等而下之的结论；另外，在二者的力量对比中，理性的强度远不及激情；最后，本文质疑了将霍布斯的理性完全视作激情之工具的观念，因为在本文看来，理性与激情都是有目的的，激情也应受到理性的规范，至少它不应背离理性自我保存的最后底线，当然激情与理性也能互为所用，只要这不否定自我保存的终极法则。第二，在理性与主权的关系上，鉴于理性所处阶段有自然状态与公民社会之分，而理性持有者又有主权者与属民之别，因此，在本文看来，首先，自然状态中个体自然理性之间的冲突争执极有力地催生出主权这一概念；其次，主权者的自然理性因为主权而获得了一个施展作用的宽广平台；最后，属民的自然理性应以主权为标尺，只有在主权没有规范的领域内才得自由施展。第三，在理性与宗教的关系上，本文将宗教分为宗教信仰与具体的宗教事务两个方面，所以，对此一问题所作的分析也是从两个层面进行处理。首先，从宗教信仰角度而言，霍布斯肯定理性在认识论上的积极作用，同时他也将形而上领域留给了信仰；其次，从具体的宗教事务角度而言，霍布斯一生中对二者的界分曾有过不小的变动，在其前期著作中，霍布斯认为主权者的自然理性应容忍宗教神职人员的相对独立地位，但到《利维坦》时霍布斯却更紧地捏合了"双头鹰"即世俗政治与宗教事务，将教义解释权也交给了主权者，主权者的自然理性因此无须顾及神职人员所持的态度。

---

① 参见王立峰：《天平与宝剑的辩证法》，载《学习时报》，2007年2月12日。

比较视野下的中国政治研究

Comparative Politics Studies

比较视野下新中国政党制度的正当性原因的探求

姚选民[*]

【内容摘要】缘于西方政党制度的示范效力背景,在《新中国政党制度研究》中,林尚立教授等依凭近代以来中国社会政治经验事实,娴熟运用现代政治学这一社会科学论理方式,有力地展现了新中国政党制度的合理性或合法性。然林先生等的这样一种对新中国政党制度之正当性的探求却并不能有效抵御奠基于现代政治学中基本原理之西方政党制度对新中国政党制度之正当性的示范性效力质疑。应对当下西方政党制度之示范性效力问题的更有效进路似乎是,基于西周以来之大历史中国这一特定时空,运用对现代政治学所预设之前提进行深刻反思的政治哲学方法,从中国人的政治性格维度来探求和诠释西方政党制度示范效力背景下新中国政党制度的正当性:中国共产党领导的多党合作与政治协商制度是西周以来或古代中国及其以前时代中国社会所逐渐形成之中国人政治性格的一种表征或结果,具有历史文化层面的或人性层面的正当性。

【关键词】新中国政党制度;正当性;政治性格

---

[*] 姚选民:湖南省社会科学院中国马克思主义研究所、湖南省毛泽东研究中心助理研究员,政治学博士,研究室主任。基金项目:本文系湖南省社科基金毛泽东研究专项资助课题研究成果;湖南省社会科学院青年科研基金项目(2014QNKT04)阶段性研究成果。

一、引言

一如"新中国制度研究丛书"主编——潘世伟先生所言,林尚立教授等著《新中国政党制度研究》"不仅仅告诉人们中国的政党制度是什么,而且告诉人们中国的政党制度为什么是这样的制度形式以及其价值与生命力所在"①。若单从这部著作的书名来看,林先生等似乎对他们所关注的主题进行了某种限定,然而,一旦进入这部著作文本,人们却会发现这部著作题域之宽广、内容之丰富、问题之繁复!因为这一缘故,本篇理论评论文字便主要从新中国政党制度的形成原因角度来审视这部著作文本。

缘于人们对原因探究的知识旨趣不同,对新中国政党制度形成原因的讨论大体可以分为这样两个层面:一个层面,从社会科学研究的层面对新中国政党制度的形成进行生成原因方面的探究,比如"中国政党制度,即中国共产党领导的多党合作与政治协商制度,虽然形成于中华人民共和国成立之后,但它却孕育于中国革命之中"② 这类言说。另一层面,是从政治哲学研究的层面对新中国政党制度的形成进行生成根源方面的探究。展开讲,社会科学研究层面的生成原因探究主要是指探究政治领域中某事物得以出现的具体因果联系,比如新中国政党制度具体是由谁确立的、为什么要采用当下这种制度形式等。而政治哲学研究层面的生成根源探究主要是指运用哲学思维方式或政治哲学的定向思维来探究政治领域里某事物得以产生的必然性。"政治哲学定向作用这一理念是指:政治哲学定向是一种为我们在一切可能目标(如果可以这么说的话)的空间(即观念上的空间)里定向的理性和反思(包括理论上的和实践上的),

---

① 潘世伟:《后记》,见林尚立等:《新中国政党制度研究》,上海人民出版社 2009 年版,第 194 页。
② 林尚立等:《新中国政党制度研究》,上海人民出版社 2009 年版,第 17 页。

这些目标可以是个人性的，也可以是社团性的，同时既可以是政治性的，也可以是社会性的。"①"必然性"在这里内含两层意思：一层意思是政治领域中某事物得以产生只是时间问题。另一层意思是政治领域里得以产生的某事物只是这种必然性的一种表征，而这一表征则具有历史偶然性。也就是说，政治领域中某事物的产生具有某种必然性，但是，得以产生的这一事物并不必然是其当下这种具体形式，比如中国历史延展到现当代，其社会政治逻辑运行基于现当代中国这一特定时空，则必然要呈现为中国共产党领导的多党合作与政治协商这一政党制度。当然，对于新中国政党制度的具体形式是什么这一问题的回答具有一定程度的历史偶然性，然而，这一政党制度中的政治逻辑却具有历史的必然性。

因而，缘于原因探究的特定知识旨趣，在本篇理论评论文字中，我们便主要从政治哲学研究的层面来探究新中国政党制度得以形成的生成根源，即新中国政党制度得以形成的历史必然性，抑或也可以说，是从一种原因视角来探求或阐释新中国政党制度的正当性。②

二、新中国政党制度的生成原因：文本作者的解释

在阅读《新中国政党制度研究》后，不难发现，从社会科学研究的层面对新中国政党制度形成原因的探讨，即对新中国政党制度生成原因的探讨，是林先生等着力最盛的地方，也是这部著作文本的亮点。在林先生等看来，"中国的政党制度的缘起是有深刻历史与社会基础的，其独特的形态，是中国社会发展多重因素共同作用的结果，是历史的时间

---

① John Rawls, *Justice as Fairness: A Restatement*, Erin Kelly (ed.), Cambridge, Massachusetts: Harvard University Press, 2001, p. 3; 参见〔美〕约翰·罗尔斯：《作为公平的正义：正义新论》，姚大志译，中国社会科学出版社 2011 年版，第 9 页。

② 参见姚选民：《政治性格与政党制度的形成：一种政治哲学的视角》，载《中共党史研究》，2012 年第 12 期，第 121—126 页。

与中国的空间共同锤炼出来的"①。之所以着力关注新中国政党制度的生成原因,林先生等认为,是因为新中国政党制度的生成原因这一问题还值得继续探讨。也就是说,如果这一问题弄不清楚,那么,具有中国特色之政党制度的合理性、合法性,甚或正当性总是会成为社会舆论的对象,"一项制度的合理性与合法性,不仅需要规范的考察,而且需要经验的检验"②,进而,在一定程度上还会受到人们的怀疑或者质疑:"一个国家的政党制度的确立,应该基于党派的原则与民众的理想,还是应该基于社会运行的规律与国家建设的要求。"③

之所以说对新中国政党制度生成原因的探究是林先生等著这部著作的亮点,是因为林先生等结合近代以来中国的政治现实,对新中国政党制度的生成原因从政治民主化与政党制度生成二者间关系的维度进行了阐发,不仅具有相对宽广的历史视野,而且展示出相当强的理论性。④也就是说,林先生等的立论以无可辩驳、翔实之自近代以来的中国政治经验事实为依据,遵循着某种"有一分材料说一分话,有七分材料不说八分话"的史学研究风格,从现代政治学所欲揭示之人类社会政治运行规律的高度对中国政党制度的形成原因进行探求,对当代中国政党制度的形成从政治规律的层面进行了论说,这样一种论说透露出一种企图,即试图实现对当代中国政党运行规律的某种终极性把握:"中国政党制度内含一体多元结构,以中国共产党为核心,既包含多党合作所形成的多元结构,也包含多党派、界别协商所形成的多元结构,它不仅适宜于中国社会形态的内在结构及其现代化转化,而且也适宜于中国的国家建设和民主成长,因而,其进步与发展能够为中国的国家建设和民主成长提供新的资源与新的空间,反过来,国家的现代化和制度化也将使政党制度更全面、更深刻地嵌入国家制度之中,从而与其他制度一起共同支

---

① 林尚立等:《新中国政党制度研究》,上海人民出版社2009年版,第32页。
② 林尚立等:《新中国政党制度研究》,上海人民出版社2009年版,第9页。
③ 林尚立等:《新中国政党制度研究》,上海人民出版社2009年版,第1页。
④ 参见林尚立等:《新中国政党制度研究》,上海人民出版社2009年版,第176—190页。

撑中国的现代国家建设和发展。"①

虽然如此，林先生等于其著作文本中对新中国政党制度形成原因的论述却也不尽完美。这主要表现在这样两个方面：一方面，林先生等运用了一种社会科学论证逻辑。基于现有的阅读经验和体验，人们会不难觉察到，这样一种论证逻辑表明，林先生等对新中国政党制度形成原因的探究遵循着一种"因果关系"式研究进路。诚然，这样一种研究进路是当下学界较为常见的学术研究方式，抑或论证方式，但是，这样一种论证方式对新中国政党制度这一事物演变之根源的探究却显得有些"避重就轻"。② 另一方面，林先生等从现代政治学所欲揭示之人类社会政治运行规律的层面对中国政党制度的形成原因进行探究，这样一种思维方式当然具有相当的深度，但是，这样一种层面的思维对中国这一特定时空因素的关注似乎不够。③ 当然，这样一些问题相较于林先生等于其著作文本中的研究目的或研究承诺，以及他们的整体智性贡献而言，在很大程度上不过是"玉中微瑕"。

众所周知，当下中国的政党制度是中国共产党领导的多党合作与政治协商制度。"新中国建立后，中国共产党在长期形成的多党合作的基础上，结合国家建设与发展的实践，形成了作为国家基本政治制度的中国政党制度，即中国共产党领导的多党合作与政治协商制度。"④ 面对这样一种制度事实，人们会很自然地对一些相关问题进行"仁者见仁，智者见智"式的个殊化思考，这些问题包括（但不限于）：当代中国为什么会形成这样一种政党制度？当代中国为什么没有形成类似于西方的政党制度？在近现代中国，中国国民党执政时为什么"排斥和镇压异己政党"——解除或试图解除中国共产党及其他民主党派——而"行一党独裁"⑤？而在当代中国，中国共产党执政时为什么实行党领导下的多党合

---

① 林尚立等：《新中国政党制度研究》，上海人民出版社2009年版，第16页。
② 参见林尚立等：《新中国政党制度研究》，上海人民出版社2009年版，第33—175页。
③ 参见林尚立等：《新中国政党制度研究》，上海人民出版社2009年版，第17、32页。
④ 林尚立等：《新中国政党制度研究》，上海人民出版社2009年版，第9页。
⑤ 林尚立等：《新中国政党制度研究》，上海人民出版社2009年版，第30页。

作与政治协商制度？

基于《新中国政党制度研究》关于新中国政党制度之形成原因的现有分析，以及对上述系列问题的深入思考，我们以为：一方面，对新中国政党制度形成原因的探究应当特别或尤其要注意"中国"这一特定时空要素。关于中国这一特定时空要素，人们不能仅仅将其界定为新中国政党制度形成或生成时的时空要素，即近现代革命时期中国这一时空要素——"中国近代以来国家建设和成长的历史，深刻塑造了中国政党制度得以确立和成长的政党基础、制度形态与基本价值"[①]，而更应视其为自上古中国以来之大历史中国这样一种时空要素。另一方面，我们对新中国政党制度的形成原因不能囿于探讨社会科学研究层面的生成原因，即满足于对新中国政党制度作出说明——"回答'政党制度的内在精神、基本原理、组织结构、运行机制以及功能作用'等问题"，而应进一步探讨新中国政党制度的生成根源，即"从历史事实和理论逻辑上回答'为什么会形成这样的政党制度，决定因素是什么，形成机制是什么'"[②]，以接续或深化林先生等于其著作文本中关于新中国政党制度形成原因的探讨。

三、新中国政党制度的生成根源：基于中国人政治性格的分析

业已知道，对新中国政党制度生成根源的探究是对新中国政党制度生成原因探究的深化。面对林先生等于其著作文本中对新中国政党制度生成原因的研究，人们会情不自禁地追问：新中国政党制度的生成根源是什么？一般而论，如果要探究一种新生政治制度——比如新中国政党制度——的生成根源，人们最终都会回归到对这一新生政治制度所赖以

---

① 参见林尚立等：《新中国政党制度研究》，上海人民出版社2009年版，第32页。
② 林尚立等：《新中国政党制度研究》，上海人民出版社2009年版，第119—120页。

衍生之社会环境中人们政治性格的考察上。基于这样一种认识或思维逻辑，若要探究新中国政党制度的生成根源，人们应当首先对中国人的政治性格进行某种考察和分析。

（一）分析概念建构：中国人的政治性格

显见的是，中国人的政治性格源自中国人的政治实践活动。基于这样一种显见的前提，若要揭示出中国人的政治性格，我们需要从上古时代①之广义中国的政治实践谈起。现有历史研究表明，在中国大地上很早就出现了类似氏族—部落的社会②，并且，当时的中国社会盛行着一种"图腾崇拜"。不仅如此，若对这一图腾崇拜现象进行细加考量，人们会发现，这种图腾崇拜现象不仅内含着氏族—部落时代先民进行社会活动的尺度，而且内含着氏族—部落时代权威得以形成的基础和根据。在这种意义上讲，自氏族—部落时代始，在古老的中国大地便有了某种政治。

历史到尧舜禹时期，缘于图腾崇拜所遗留的政治惯习，人们尊奉的政治共识是一种"禅让制"。夏启初步破坏了这一政治共识，开启了中国"家—天下"的政治时代。③ 后来，夏商政权为他们的臣属以种种名义颠覆或推翻，但缘于取代前朝的后朝政权缺乏政治"继承"上的合法性依据，这些后朝政权统治者须要为他们的"篡逆"行为进行政治合法性论证。虽然如此，然缘于当时人们的智识水平整体性低下，这些后朝政权统治者宣扬了一种由图腾神观念演化而来的"有命在天"④ 观念，先民们便会对当时新生社会/国家政权的合法性秉有一种内在确信式政治共识。

所谓"内在确信式政治共识"主要是指当时的人们相信业已建立的

---

① 参见葛兆光：《中国思想史》（第一卷），复旦大学出版社2010年版，第14—19页。
② 参见吕振羽：《史前期中国社会研究（外一种）》上，河北教育出版社2000年版，第70—96页。
③ 参见林尚立等：《新中国政党制度研究》，上海人民出版社2009年版，第58—59页。
④ 参见杨泽波：《中国"哲学突破"中的问题意识》，载《云南大学学报》（社会科学版），2006年第1期，第6页。

新生社会/国家政权具有不可挑战的权威性,乃至神圣性,而且相信建立这种新生社会/国家政权的正当性是一脉相承的,或者说是一贯的。例如,西方社会中国家政权的合法性建立在西方人对上帝或耶稣基督之信仰的基础上,尽管现实社会中国家政权更迭频仍,但由于受基督教文化的深厚影响,西方人潜在地相信现实中的世俗政权是受上帝或耶稣基督庇佑的,现存国家政权都具有合法性,因而在西方人的内心中深藏着一种下意识或潜意识的秩序感。不过,在中国,人们对社会/国家政权之合法性的信仰却只存在于上古中国这一"愚昧时期"。经过这一时期之后,加之,缺乏宗教信仰以及由之衍生的宗教文化来阻断人们对现实政治的反思,中国这一特定时空中的新生社会/国家政权因而在人们的内心中会缺失立基于内在确信式政治共识的合法性。也就是说,前朝多次为其臣属颠覆或推翻这些政治经验事实的存在、西周统治者"皇天无亲,惟德是辅"[1] 这种"以德论天"式政治合法性论证[2]等情况的发生,逐渐乃至最终打破了中国人关于合法政权之建立的政治共识[3]。

缘于西周时期人们内心中内在确信式政治共识最终瓦解,中国社会出现了春秋战国时期"诸侯林立"的局面。当时的状况迫切需要一种理论学说来规范现实政治,以维续中国的炎黄文化命脉。孔子提出"仁"的学说[4],是要为当时中国社会合法政权的建立提供一种最低程度的政治共识,并且,将这种政治共识设定在当时人们所共同认同的家庭伦理

---

[1] 在平定西周属邦蔡国之君——蔡叔的反叛后,西周统治者仍立蔡叔之子,即谨守臣纲的蔡仲为蔡国之君。尽管如此,然西周成王却以蔡仲之父为例对蔡仲进行了严厉告诫,在告诫中涉及到对政权合法性的论证逻辑,即要修德以配天命,天命不是命定就归属谁:"率乃祖文王之彝训,无若尔考之违王命!皇天无亲,惟德是辅。民心无常,惟惠之怀。为善不同,同归于治;为恶不同,同归于乱。尔其戒哉!"(《尚书·蔡仲之命》)
[2] 参见杨泽波:《从以天论德看儒家道德的宗教作用》,载《中国社会科学》,2006年第3期,第40—42页;杨泽波:《中国"哲学突破"中的问题意识》,载《云南大学学报》(社会科学版),2006年第1期,第6页;杨泽波:《再论儒学何以具有宗教作用》,载《文史哲》,2008年第4期,第38页。
[3] 参见杨泽波:《从德福关系看儒家的人文特质》,载《中国社会科学》,2010年第4期,第53页。
[4] 参见冯耀明:《论语中仁与礼关系新诠》,载《国立政治大学哲学学报》,总第21期(2009年1月),第133—135页。

之上。

也就是说，自母系氏族社会时期演进到父系氏族社会时期，生活在中国大地上人们的社会生活方式逐渐定型①。当时的家庭中只允许有一个家长。因为这一缘故，加之，人口的"新陈代谢"，中国"政治"便首先展现在具体家庭中家长"权位"的争夺上。虽然如此，然不论家庭中的政治斗争多么残酷、复杂，但却总有立基于血缘或亲情关系的天然性基本共识。换言之，当时的中国社会一直存在着一种基于生物性的意识形态，即祖宗崇拜②：人们对家庭伦理始终存在着一种强烈的共识。因此缘故，具体家庭便是当时中国社会中人们进行种种政治活动的基本政治单位或基本思想单位。基于这样一种家庭伦理的认识或思维逻辑，当时中国社会中的人们会认为，在缺失关于合法政权建立之政治共识的社会中，任何人都可以通过其具体家庭在社会内部/国内政治竞争中建立起以他自己为中心、以其家庭成员为骨干的政权。不仅如此，而且由一具体家庭或家族来统治或治理整个社会这种政治形态得到了当时社会主流观念——家庭伦理观念——的认可，具有相当程度的正当性或政治合法性。

基于对当时中国社会政治现实的观察，以及对当时历史上政治实践的反思，孔子于是将家庭伦理上升为一种社会政治伦理：在孔子看来，一方面，既然人们对家庭存有强烈的共识，那么，将家庭伦理转化为整个社会的政治伦理，即用类似于家庭伦理的政治观念来打理整个社会，便会赢得社会中大部分成员甚或全体成员的认同；相应地，建基于家庭伦理之上的社会/国家政权便会得到当时中国社会主流意识观念的辩护和支持，为当时中国社会新生政权的建立赢得某种程度的合法性；这样一种政治状态也能较快恢复社会/国家秩序，暂时抑制"改朝换代"时期人们"王侯将相宁有种乎"的赌徒政治心理。另一方面，由一具体家

---

① 参见吕振羽：《史前期中国社会研究（外一种）》上，河北教育出版社 2000 年版，第 69—214 页。
② 参见葛兆光：《中国思想史》（第一卷），复旦大学出版社 2010 年版，第 23—25 页；刘泽华：《中国政治思想史集》（第一卷），人民出版社 2008 年版，第 9、26—27 页。

庭或家族建立社会/国家政权,其合法性基础或根据在于人们对家庭伦理的强烈认同,因而,当某具体家庭由社会中具体的小家庭变为社会/国家的统治者(即是说,整个社会/国家成为一具体小家庭的"私产"——"国—家")之后,这一具体家庭在其进行政治统治的过程中必须遵奉家庭伦理观念,顾及社会/国家的整体利益,担负起历史赋予其呵护社会的国家职责。之所以必须这样,是因为由一具体家庭所建立的新生社会/国家政权由于社会中人们缺失内在确信式政治共识,在根本上讲,这种社会/国家政权不具有合法性或政治正当性,因而,居统治地位的具体家庭必须厉行一种以其家庭成员及其周遭政治精英群体为权力骨干的暴力政治。与此同时,由于一具体家庭所建立的社会/国家政权在统治的过程中奉行家庭伦理,他们的政治统治经此方式能够掩盖其统治的暴力性质,常常只展现出统治的强力面相,甚或呈现出一种温情政治面相。

由此可见,孔子的政治哲学不问社会/国家政权来源的"原教旨主义"合法性或严格合法性而要求新生社会/国家政权统治者注重统治的具体过程和进行有成效的治理,利用当时社会中人们对家庭伦理的强烈共识,将家庭伦理上升为一种社会政治伦理,为此后中国新生社会/国家政权的建立提供一种最低程度的合法性或政治正当性根据,但却并没有解决(甚或更确切地说,由于西周时代伊始中国人关于合法政权之建立的合法性理念被打破了,从而也不可能解决)中国这一特定时空中社会/国家政权建立的合法性问题。尽管如此,但这也是那些已掌握政权而其政治权力来源又不合传统传承体制之新生社会/国家政权统治者所欲求的。正因为此,自西汉汉武帝(公元前156—前87)时始,中国社会中无法合法建立政权的新生社会/国家政权统治者在选择何种政治/道德学说作为其统治思想或官方意识形态这一问题上进行种种试错性实验后,最终将儒学或儒家思想纳为他们的政治统治思想。

汉武帝后,中国历朝历代统治者都将儒家学说作为他们的政治统治思想,儒学自此成为中国社会中的官方意识形态或此后的社会主流意识形态。与此同时,由于此后的中国,一直到晚清以前,不论是周遭政治环境或地理环境,还是以之为基础的中华文化圈政治关系环境都没有发生根本性的改变,中国社会因而受儒家思想的影响在一个相对封闭的文化政治空间中不断地进行政治制度上的"轮回"。这样一种文化政治环境及置于其间的政治实践逐渐养成了中国人的一种政治性格:

也就是说,在中国政治演进的过程中,由于中国人缺失关于建立合法政权的内在确信式政治共识,中国人在政治上几乎没有安全感,因而,除非中国社会出现了一个政治权力中心,形成了一种暴力政治,否则,中国社会便无法维持稳定的政治秩序;显见的是,这样一种政治现状在晚清以前的中国历史上是屡见不鲜的。中国社会的这种政治现实及社会中人们对家庭伦理观念的强烈认同,使得中国社会盛行着一种以小家庭或具体家庭为权力轴心的暴力政治,中国人的政治性格呈现出习惯于立基于具体家庭之暴力政治的面相;此为一方面。

另一方面,由于这种暴力政治秩序是建立在没有内在确信式政治共识的政治竞争基础上的,人人都有"彼可取而代也"的赌徒政治心理,因而,中国社会的政治秩序始终存在着一种深层的潜在危机。缘于此类政治现实对中国社会的危害性,典型如春秋战国时期诸侯混战对当时中国社会中人们正常生活的破坏性甚或毁灭性影响,孔子提出"仁"的学说,将家庭伦理提升为中国社会的政治伦理,为中国社会新生政权的建立提供了一种最低程度的合法性。在儒家学说被选定或不断确认为中国社会的官方意识形态之后,以孔子为代表的儒家学说为中国社会政治的暴力运行披上了一层家庭伦理"面纱",中国人的政治性格中也随之呈现出习惯于温情政治的面相。

(二)政党制度的生成根源:基于中国人政治性格的分析

在厘出中国人的政治性格后,人们会很自然地关注中国人的政治性格与新中国政党制度的形成这二者之间的关系。概言之,新中国政党制度是中国西周以来或古代中国及其以前时代以来所逐渐形成之中国人政治性格的一种表征或结果。

一般而论,人是一种特定空间中的社会存在和特定时间里的历史存在。尽管人们要受到社会和历史环境的影响,但由于人具有超越必然性的自由意志①,因而,有什么样的人或群体便会有什么样的社会政治制度。基于这样一种显见的思维逻辑,一种政治制度的诞生因而便往往是人为的产物,要受到生产这一政治制度之人或群体的政治性格的影响。在这种意义上讲,新中国政党制度这一基本政治制度的形成在很大程度上讲源生于中国人的政治性格。

面对这一论断,人们首先会面临这样一种质疑或疑问,即中国人的政治性格不会变吗(尤其是中国人在经历近现代革命的"洗礼"之后)?就这一问题而言,回答是否定的。中国人的政治性格之所以在经历中国近现代革命之后仍具有历史的延续性或稳定性,主要有以下方面的原因:

首先,农民是中国人政治性格的"稳定器"和传承者。由于现实社会中的种种原因,比如他们的文化程度、生活环境,以及他们所置于其间之大的政治生态环境等,中国农民的政治文化很难——即便是在风云变幻的近现代革命时期——与社会新潮政治文化同步。尽管在特定条件下——比如革命时期,他们中的部分人——比如能跟上时代的青年人、中年人等——可能会受新潮政治文化的影响甚或支配,中国农民群体中的传统政治文化可能会暂时性地受到抑制,但一旦这一条件弱化甚或消失后,具有深厚历史文化因素或群众基础的中国传统政治文化又会重新盛行起来并再度支配他们。在这样一种传统政治文化氛围中,中国农民有(抑或只具有)依据这种政治文化中所蕴含的思维逻辑进行行动的底气或合法性。因为这一缘故,中国人的传统政治性格便整体性地得以养成并延续。与此同时,社会成员政治性格的形成也会培育和延续社会中的政治文化。基于这样一种认识或思维逻辑,鉴于中国农民是一个相对封闭的群体,并且中国人的主体部分又始终是农民或文化思维上的农民,占人口绝大多数的中国农民迄今为止便仍会是中国人政治性格的"稳定器"和传承者。

其次,受过教育且具反思能力的知识分子是中国政治文化的变革动力。知识分子是中国政治文化的变革动力,话虽如此,然缘于受整体性

---

① 参见赵汀阳:《每个人的政治》,社会科学文献出版社2010年版,第164页。

比较视野下的中国政治研究
比较视野下新中国政党制度的正当性原因的探求

中国社会政治文化的影响,在现实政治实践中,他们内在的传统政治性格往往会凸显,并会下意识地支配着他们的行为活动。也就是说,知识分子是一个社会中对政治文化最敏感的群体,新的外来政治文化往往是由他们输入其所置于其间之社会当中的。与此同时,也要认识到,知识分子并非铁板一块,他们中的很多人来自不同的社会阶层,并且,他们也一直受到中国传统历史文化的熏陶。因为这些缘故,知识分子可能会受新政治文化一时的强烈影响甚或支配,但在面对现实生活中的政治问题时,他们又会不自觉地受中国人传统政治性格的深刻影响。这一情形集中表现在:在中国近现代社会革命过程中,来自于异质性文明体或文化体的异域政治思想——比如西方政治思想——只不过是中国社会中知识分子取得其政治地位的理论工具。也就是说,他们成长于其间的政治场域惯习会使得他们内在地或潜意识地抵制对异域政治思想的实际践履,而是借用异域政治思想的外壳来实际性地践履中国传统政治文化中的政治逻辑。

再次,中国人的整体性生存处境并没有发生根本性的改变。一般而论,人们的政治性格会受历史传统的影响,然若人们的整体性生存处境有重大变化的话,人们的政治性格在很大程度上也会有不同的展现形式。政治是经济的集中体现,人的政治性格往往与其经济能力有关。如果一个社会的经济财富总量有限,有如美国政治哲学家——约翰·罗尔斯(John Rawls,1921—2002)教授所说,"社会财富的总量大致是固定的,因此一个人的所得就是另一个人的所失"①,那么,社会中人们必然会通过他们所信赖的政治单位竭力为自己及其所隶属之群体、阶层或阶级捞取利益;这是问题的一个方面。问题的另一方面是,如果一个社会的经济状况一直没有发生根本性改变,那么,人们的政治性格也就不可能会展现出别样的形式。基于这样两方面的认识或思维逻辑,综观中国历史,虽然中国经济自新中国成立后整体上保持了持续发展势头,但人口

---

① 〔美〕约翰·罗尔斯:《正义论》,李少军等译,台北:桂冠图书股份有限公司2003年版,第499页。

增长也快，人们的整体性生存处境并没有发生根本性的改变，中国社会中仍有许多人没有解决温饱问题，中国社会中人们的这样一种生存处境会迫使他们依然利用自己最信任的政治单位（比如"家庭"、"家庭/家族"之近代以来的新表现形式——"政党"等）去攫取并维持自己的生存利益。

正是基于以上三方面的主要原因因素，我们认为，中国人的政治性格具有相当程度的历史连续性或稳定性。如果是这样的话，新中国政党制度的形成仍会受中国人一以贯之政治性格的深刻且有力的影响。

具体来讲，鸦片战争伊始，中国被强行纳入由西方国家主导的资本主义世界体系，"中国……被外部的现代化力量强行拉入现代化发展潮流"①，中国的周遭政治关系环境发生了根本性改变。即是说，鸦片战争以前的中国主要是原中华文化圈中的中国，此后的中国是由中华文明与西方文明所构成之文明际社会或国际社会中的中国，是由西方国家主导之世界结构体系中的中国。近现代中国历史表明，中国既有的以家庭/家族为组织理念的家—国政治组织模式②（即家—天下的皇朝政治组织模式或郡县制政治组织模式）在面对民族危亡的时刻无法有效凝聚社会力量，对内维护社会秩序的稳定，对外捍卫全体中国人既有的生活方式或本国的国家利益。

这样一种情况的出现严重影响并关涉到全体中国人的政治理想图景③问题。中国人的政治理想图景问题是指中国人关于像家一样的社会生活是一种善生活的历史的现实性想象，并集体性地意欲以强制力为后盾之种种手段去予以捍卫；"历史的现实性想象"是指基于社会历史信

---

① 林尚立等：《新中国政党制度研究》，上海人民出版社2009年版，第9页。
② 参见〔加〕贝淡宁：《儒家与民族主义能否相容?》，徐志跃译，载《文化纵横》，2011年第3期，第113—115页。
③ 参见邓正来：《中国法学向何处去——建构"中国法律理想图景"时代的论纲》（第二版），商务印书馆2011年版，第16—17页；姚选民：《谁之"法学"？何种"理想图景"?》，载《社会科学论坛》，2012年第7期，第243—244页；姚选民：《西方民主促进问题管窥——一种政治哲学视角》，载李路曲主编：《比较政治学研究》2013年上卷，中央编译出版社2013年版，第98—99页；姚选民：《罗尔斯的政治理想图景：基于〈正义论〉中正义二原则推演过程的分析》，载邓正来主编：《西方法律哲学家研究》，中国政法大学出版社2013年版，第232—245页。

息的传承，当下的中国人能够切身感受到逝去历史的鲜活存在，并对既有逝去之历史的诸种美好产生一种憧憬或怀念："传统的宗法式的田园诗般的关系使他们眷恋不已，传统的理想化了的均平至上原则与小生产基础上自然经济封闭式体系的安全恒定，仍然吸引着他们。"① 一般而论，人们的理想总是牵引着人们的行为，人们的政治理想图景会影响——乃至决定——人们会看重什么，或者选择什么。基于中国人政治理想图景概念的基本内涵，中国人的政治理想图景源生于中国的历史文化传统，中国人的政治理想图景会影响——乃至决定——中国人看重家庭及其伦理："国亡他可以不管，以为人人做皇帝，他总是一样纳粮；若说到灭族，他就怕祖宗血食断绝，不由得不拼命奋斗。"②

也就是说，缘于儒家思想业已内化为中国人的生活方式，并基于对现实生活的体察和反思，不难发现，家庭是中国人生活的中心。每个人都在围绕自己的具体小家庭在转。这种生存处境使得中国人都遵奉一种以自我为中心的"各顾各家"的"小家庭"思维。当在具体的小家庭里生活时，人们是按家庭伦理办事；而当进入到小家庭以外的大家庭——即社会或国家——中时，人们是用相对弱化的家庭伦理来处理种种社会关系，亦如费孝通（1910—2005）先生所说的"差序格局"③。由于中国人这种以自我为中心的"各顾各家"式小家庭思维习惯，中国社会中人们当其"穷"的时候，便可能只是"独善"其小家庭，而当其"达"的时候，则会"兼济天下"。基于这样一种认识或思维逻辑，中国人的整体性生存处境及其"小家庭"思维模式便使得大部分中国人只能够关注他们自己的具体小家庭，而往往无力去关注他们的"大家庭"，即国—家。

因此缘故，整个中国社会便呈现出"家—国结构"这样一种强家弱

---

① 林尚立等：《新中国政党制度研究》，上海人民出版社2009年版，第62页。
② 《孙中山文选》，九州出版社2012年版，第45页。
③ 参见费孝通：《乡土中国·生育制度》，北京大学出版社1998年版，第24—30页。

国的社会面貌。① 在西方资本主义侵袭中国以前，由于中国自古以来的"地大物博"，基于自己的物理资源，比如人力资源、物产资源等，即便在由某特定家庭或家族——比如中国晚清以前各朝各代的皇族——进行粗放型经营，这种管治或经营方式也足以捍卫中国人"一盘散沙"式②社会生活方式。"中国人最崇拜的是家族主义和宗族主义，所以中国只有家族主义和宗族主义，没有国族主义。外国旁观的人说中国人是一片散沙，这个原因是在什么地方呢？就是因为一般人民只有家族主义和宗族主义，没有国族主义。中国人对于家族和宗族的团结力非常强大，往往因为保护宗族起见，宁肯牺牲身家性命。……至于说到对于国家，从没有一次具极大精神去牺牲的。"③ 然而，时过景迁，当西方资本主义世界侵袭中国时，其精湛的科学技术和有效的人力组织方式使得中国社会既有以家庭/家族为组织理念的家—国政治组织模式（即家—天下的皇朝政治组织模式或郡县制政治组织模式）无力抵御西方人的侵略。面对近现代这样一种国家间政治竞争的时代困局，当时的中国人不得不去寻找新的凝聚社会力量的方式或途径。

基于近现代中国惨痛的经验教训，以及对当时他国政治经验的借鉴，近现代中国人发现，中国国家强大政治权力的形成需要"政党"这种新的政治组织手段。然而，近代中国凝聚社会力量之政治组织手段的转变，其中一个很重要的原因是：家庭/家族是一种相对"陈旧"的观念，具有"狭隘"的私性外表，以家庭/家族为旗帜，其凝聚社会力量的能力在外来政治思潮——尤其是西方政治思潮——的冲击下必然会弱化，甚至会导致其社会号召力的全然丧失。而另一种政治组织手段——"政党"——则颇具号召力，这是因为：一方面，政党在当时是一种相对"新"且"正统"、时髦且体面的政治组织手段，具有自由主义式民

---

① 参见秋风：《儒家转型与当代中国的道德重建》，载《文化纵横》，2010年第2期，第47页。
② 参见林尚立等：《新中国政党制度研究》，上海人民出版社2009年版，第35、38页；《孙中山文选》，九州出版社2012年版，第44、71—72页。
③ 《孙中山文选》，九州出版社2012年版，第3—4页。

主的面孔①，能得到国际社会或世界范围内的认同；另一方面，中国政治自古具有"结党"的传统，政党这种组织手段能够充分、有效地利用中国人既有的家庭/家族政治力量，实现中国政治的现代形式转换，调动起全体国人的政治热情。

　　缘于对内维护稳定的社会秩序，对外捍卫国人的生活方式或本国的国家利益这一近现代中国时代使命的存在，近现代中国如果要形成一种稳定的国内秩序并捍卫全体中国人所想望的生活方式，这就必然要求在"逐鹿中原"的中国政治竞争过程中形成一个强大的政治权力："中国迈入现代化的时候，社会不但没有形成一个新兴的主导力量，相反，在军阀割据下，陷入四分五裂的无政府状态。在这样状态下，国家发展的首要任务自然是建立一个核心主体，成为社会与国家的中坚。"② 然而，缘于中国人一贯的政治性格，在中国这样一种政治文化环境中，这一强大政治权力的内部必须是稳固的，而且这一强大政治权力的中心必须是唯一的，否则，中国社会的政治秩序又会呈现出以往的分裂、动荡状态。缘于这样一种时代使命，中国共产党当时以极具号召力且揭示出人类社会内在发展规律的深刻理论——马克思列宁主义——为指导，借用政党这一新的组织理念或形式，充分利用中国人的传统政治智慧将马克思主义中国化，凝聚各种革命或社会力量，在近现代中国赢得民族独立和国家自主的政治竞争过程中，逐渐成为当时和以后中国这一特定时空中强大政治权力的中心和核心③："正是对中国革命的深刻把握和有力推动，中国共产党准确地定位了自己的责任与使命，战略与策略，价值与目标，根基与空间；并在推动革命进程中形成对革命的主导权，在统一战线的广泛联合中形成了从边缘到中心的位移，最终成为全社会、全民族的领导核心力量。"④ 一旦在中国社会形成一个稳固且强大的政治权力中

---

　　① 参见林尚立等：《新中国政党制度研究》，上海人民出版社2009年版，第44—49页。
　　② 林尚立等：《新中国政党制度研究》，上海人民出版社2009年版，第10页。
　　③ 参见王涛：《文明国家与政党国家——中国共产党构建之国家体制的历史意义》，载《文化纵横》，2011年第1期，第70页。
　　④ 林尚立等：《新中国政党制度研究》，上海人民出版社2009年版，第22页。

心或核心,中国社会的政治秩序便渐趋稳定。

晚清以来中华民族的伟大复兴①或新中国的成立及其和平崛起表明,以政党为组织理念的中国共产党领导的多党合作与政治协商这一"国—家"政治组织模式(以由中国共产党主导的党—国政治组织模式为代表)能够有效凝聚社会力量,对内形成稳定的社会秩序,对外维护国民既有的生活方式或本国的国家利益,以适应新的国际政治关系环境。

具体来讲,本来,一个社会如果其外部生存环境没有发生根本性变化,在其经历相当长之相对稳定的社会政治实践后,都会有按其既有政治运行习惯进行运转的惯性。然不幸的是,晚清以来,中国被强行纳入资本主义世界体系②,发生了李鸿章(1823—1901)在《复议制造轮船未可裁撤折》中所说的"此三千余年一大变局也"③。近代中国惨痛的历史事实表明,既有以家庭/家族为组织理念的家—国政治组织模式(即家—天下的皇朝政治组织模式或郡县制政治组织模式)出现了积聚社会力量的失效。基于自我历史经验教训,同时受他国政治经验的影响,中国人遂尝试以政党为组织理念或方式的"国—家"政治组织模式(即党—国政治组织模式)来凝聚社会力量。近现代中国的政治实践表明,政党成为了更有效凝聚社会力量的组织核心。其原因除前面涉及的外,政党这一组织理念还能在近现代中国内忧外患的背景下,在一定程度上抑制中国人以自我为中心的小家庭政治思维习惯,彰显和张扬中国人的"天下"情怀,此为一方面。另一方面,政党也能在一定程度上满足中国人内心对具体小家庭观念的内在心理需求。

尽管政党这一组织理念相较于具体的家庭/家族组织理念更为进步或先进,在凝聚社会力量的能力方面出现了质的突破,但是,由于中国

---

① 参见姚选民:《试论中华民族的伟大复兴及其基本条件——美国对外关系史对中国的启示》,载《湖南行政学院学报》,2014年第4期,第22—30页;姚选民:《雷锋精神与中华民族伟大复兴——一种政治哲学视角》,载《船山学刊》,2014年第4期,第94—100页;姚选民:《弘扬雷锋精神,助力中华民族伟大复兴》,载《湖南日报》,2014年3月4日第011版。
② 参见林尚立等:《新中国政党制度研究》,上海人民出版社2009年版,第9—10、18—19页。
③ 转引自梁启超:《李鸿章》,何卓恩评注,湖北人民出版社2004年版,第94页。

人对政党的奉献或"献身"不过是将政党当作新形势下具体小家庭的"替代品"。并且，一般而论，一个社会的分层复杂，一个社会不可能为一个政党所凝聚或完全囊括。① 因为这两方面的缘故，在近代以来的中国社会出现了以政党为中心的多元社会政治力量，当时的中国社会因而依然呈现出相对轻度的"一盘散沙"式现状。② 这种以政党为中心的多元社会政治力量的存在，虽说让中华民族凝聚社会政治力量的能力增进了，但近现代中国历史表明，这种凝聚力现状仍然不足满足实现当时中国时代使命的需要。

与此同时，自欧洲《威斯特伐利亚和约》签署以来，在西方社会或西方世界中盛行着一种"主权民族国家"理念。因为这一缘故，西方资本主义国家在非西方世界进行利益扩张的时候，也自动地将其所侵略的文化体视为一个个类似于主权民族国家的社会或国家。中国社会在遭受西方列强欺凌的过程中，种种条约——即便是不平等条约——表明，西方列强也将中国社会整个地视为一个类似于主权民族国家的社会。西方国家对当时中国社会的这种政治思维及其对当时中国社会的政治立场，迫使中国人萌生了自觉的民族认同，催生了当时中国社会中人们的民族/国家意识："凡中国以内，有能认国家利益高于一人或一派之利益者，宰相与明辨而公行之。"③ 这种民族/国家意识不可避免要对当时中国社会中以政党为中心的多元社会政治力量产生深刻影响。也就是说，尽管缘于中国人以自我为中心的"小家庭"政治思维习惯，当时中国社会中以政党为中心的多元社会政治力量出现了残酷的内部政治竞争，但近现代中国时代使命的存在、中华民族民族意识或中国国家意识的形成等情况，致使中国社会政治场域浮现出一种政治思潮，即以政党为中心的多元社会政治力量必须要形成一个稳定有序的结构化政治力量秩序，以率

---

① 参见林尚立等：《新中国政党制度研究》，上海人民出版社 2009 年版，第 10—11、44—49、55、127 页。

② 参见林尚立等：《新中国政党制度研究》，上海人民出版社 2009 年版，第 35、38 页；《孙中山文选》，九州出版社 2012 年版，第 3—4、44、71—72 页。

③ 《孙中山文选》，九州出版社 2012 年版，第 344 页。

先实现近现代中国的时代使命："中国社会性质与社会结构决定了作为核心力量的任何政党要支撑起中国革命和现代化的发展，都必须广泛联合各种积极的社会和政治力量，建立广泛的同盟，从而在巩固领导的基础上充分发挥核心力量的作用。"①

缘于近现代中国的时代使命，中国国民党首先在现代中国政治秩序的形成中占据了有利位势，成为了当时中国由以政党为中心的多元社会政治力量所构成之社会政治秩序中合法的主导性力量。然由于受中国人以自我为中心之小家庭政治思维的内在影响，中国国民党只注重其具体"小家庭"利益，厉行一种暴力政治，而无视中国人对温情政治的需求，甚至无视近现代中国人的时代使命："在今日，谁能领导人民驱逐日本帝国主义，并实施民主政治，谁就是人民的救星。历史已经证明：中国资产阶级是不能尽此责任的，这个责任就不得不落在无产阶级的肩上了。"② 中国国民党的这种政治运行方式遭到了当时其他以政党为核心之社会政治力量——以中国共产党为代表——的反对，并丧失了大多数中国人基于家庭伦理之最低程度政治共识的支持。

然幸运的是，在近现代中国政治秩序风云变幻的过程中，中国共产党抓住种种机会和转机，凝聚、发展和壮大中国社会革命力量，直面残酷的国内政治竞争，在首先实现其"小家庭"政治安全的情况下，逐渐成为了中国社会政治秩序中的主导性力量或领导力量："中国国民党在孙中山逝世之后，排斥和镇压异己政党，行一党独裁，而且自身内部因权力斗争而不断分化，最后在内耗和全社会的反对之中走向失败；而中国共产党基于统一战线，固结一切可以团结的力量，在加强自身集中统一，保证党的领导地位的前提下，主动联系和团结各政党力量，包括国民党，在不断扩大团结范围的过程中，使自身在社会与国家中的地位从弱小走向强大，从非法走向合法，从边缘走向中心，最终成为领导全社会、全民族的核心政党。"③ 与此同时，中国共产党意识到社会结构的复

---

① 林尚立等：《新中国政党制度研究》，上海人民出版社2009年版，第11页。
② 《毛泽东选集》（第二卷），人民出版社1991年版，第674页。
③ 林尚立等：《新中国政党制度研究》，上海人民出版社2009年版，第30页。

杂，即以其他政党为中心的多元社会政治力量的必然存在——"中国无产阶级应该懂得：他们自己虽然是一个最有觉悟性和最有组织性的阶级，但是如果单凭自己一个阶级的力量，是不能胜利的。而要胜利，他们就必须在各种不同的情形下团结一切可能的革命的阶级和阶层，组织革命的统一战线"①，并考虑到中国人对温情政治的内在需求，在主导现代中国社会政治秩序建构的过程始终以实现近现代中国的时代使命为自己的使命，逐渐形成了一种以自己为主导或领导的、合理有序的结构化政治力量秩序，并赢得了大部分中国人基于家庭伦理之最低程度政治共识的支持："不少党派选择与中国共产党结盟，团结在她四周，在民主宪政运动、政治协商会议、国共两党会谈等重大斗争中，与中国共产党密切合作，共同战斗。"② 可以说，正是中国共产党首先把她自己锻炼成一个坚固的政治"核心"，能够在全局上统制整个中国社会，并且在具体操作的过程中，满足了大部分中国人——尤其是政治精英——习惯于温情政治的政治心理，从而能够成为中国政治力量结构的主导或核心，并最终完成和实现近现代中国社会的时代使命。换言之，在近现代中国，由于受中国人习惯于以自我为中心之小家庭政治思维这种中国人政治性格的影响，中国共产党在近现代中国政治竞争中逐渐取得了主导或领导地位。并且，在此之后，中国共产党只是维续抑或加强这种主导或领导地位，并未通过法律从根本上消灭其他非敌对性社会力量③（主要表现为建国后内地八大民主党派④），尽管后来中国共产党与当时其他非敌对性社会力量之间的这种政治实践惯例有所"中断"。然在经历"波动"、恢复常态之后⑤，中国共产党尊重既往与各民主党派的政治合作实践传统，主动恢复既有的政治和谐关系。因为这些缘故，在中国现代国家建设的过程中，在中国大地上遂逐渐演化出了中国共产党领导的多党

---

① 《毛泽东选集》（第二卷），人民出版社1991年版，第645页。
② 林尚立等：《新中国政党制度研究》，上海人民出版社2009年版，第33页。
③ 参见林尚立等：《新中国政党制度研究》，上海人民出版社2009年版，第70页。
④ 参见林尚立等：《新中国政党制度研究》，上海人民出版社2009年版，第130页。
⑤ 参见林尚立等：《新中国政党制度研究》，上海人民出版社2009年版，第53—66、70—76、98—102、108—111、125—127页。

合作和政治协商这样一种政党制度："中国共产党领导的政党合作，不是一项策略行动，而是人民民主的内在要求，是中国共产党领导和实践的民主共和的具体体现，既符合中国革命的内在逻辑，也符合中国建设现代国家的基本形态，既有利于巩固和增强中国共产党的领导，也有利于维系中国社会内在的多元一体的结构形态……不仅革命时代需要进行政党合作，同样建设时代也需要这种政党合作。"①

由此可见，新中国政党制度的当下制度形式，即中国共产党领导的多党合作与政治协商制度，是中国西周以来或古代中国及其以前时代以来所逐渐形成之中国人政治性格的一种表征或结果。

四、结语

通过对《新中国政党制度研究》的阅读和反观，不难发现，虽说这部著作文本对新中国政党制度生成根源的探究不尽完美，但是，瑕不掩玉。林先生等对新中国政党制度形成原因的探究为我们进行接续性的思考或进一步思考——即对新中国政党政制生成根源的探讨——迈出了基础性的一步。正是在充分吸收林先生等对新中国政党制度生成原因的探究这种社会科学经验研究的基础上，我们从政治哲学研究的层面基于中国人的政治性格，对新中国政党制度的生成根源进行一种基于常理或常识性判断的结构性常识②式探索，试图对长时段之中国政治实践进行某种程度的整体性还原，以便我们能够充分理解新中国政党制度得以形成的深层历史政治运行逻辑，并希图充分展现新中国政党制度的正当性。

可以说，中国人的政治性格是古代中国及其以前中国社会的政治经验事实与以孔子为主要代表之儒家思想关于政权合法性的论说这两方面的因素对中国人共同作用，在自古以来之中国这一特定时空中所逐渐培

---

① 林尚立等：《新中国政党制度研究》，上海人民出版社2009年版，第27页。
② 参见高全喜、高超群：《重构中国人的世界想象》，载《文化纵横》，2010年第4期，第76—77页。

育成的。一方面，中国共产党领导的多党合作与政治协商制度是近代以来中国人当其面对国际国内困局时在其政治性格的潜在作用下所逐渐形成的有效政治制度，具有深厚的历史文化层面的正当性。另一方面，政治性格是人之人格或人性的重要方面，近代以来中国人缘于其政治性格最终铸就了中国共产党领导的多党合作与政治协商制度这一制度性事实表明，新中国政党制度具有人性层面的正当性。在此意义上讲，中国共产党领导的多党合作与政治协商制度是西周以来或古代中国及其以前时代中国社会所逐渐形成之中国人政治性格的一种表征或结果，具有历史文化层面的或人性层面的正当性。**CPS**

海外专论

马来西亚和新加坡：强国家的民主化[*]

〔美〕丹·斯莱特 著[**]

凌海 译[***]

【内容摘要】马来西亚和新加坡持久而稳定的威权主义统治导致这两个国家出现了异常强大的国家机器。如果马来西亚和新加坡能经受韩国和台湾那种强国家的民主化，那么早在1960年代国家威权主义产生之前就已经出现的强国家将继续有助于国家政治的稳定。相同的国家力量虽然能够促进向民主稳定的转型，但也使威权统治者能够预先阻止民主化。换而言之，能够使马来西亚和新加坡平稳地民主化的主要因素同时也可能是使民主化不发生的主要因素。

【关键词】强国家；民主化；威权主义；马来西亚；新加坡

马来西亚和新加坡的威权主义体制已经存在了很长时间，这在世界上其他地方似乎是没有的。这两个邻国首要的共同特点是强烈地蔑视经济发展与民主之间的相关性。如 Adam Przeworski 和 Fernando Limongi 所指出的："新加坡和马来西亚是经过长期发展变得富裕[①]，而且直到现在仍然

---

[*] 原文出处：*Journal of Democracy*, Vol. 23, No. 2, April 2012, pp. 19–33. 2012 National Endowment for *Democracy* and The Johns Hopkins University Press。

[**] 丹·斯莱特（Dan Slater）：美国芝加哥大学政治学副教授。

[***] 凌海：上海师范大学法政学院中外政治制度专业研究生。

[①] 根据世界银行的数据，新加坡 2013 年的人均国民收入为 54040 美元，位居东亚第一；马来西亚 2013 年的人均国民收入为 10432 美元，在东南亚地区仅次于新加坡和文莱。

保持威权统治的两个国家。"(Przeworski, Limongi, 1997)① 都被一个看起来似乎不可战胜的执政党统治了数十年,这两个政权也长期都似乎以"混合体制"为特征,在这两个国家,选举有时有相当的竞争性,但是这种选举竞争的强度从未导致过政权易手。把马来西亚和新加坡作为具有一种特点而划为一组的第三个原因是它们在所有的政治事务中都是以种族考虑为中心的,这是考虑到历史上马来穆斯林和华人的令人忧虑的关系②——前者在马来西亚是强大的多数,而后者则在新加坡具有支配地位(Reid, 2009)。③

然而,自冷战结束以来,马来西亚和新加坡在整体上已经变得较少具有这些特征了。首先,经济发展与民主并不必然是一致的观念已经很寻常了。有一些国家,威权主义与高速的经济增长相容(例如中国和俄罗斯),而民主则生存于非洲和拉丁美洲的一些最贫穷的角落,还有战争则发生于中东贫穷的角落。其次,尽管"混合体制"通常被认为是奇品,但"竞争性威权主义"④(Levitsky, Way, 2010)——或者更为广泛使用的"选举威权主义"⑤(Schedler, 2006)——现在是世界上最普通的政体形式之一(Ortmann, 2006)。⑥ 最后,就如马来西亚和新加坡长期以来的一样,如今越来

---

① Adam Przeworski and Fernando Limongi, "Modernization: Theories and Facts", in World Politics, Vol. 49, January 1997, pp. 155 – 183. 马来西亚和新加坡的GDP总量几乎相等,但是新加坡的人均GDP大约是马来西亚的五倍。

② 担心有人将"马来人"和"华人"的类别或者两者的分类视为永恒的或必然的,请参见 Anthony Reid, Imperial Alchemy: Nationalism and Political Identity in Southeast Asia, New York: Cambridge University Press, 2009, chs. 3 – 4, 作为一种精彩的历史记述。

③ 目前,在马来西亚总人口中,马来人约占55%,华人约占24%;在新加坡总人口中,华人约占74.2%,马来人约占13.4%。

④ 关于"竞争性威权主义",参见 Steven Levitsky and Lucan A. Way, Competitive Authoritarianism: Hybrid Regimes After the Cold War, New York: Cambridge University Press, 2010。

⑤ 关于"选举威权主义",这更明显地包含了马来西亚和新加坡,参见 Andreas Schedler (ed.), Electoral Authoritarianism: The Dynamics of Unfree Competition, Boulder, Colo.: Lynne Rienner, 2006。

⑥ 一种观点认为,新加坡最近已经从"封闭的"向"竞争的"威权主义转型,参见 Stephan Ortmann, "Singapore: Authoritarian but Newly Competitive", in Journal of Democracy, Vol. 22, October 2011, pp. 153 – 164. 所谓"竞争性威权主义"或"选举威权主义",就是指一个威权政体允许有形式上的多党选举,但同时又通过操纵选举、破坏选举的公正性来达到长期执政的目的。第三波民主浪潮之后,全世界约90%以上的国家实行了多党竞选体制,然而其选举的公正性程度却相差很大,许多国家存在大量的破坏选举公正的现象。也就是说,选举威权主义既不同于全面的专制,又区别与民主。据估计,目前全世界的选举威权主义国家大约60个。

海外专论
马来西亚和新加坡：强国家的民主化

越多的国家在为协调选举政治与种族紧张而奋斗。选举竞争对于种族矛盾的明显的贡献也许是从伊拉克到肯尼亚再到塞尔维亚所生动地表现出的，其命运取决于它维持和平的能力。在所有这些方面，马来西亚和新加坡看起来都越来越遵循全球规则而不是例外。

诚然，马来西亚和新加坡在所有这些方面存在着不同程度的差异；它们具有兄弟姐妹一样的相似之处（和竞争），而不是完全一样的双胞胎。但是无论如何，马来西亚和新加坡的威权主义所具有的共同特征都要比它们的选举、经济和种族政治更为深刻。国家机器异常的强势是这两个威权主义国家最鲜明的标识，而且这是柔佛州两边的这两个国家为什么能够如此稳定和持久最好的解释。当我们思考马来西亚和新加坡是否会民主化以及如果民主化可能会带来什么时，要记住国家强势是它们最重要的政治特点。

要预测这些异常持久的威权政权会走向何方，就需要知道这些政权背后异常强势的国家来自何方。最重要的是马来西亚和新加坡的执政党并没有像建设自身那样来建设它们强有力的国家机器。这些强大的利维坦最初是在1940—1950年代殖民统治后期，英国殖民当局和地方精英之间的一种异乎寻常地强烈的反对革命的合作的产物。因此，强国家先于马来西亚的巫统和新加坡的人民行动党而进行统治。继而，给人印象深刻的是国家权力比这些威权执政党更为长久，而这些执政党放松了自己的威权主义控制甚至放松了权力。

国家权力是一种远远比威权主义统治更有助于政治稳定的可靠资源，尽管它也是非常难于建构的（Slater, Fenner, 2011）。[①] 国家权力一旦被建构起来就不再依赖于政体的类型；民主政体当然也能够拥有类似于专制政体所拥有的强国家。就如这些国家的统治者所断言的那样，因为民主化不会削弱马来西亚和新加坡的利维坦，所以民主化也不会带来政

[①] 关于在威权主义环境中国家政权的区分，以及国家权力在持续的耐久的威权主义中所扮演的角色，参见 Dan Slater and Sofia Fenner, "State Power and Staying Power: Infrastructural Mechanisms and Authoritarian Durability", in *Journal of International Affairs*, Vol. 65, Fall – Winter 2011, pp. 15 – 29。

治不稳定。当威权主义被广泛地认为是一种必要的政治稳定器时，它是最强大的，马来西亚和新加坡威权主义的耐久性就是基于这一认知的基础之上。因此，对于民主化之后是否能够保持稳定的评估是马来西亚和新加坡是否进行全面民主化的关键所在。

在这方面，东北亚提供了有价值的比较功课。尽管马来西亚和新加坡的政治具有特殊性，但是它们的制度变迁将构成我称之为"强国家的民主化"的这一更具普遍性的历史进程的新的实证。除欧洲外，东北亚是这一领域的开拓者。日本在1940年代经历了强国家民主化，韩国在1980年代、台湾在1990年代也发生了同样方式的民主化。它们都在威权主义终结后继承了具有耐久性的国家权力的遗产，就如继承了潜在的政治稳定性和有效的统治那样。

在威权主义的条件下，经过了几十年国家主导的发展和贫困的减少，产生了温和的以中产阶级为主体的选民，他们在选举中避开了激进的政策并倾向于保守的前威权政权的执政党。当像韩国和台湾那样，强国家的独裁培育了相对繁荣和稳定的民主化时，稳定和民主就同时发生了。放松威权控制并不意味着放松利维坦。

但是，具有讽刺意味的是，这个有利于向民主稳定转型的国家力量也使统治者能够长时期地阻止民主化，更为擅长于把稳定作为支配性的管理方式。因此，能使马来西亚和新加坡的民主化平稳发展的主要原因，同时也是民主化可能根本就不会发生的主要原因。

一、霍布斯的起源

考虑到霍布斯的驱动这种特性形成时期的动力学，把马来西亚和新加坡的国家机器叫做"利维坦"是恰当的（Slater，2010）。[①] 日本在"二

[①] Dan Slater, *Ordering Power*: *Contentious Politics and Authoritarian Leviathans in Southeast Asia*, New York: Cambridge University Press, 2010, chs. 4 and 8.

海外专论
马来西亚和新加坡：强国家的民主化

战"时期对东南亚的短期占领基本摧毁了该地区战前的最低限度的殖民国家结构，而日本在韩国（1910—1945）和台湾（1895—1945）的更为长久和更为强势的殖民统治产生了更为强大的政府和强制性的行政结构。日本的占领在东南亚也导致了国家建构，但是间接地是通过受共产党鼓动的武装抵抗运动进行的。在日本投降后，这些运动成为对回归的西方殖民主义的主要挑战，激发了广泛的国家建构的努力，以应对下层的爆发性威胁。

马来亚[①]和新加坡比东南亚其他地方更多地发生了由战时抵抗日本侵略运动转变为战后强大且激进的劳工运动的情况。[②] 城市的战斗状态激发了英国和它的当地合作者的广泛的国家构建的努力。这在这两个国家中最初为控制劳工采取了重组国家强力部门的形式，在马来亚完全地镇压了暴动。到1950年代初期，英国殖民当局已经真正地成为警察国家，有了有效地强行控制当地的共产党和左翼极端分子的行政机构。[③]

英国当局也通过努力进行重要的行政改革和强行对经济精英课税来回应左翼和社会反叛者。这把这两个国家和任何不断进行改革的制度都会置于坚固的财政基础之上。马来西亚和新加坡的国家建构者通过在1947年引入对个人和公司征收直接税政策而在国家构建方面取得了最大的成功。它对过去的财政战略进行了重大的改变，在"二战"前，这是东南亚仅有的两个没有重要的直接税征收体制的国家。正是在战后初期，马来西亚和新加坡就开始超过诸如菲律宾和泰国这些邻国征收直接税的能力：一种从那时到现在使马来西亚和新加坡卓越的能力。

1951 年的左翼骚动给殖民官员提供了设立"马来亚雇员准备基金"

---

① 直到1963年，马来西亚联邦成立，马来亚才改名为马来西亚。
② 1946年，新加坡多次爆发反对殖民统治的罢工，其中较大的是1月29日的工人总罢工，约20万职工参加；1948年，马来亚罢工工人与殖民政府的冲突日趋激烈。在柔佛的一个种植园里，罢工工人与警察发生冲突，警察打死7人，打伤10人。
③ 1948年6月18日，英国至殖民当局宣布马来亚进入"紧急状态"，马来亚共产党与泛马来亚自由工会、马来亚民族抗日军老同志协会等左翼组织被宣布为非法，马共武装遭到镇压。24日，紧急状态扩展到新加坡。根据政府颁布的《紧急法令》，授予警察任意逮捕与监禁的权力。

的政治机会，这是在发展中世界设立的第一个这种基金。1955年，英国当局对新加坡的华工和学生的骚动及恶化的状况作出了同样的回应，实行了以名为"中央公积金"的义务存款制度。这些基金确保了全国储蓄的多数掌握在公共部门而不是私人手中，增强了高税收国家的财政力量。因此，有大量岁入和擅长进行广泛干预的国家机器在后来征用它的执政党之前就产生了。

在马来西亚和新加坡的后殖民时代，英国在精心制定新制度方面的成功总是依赖活跃而强有力的当地精英的支持。这种支持是建立在"强国家制度对遏制地方自治主义与激进左翼合流所形成的重大威胁来说是必要的"这一当地精英认同的观念基础之上的。由于来自于下层的威胁持续到独立以后，所以国家权力不仅仅是从这两种情况中继承下来的，而且它在巫统和人民行动党掌权后也得到强化。

尽管人民行动党和巫统都是以高度威权主义的方式进行统治的，但他们最初都是以民主的方式取得政权的。当1950年代殖民后期的官僚政治让位于民主选举政治时，这两个政党承诺改造国家权力以提供公共物品，从而获得了群众的支持。由于马来西亚[①]和新加坡[②]的政治稳定是强健的执政党与高效的国家所结合的产物，所以值得注意的是这两个政党首先是通过激烈的民主竞争而不是威权主义的霸权地位而赢得了稳定的跨阶级的支持。

尽管马来西亚的巫统在人民行动党之前执政，但是可以看到它的表现和声望很快下降了。在通过一系列的非殖民化的选举而获得权力之后，巫统领导的多种族联盟在独立后的1959—1964年一直保持着议会的

---

① 从1951年开始，马来亚政府逐步推行自下而上的民主选举，增加各级议会中由选举产生的议员的比例。1952年，在吉隆坡市议会选举中，巫统和马华公会联盟获胜。1954年，巫统和马华公会正式组成联盟党。1955年，马来亚印度人国大党加入联盟党。1955年，在马来亚立法会选举中，马华印联盟党赢得了压倒性的胜利，获得了52个议席中的51席。马来亚历史上第一届由本地区政党执政的民选政府诞生，巫统主席兼联盟党主席东古·拉赫曼出任首相。

② 1955年，新加坡举行第一次立法会议选举，人民行动党赢得3个议席。1959年大选，人民行动党赢得了全部51个议席中的43席，李光耀出任总理，组成自治邦首届政府。

绝对多数。但是它没有对马来社区和华人社区要求重新分配的压力进行回应而引发了1969年大选的冲突。随着在执政联盟之外的马来人特别是华人的民粹主义的挑战者取得了令人惊奇的进展,执政联盟丧失了国会的三分之二绝对多数。选举后的骚乱使华工阶级反对党与支持巫统的马来人陷入争斗,这促使巫统领导人宣布《戒严法》并使国会暂停了两年。① 在这个选举的中断期出现了一种更为威权主义的政治安排,通过将原来的联盟扩展为一个更为广泛的政党联盟——国民阵线,从而恢复了政府的三分之二多数议席（这一优势一直持续到2008年）。②

　　类似地,人民行动党也穿越了民主的浅滩,到达了威权主义统治的平静海岸。由于建立了一个跨阶级的包括激进左翼主义和较为保守的准民族主义的运动,人民行动党在1959年引领新加坡自治的选举中轻易地取得了胜利。③ 该党很快开始调整国家权力以回报劳工的支持。但是在资本主义环境下的国家供给不是人民行动党的激进成员所想象的那样。该党的反共产主义精英远少于亲共产主义的群众。1961年人民行动党突然发生了分裂,党的保守派领导借助严厉的《安全法》镇压了激进的工会成员,作为左翼工人阶级领导的社会主义阵线从人民行动党中分裂了出去。④ 这迫使人民行动党凝聚和组织支持它的群众,建立起自己的劳工组织。

　　尽管在社会层面上一度失去了其最强有力的支持者,但人民行动党反而可以通过与国家的联姻而壮大起来。通过精心建立"政治领导与行政官僚的联盟"（Khong, 1995：115）,人民行动党获得了足够的强制性的

---

① 1969年"513种族冲突事件"造成了马来西亚史前所未有的严重后果。据统计,此次冲突共造成196人死亡,439人受伤,39人失踪。
② 1974年,作为马华印联盟党的继承者,国民阵线成立,除了联盟党的成员之外,又纳入了4个前反对党。国民阵线最多时拥有14个成员党,是马来西亚最大的政党联盟。
③ 1954年,新加坡人民行动党成立,李光耀主动与控制着4万多人的工会左翼运动领导人林清祥联合,使人民行动党中原有的中产阶级积极分子与工会结合起来,形成一股强大的政治力量。
④ 1961年,人民行动党发生内部分裂,以林清祥为代表的党内激进派与以李光耀为代表的党内温和派分道扬镳,另组"社会主义阵线"。

政府权力以压制反对派。① 制度镇压是政党国家的武器库中最强硬的工具,它最令人生畏的运用是1963年2月的"冷库行动"(Operation Coldstore),当时拘留了24位反对派领导人和一百多名左翼积极分子。在接下来的选举中,人民行动党获得了国会51个席位中的37席。随着地位的巩固,人民行动党领导人很快命令多次逮捕和驱逐反对派以使他们的希望破灭。但是人民行动党的统治只是在新加坡有效,随着新加坡即将并入马来西亚联邦,人民行动党不得不继续动员群众支持以参加整个马来西亚的大选。

新加坡并入马来西亚的时间很短(1963—1965),这期间情况变得很糟糕,人民行动党与巫统之间的关系越来越紧张,导致社会矛盾再次激化。最终,新加坡被联邦驱逐,使这个岛成为一个独立的城市国家,但由此人民行动党可以不受约束地追求威权主义的一党统治。因此,1965年的新加坡像1969年的马来西亚一样,以民主方式获得统治权的政党变成了今日为世界所知的威权主义执政党。像它们的殖民前辈那样,人民行动党和巫统利用左翼不利于政治稳定的特性和社会矛盾建立了这种承诺防止争斗重现的政治制度。

这些类似于霍布斯起源的结果是马来西亚和新加坡的威权主义是建立在"保护协定"基础上的——这个协定是以作为反对特殊的争斗型政治的威胁、为增强国家权力和收紧威权控制而结合起来的广泛的精英联盟为基础的(Slater, 2010)。② 但是国家力量的提升远在这两个政党的威权主义收紧之前。当这些执政党向威权主义转向导致制度的性质发生变化时,接踵而至的国家构建却只是国家权力的增量性变化。

回想1940年代中后期以来的情况,左翼骚乱和社会斗争的暴发导致了新加坡在1960年代中期和马来西亚在1960年代后期进行了一段新

---

① Cho-Oon Khong, "Singapore: Political Legitimacy Through Managing Conformity", in Muthiah Alagappa (ed.), *Political Legitimacy in Southeast Asia: The Quest for Moral Authority*, Stanford: Stanford University Press, 1995, p. 115.

② Dan Slater, *Ordering Power: Contentious Politics and Authoritarian Leviathans in Southeast Asia*, New York: Cambridge University Press, 2010, chs. 5.

海外专论
马来西亚和新加坡：强国家的民主化

的国家构建工作。在马来西亚，令人震惊的1969年种族暴乱致使政治中心收紧了对边缘的控制，导致了一个时代的"明确的集中化"（Tilman，1976）。[①] 此后，马来西亚的政治领导人在国家层面上从未被能够对抗自己的权力中心所有效地限制，甚至他们在全国选举失利时也是如此。

在新加坡和马来西亚，强化和开发它们所继承的强制性和汲取性制度是威权主义国家构建的核心。在财政方面，巫统和人民行动党增强了原有体制已经很强的税收汲取能力。最值得关注的是雇员准备基金和中央公积金为这两个国家提供了用财政铁钳钳住迅速成长的中产阶级的有效机制。这两个强制性的政体对它们减少对国外的金融依赖和进行国内政治镇压作出了贡献。新加坡和马来西亚的雇主和工人的贡献率被认为是世界上最高的（Asher，1994）。[②] 由于数十年来财政收支的失衡，政治领导人总是拥有大量可动用的贮蓄来用于政治操作，而且享有最大的灵活性和最小的责任性。

国家权力也是继承和强化了强制性的一面。政府政治权力最初的扩张是为了应对社会和左翼的骚乱，但是长期对自己所宣称的对制度的威胁进行反击就不那么合理了。新加坡（1965）和马来西亚（1969）在向威权主义转型后，给予人民行动党和巫统成文的授权，让它们去做它们在实际上已经在做的事情，这得益于殖民后期国家建构的有利的遗产。

总之，在马来西亚和新加坡，国家已经成为对其进行控制的威权主义体制的理想的权力机构，这在很大程度上可以解释为什么巫统和人民行动党从来都没有失去政治控制，甚至没有出现危机。由于它们最初存在的理由是，政治共同体中存在着普遍的不稳定，需要威权主义来维持稳定。所以马来西亚和新加坡民主化的前景取决于民众的认知，即民主和稳定是否能够兼得决定着民众是否支持民主化。

[①] Robert O. Tilman, "The Centralization Theme in Malaysian Federal-State Relations, 1957 – 1975", Institute for Southeast Asian Studies (Singapore), Occasional Paper No. 39, May 1976, p. 63.

[②] Mukul G. Asher, "Issues in Forced Savings and National Economic Development: The Management of National Provident Fund Systems", in Al' Alim Ibrahim (ed.), *Generating a National Savings Movement*, Kuala Lumpur: Institute for Strategic and International Studies, 1994, p. 238.

二、强国家的民主化

马来西亚和新加坡相似之处是，国家权力是服务于执政党所珍爱的政治稳定的。担心种族冲突和激进主义扩展是进行威权主义统治和国家构建的最初动机，那么，如何解开威权主义和国家权力之间的结，如果马来西亚和新加坡进行强国家的民主化，那么政治稳定的后果会怎样？

如果马来西亚和新加坡进行制度变革的话，前面所讨论的国家制度不会失去其重要的能力，这包括财政汲取制度，诸如雇员准备基金、中央公积金和征收直接税的政府部门。同样重要的是，民主化并不会妨碍保护公共秩序的强制性制度，民主甚至要对公民进行监督和管制，但是很少有新的民主制度在这方面做得像马来西亚和新加坡这样专业和有效。这不仅仅因为这两个国家的强制性制度是有效的，而且因为它们是文明的。虽然军事政体的主要镇压机制通常会在民主化的过程中崩溃，但是拥有强大政党和民事警察机构的威权政体在政体转型时不一定会中止它维护公共秩序的作用。

当然，在近代亚洲的历史上，一党长期执政的强国家最先进行民主化的并不是马来西亚和新加坡，而是韩国和台湾。在韩国，1987年民众高涨的民主化压力迫使执政的民主正义党指定的总统继任者卢泰愚率先开始了自由化进程。在几乎同一历史时刻，台湾政府提前放松了威权主义控制。在民众要求改变制度的压力并不是很强的情况下，蒋经国取消了《戒严令》和国民党一党统治。在韩国和台湾的执政党放松威权主义控制四分之一世纪之后，它们可以为马来西亚和新加坡的强国家的民主化提供什么经验和教训呢？

最重要的经验是强国家的民主化并不意味着政治不稳定。台湾和韩国的相对稳定有三个主要来源。第一，找到适合自身条件的和宪政的方式进行民主化，确保国民党和民主正义党在新的民主时期仍是国家政治中的主要势力。与执政党紧握权力不放松以避免在民主化中被抛弃的传

海外专论
马来西亚和新加坡：强国家的民主化

统智慧不同（Geddes，1999），韩国和台湾展示了威权主义政党如何推动民主化并使自己在民主化中茁壮成长。[1] 不仅仅是国民党和民主正义党以及它的继承者轻易地赢得了 1980 年代和 1990 年代的民主选举，而且在 2000 年代它们还在获胜的反对党未能像其威权主义前辈那样进行有效治理后又重新夺回了执政地位。

这指出了强国家民主化保持稳定的第二个关键来源。经过几十年的由国家主导的工业化和减少贫困的努力，台湾和韩国的威权主义政体分别孵化出了温和的甚至具有保守政治倾向的中产阶级。尤其是在台湾，民主化是拓宽政治包容而不是增加激进主义的重新分配的压力，尽管也存在着这样的压力。当韩国的民主化似乎加剧了劳工的骚动和增加工资的要求时，中产阶级选民却变得更为保守，他们放弃了支持"改革和民主化，……在面对真正的或察觉到的对经济和政治稳定的威胁时"（John，1999）[2]。这在 2000 年代像在 1990 年代一样真实，2008 年，大国家党（民主正义党的一个继承者）在开放国民党的卢武弦总统（2003—2008）的不稳定时期之后重新控制国会并获得总统职位。这在台湾有平行的发展，民进党在 2000—2008 年间相对民粹主义的统治被一场决定性的选举所逆转，台湾返回到保守的国民党的控制。

周期性的权力更替和丑闻的爆发是韩国和台湾民主的特点，这似乎支持了民主等同于不稳定的观念。但是在丑闻浪潮和党派积怨之下，韩国和台湾拥有持久的政治稳定的一种深刻资源———一个继承来的强国家。在此隐含着强国家民主化之后保持政治连续性的第三个原因，即威权主义利维坦的铁笼绝不会被拆除，而是被重新用于民主的目的。Qingshan Tan 对民主台湾的观察也证明了民主韩国的那种真实性："官僚国家没有枯萎。"（Tan，2000）[3]

---

[1] Barbara Geddes, "What Do We Know About Democratization After Twenty Years?", in *Annual Review of Political Science*, Vol. 2, 1999, pp. 115 - 144.

[2] John Kie-Chiang Oh, *Korean Politics: The Quest for Democratization and Economic Development*, Ithaca: Cornell University Press, 1999, p. 114, 115.

[3] Qingshan Tan, "Democratization and Bureaucratic Restructuring in Taiwan", in *Studies in Comparative International Development*, Vol. 35, June 2000, pp. 48 - 64.

通常可以辩明韩国和台湾从发展型国家向福利国家的转变（Haggard, Kaufman, 2008; Wong, 2010），但是不能辩明从强国家向弱国家的转变。① 像它们较富的西方同行一样，这些亚洲民主国家面临着控制公共支出和债务的长期挑战，但是没有面临对保守的资本主义发展模式的激进挑战。由于有适合且较强的财政制度，韩国和台湾拥有比拉丁美洲和南欧国家更好的装备去应对向福利国家扩张的压力。由于马来西亚和新加坡享有与威权主义时代的韩国和台湾相似的制度优势，所以东南亚的强国家民主化将有我们在东北亚的强国家民主化后所看到的同样的政党体制、选举保守主义和持续的国家能力。

三、增强的反对派，放松的管理？

强国家的民主化发生后，威权主义的在任者一定会约束自己使用强制性。反过来，这种强制的约束也依赖于反对派的能力，即能够聚合起足够的迫使领导人重新考虑统治模式的力量。但是马来西亚和新加坡长期以来拥有异常软弱又分裂的反对派，以及异常强大的国家。这可能意味着不仅其民主化是安全的，而且国家本身也是安全的。

近些年来，马来西亚和新加坡的反对党变得稍微强大和团结了。但是巫统和人民行动党仍然掌握着压倒他们各自的对手的权力优势，这足以让它们在可预见的未来按照自己的意愿控制着民主化。只要马来西亚和新加坡的领导人避免这种他们多年来得心应手的强制性策略，这个竞技场就能够平稳，强国家的民主化就能够正确地推进。

预言巫统和人民行动党是否以及何时能够宽容反对派的胜利，更像

---

① Stephan Haggard and Robert R. Kaufman, *Development, Democracy, and Welfare States: Latin America, East Asia, and Eastern Europe*, Princeton: Princeton University Press, 2008; Joseph Wong, "Democracy's Double Edge: Financing Social Policy in Industrial East Asia", in Yin-wah Chu and Siu-lun Wong (eds.), *East Asia's New Democracies: Deepening, Reversal, Non-Liberal Alternatives*, New York: Routledge, 2010.

海外专论
马来西亚和新加坡：强国家的民主化

是一个预言家而不是一个社会科学家的任务。更为清楚地是，国家主导的发展有助于培育温和的反对派。从台湾和韩国的情况来看，马来西亚和新加坡的民主化过程不会是不稳定的，即便是通过更为自由和公平的选举把权力移交给反对派也是如此。

然而，不太清楚的是，马来西亚和新加坡的反对党是否能够和谐相处，是否做好了承担掌权的责任。这可能使巫统和人民行动党的领导人相信自由化是多余的。但是这也增强了他们的信心，即在较近的未来民主化不会必然地带来他们选举的失败。

近年来，马来西亚的政治反对派取得了重大的进步，超过新加坡。在国民阵线统治的第一个25年，在每五年一次的大选中它都轻易地取得胜利，从没有像1969年那样顷刻之间失去三分之二多数议席。巫统在1987年戏剧性的分裂似乎直接威胁到了国民阵线的统治，但是这个裂缝仅仅对选举产生了很小的影响。① 从1970年代初到1990年代中期，国民阵线面对着来自两个政党分裂的反对，这两个政党之间的相同点一点也不比它们与国民阵线之间更多：温和的伊斯兰主义，主要是农村的伊斯兰教党；温和的左派，以华人为主的民主行动党。作为一个多种族政体中的种族化政党，它们可能在全国性选举中偶尔赢得一个或两个州，但是它们从来不能威胁到多种族的国民阵线对全国权力的强有力的控制。

1998年的亚洲金融危机引发了马来西亚严重的政治危机，这一年发生了第一次削弱国民阵线统治的剧烈变化。马哈蒂尔总理对经济崩溃（和苏哈托在相邻的印尼倒台的幽灵）作出的回应是解职并囚禁了知名但失去他信任的副手安瓦尔。安瓦尔的被解职和继之而来的在被监禁时被殴打激起了反抗的烈火，马来西亚爆发了独立后最大的抗议运动，要求给安瓦尔以司法公正并进行广泛的民主改革。尽管前总理企图通过镇压和对

---

① 1987年，马哈蒂尔的领导地位受到了挑战。在党内选举中，马哈蒂尔仅以761票比718票的微弱优势艰难取胜。此后，拉扎利组建了"四六精神党"，并于反对派结盟。1990年大选，国民阵线获得了180席中127席，虽然比上一届大选少了21席，但仍然保有三分之二的优势。

257

群众抗议作出回应的两手策略来处理这个问题（Crouch 1996），但他对使用强力手段从没有感到内疚，在1998年末和1999年初命令通过镇压扑灭抗议的烈火。①

马哈蒂尔对安瓦尔、改革运动和在囚禁中的安瓦尔旗帜下出现的人民公正党的重拳打击产生了复杂的后果。一方面，对马哈蒂尔的广泛的不满在1999年的选举中引发了显著的抗议性投票，巫统在国会中对伊斯兰教党的优势从89∶7下降至72∶27。另一方面，国民阵线在非马来人中得到的支持保持了实际上的不变，这是由于马哈蒂尔对安瓦尔和人民公正党的5名主要领导人的囚禁防止了潜在的强有力的多种族力量通过选举而崛起。只要主要的反对党仍然是以种族为特征的，那么国民阵线就不会在选举中受到严重的威胁。在马哈蒂尔2003年辞职并把权力移交给他的不那么具有攻击性的副手巴哈迪之后，马来人的抗议投票消失了，巫统和国民阵线在2004年的选举中使马来西亚的反对派遭受了历史上最大的失败。② 巫统和国民阵线似乎回到了它们霸权的黄金时期。

新加坡的人民行动党自1960年代后期到2000年代以来较少受到政治上的打击。人民行动党在1968年的国会选举中赢得了所有议席，这也要感谢社会主义阵线可以理解但弄巧成拙的对威权选举的抵制。此后，人民行动党赢得了1972、1976和1980年国会选举的所有议席。当人民行动党在1981年的补缺选举中终于失去了一个议席后，这被有些人看作"是一个证明，自那时以后，反对党不仅仅可能，而且不可避免地会突破国家的意志和能力而生存下去；而人民行动党把它看成是一种威胁"。③（Chua, 1995）无论如何，这给了反对派一点动力。人民行动党

---

① 关于马来西亚的"镇压—回应体制"，参见Harold Crouch, *Government and Society in Malaysia*, Ithaca: Cornell University Press, 1996。

② 2004年大选，国民阵线获得了219个国会议席中的199席，即赢得了超过90%的议席，创下历届大选的最好成绩。反之，反对派只获得了20席，占有不到10%的议席，为历届大选的最差成绩。

③ Beng-Huat Chua, *Communitarian Ideology and Democracy in Singapore*, New York: Routledge, 1995, p. 174.

海外专论
马来西亚和新加坡：强国家的民主化

政府对反对派和有可能支持他们的选区在法律上和政治的恫吓确保了在2006年以前人民行动党在一半以上的选区没有遇到竞选对手。这一年反对党推出了足够多的候选人，使得人民行动党直到选举后才能宣布自己的胜利，但是反对党仍然没有实质性的进展，仅得到了两个国会席位。

只是在最近，马来西亚和新加坡的选举有翻转的趋势。2008年马来西亚的选举带来了巨大的震撼。随着安瓦尔的出狱，他刚建立的人民联盟联合阵线（艰难地组合了人民公正党、伊斯兰教党和民主行动党）自1969年以来第一次使国民阵线失去了国会的三分之二多数议席，而且在全国13个州中的5个州取得了空前的胜利。同样重要的是，安瓦尔的多种族的人民公正党的复兴并成为反对党阵营中最大的反对党，赢得了国会中31个议席，超过民主行动党的28席和伊斯兰教党的23席。

反对派的主要政党的多种族特色意味着在选举中击败国民阵线从过去的白日做梦转变为具有现实可能性。这在民主行动党和伊斯兰教党身上已经见到了一定效果，它们仅凭自己永远也不会改变边缘党的地位，但是在多种族的人民联盟的帮助下分享了国家权力。诚然，自2008年取得选举成功以来，人民联盟这个反对党联盟极力地维持它不稳定的地位和内聚力，但危机四伏，完全依赖于安瓦尔的个人领导。这是在一党统治的环境中奋力摆脱在野地位的政党及其联盟的典型命运。但无论如何，近年来反对派的收获表现出马来西亚政治发生了很大的变化。

要想在近期的选举中击败人民行动党仍然是白日做梦，但是它在2011年的选举中有一些失利。虽然反对党仅赢得了6个议席（其中第一次在很难赢的集选区取得了胜利），但是2011年新加坡的选战如同2008年在巴达维时期马来西亚的选战一样，引起了人们极大的兴趣。首先，摆脱政府控制的新媒体的活跃有助于反对党获得更多的选民注意和组织更大的选举集会。其次，反对党在跨选区协调它们的候选人方面取得了进展，避免了无效的三角竞争。最后，2011年新加坡选战的主题（像2008年马来西亚一样）集中在政府在民生方面的责任和表现上，选民被对政府制衡会有助于治理这个概念所吸引。被聪明且无可争议的"面向第一世界国会"的口号所引导，新加坡的反对派具有讽刺意味地只在一个方面表现出了极端性——就是它的温和性。

预测马来西亚和新加坡的领导人是否允许这些日益坚定的和有组织的反对派发展起来并不容易，但是从几个方面分析这个问题是有价值的。问题可以从通过测量统治者在处理镇压或回应反对派的问题时可以走多远来开始。在这方面，具有讽刺意味的是有更多的理由对更为封闭的新加坡持更为乐观的态度，尽管马来西亚的反对派获得了更多历史性的成功。马来西亚在巴达维（2003—2009）的统治下已经放松的镇压被他的继任者纳吉布翻转过来，他更像是实行马哈蒂尔而不是巴达维对待反对派的版本。这从对安瓦尔的新的司法袭扰中可以得到最好的显示，他已经被宣告无罪，但现在又被政府上诉，因而面临新一轮的鸡奸指控。此外，政府还镇压了在2011年7月"净选盟2.0"要求干净的选举而举行的和平抗议。或许是因为新加坡反对派的挑战还很弱，或许是因为新加坡国家的日常威权主义控制保持着很强大的镇压力，人民行动党领导人似乎对反对派的回应表现得相对平和。是否会保持这样一种状况还有待于讨论。

但它并不是一个完全不可回答的问题。在特定的领导人和他们的镇压倾向的消长之中，马来西亚和新加坡经历了一个更为深刻的历史转变。简言之，有很充足的理由相信这些国家的"保护协定"时代已经过去了。长期以来左翼激进者已经没有什么影响了，没有理由认为民主竞争会使一个少数集团接管政权或者产生激进的社会政治。由于马来西亚和新加坡为威权主义作的最有力的辩护就是把它作为抵制社会不稳定的必要的堡垒，所以在这两个国家中出现的稳健的和多种族联合的反对派，使人们感到对他们的镇压不再是防止回到威权主义统治前的霍布斯时代所必需的了。现在的问题是这些更为温和且可信赖的反对党在选举中对国民阵线和人民行动党构成了更大的威胁，或许使党的领导人相信，即使不是为了维护社会秩序，而是为了维护自己的政治权力，镇压也是必要的。

四、放松威权主义,但没有放松利维坦

近年来,在学术和政策圈子中进行了关于民主化和国家建构的最好"顺序"的讨论。一种观点认为,在顺利进行民主化之前必须建立起强国家。因此,世界上许多弱国家的头等大事是强化它们的国家,而不是推进民主。另一种观点认为,没有理由要等到国家建设完成后再实行民主化,认为两者可以携手并进(Carothers, 2007; Mansfield, Snyder, 2007)。① 因为构建一个国家比改变一个政体更难,所以要等到国家构建完成之后再改变政体,就像"等待戈多"一样没有结果。②

相比世界上其他任何威权政体,就马来西亚和新加坡而言,这个"顺序的辩论"是完全不相干的。甚至最不愿提到民主的观察者也不得不这样使用这个例子:马来西亚和新加坡在使更大的民主竞争变得安全之前需要更多的国家构建。诚然,近年来马来西亚的政府表现要远比新加坡政府缺乏抵抗力,特别是由于马哈蒂尔在1980年代和1990年代权力的个人化加剧了官员的腐败和党派权力的滥用。但是一定不要把任何特殊政体的表现与国家权力的基本特点混淆起来。腐败和个人化揭示出政治领导人对国家的利用和滥用,而不是说在这样的政治支持下国家不能做自己的工作。像新加坡一样,马来西亚的利维坦依然强健地足以抵挡制度变迁的破坏。

没有可信的霍布斯事例可以被用于继续的威权主义,当前政体的镇压实践的支持者必须诉诸于更为特殊的防御措施:马来西亚和新加坡不适合民主政体。这种观点典型地是基于文化相对论之上的,甚至基于东

---

① Thomas Carothers, "How Democracies Emerge: The 'Sequencing' Fallacy", in *Journal of Democracy*, Vol. 18, January 2007, pp. 12 - 27; Edward D. Mansfield and Jack Snyder, "The Sequencing 'Fallacy'", in *Journal of Democracy*, Vol. 18, July 2007, pp. 5 - 9.

② 《等待戈多》是荒诞戏剧的代表作,以两个流浪汉苦等"戈多",而"戈多"不来的情节,喻示人生是一场无尽无望的等待。

亚政治态度的基本概念之上。但不需要用同样的实在论刷子涂焦油于整个区域以提出一个可信的论据，尤其是在马来西亚和新加坡，拉平体制和反对派之间的竞技场可能会在实际上使政府在某些关键性的方面更少地代表民众的愿望。

按照威权主义支持者的文化相对论或东亚价值的单向思维方式，西方的自由民主是完全不适合像马来西亚和新加坡这样的保守社会的。然而这个观点缺乏说服力，因为民主不一定会导致激进的政策，美国许多州的政策就很保守。民主化显然会放松威权控制，以使反对派可以不恐惧镇压或打压而在几乎平等的竞技场中竞争。民主化在公共空间中产生了广泛的自由以表达不同的观点，但是它可能没有扩展人权，这是国际上对这些制度的可理解的优先秩序的批评所在。例如，马来西亚和新加坡可以民主化而保留死刑和不承认同性关系，在这种问题上继续实行非自由的政策将使这两个国家维持政治上的保守性，但并不会使它们缺少程序上的民主。

第二个关心集中在公共社区的差异尤其是宗教领域的问题。在民主体制内最持久的关系是它要求多数进行统治和对少数进行保护。民主的程序预示着会产生实际上的一族统治，在一定程度上可以说民主可能使多数民族占有优势，少数民族处于劣势，但是一种不能维持和平的民主在任何地方包括具有亚洲价值观的地方都不会得到绝大多数人的支持。然而，在马来西亚和新加坡各自的威权主义转变40多年之后，没有理由认为马来西亚和新加坡的民主化会产生任何形式的不稳定。人民行动党经常重复由于外部的威胁，威权主义在新加坡是必要的。从比较的观点来看这是可笑的：台湾和韩国面临着不可测的更大更多的直接的地缘政治上的敌人，但是它们的民主化并没有让位于所谓的国家安全。就内部威胁而言，在这两个国家中没有任何一个政党寻求改变长期形成的种族关系，这是一种可接受的取得权力的方式。

第三种也是最后一种可能是选民总体上认为威权主义比民主更善于制定精明的经济政策。但经济政策是由执政党制定而由国家机构执行的，不取决于政体形式。相信国民阵线和人民行动党可以最好地处理经济问题的选民会在民主化之后继续投票给它们。如果韩国和台湾地区的经验意味着什么的话，那么大多数马来西亚和新加坡的选民将严肃地承认这个结论，继续跟着国民阵线和人民行动党。在一定程度上，民众当前不满的增加主要是针对这些政党的镇压行为，因此放松那些控制不仅仅有益于民主，也有利于国民阵线和人民行动党他们自己。

历史制度主义和实验方法*

〔意〕斯文·斯坦默 著**

段宇波 译***

【内容摘要】国家做了什么和如何做的,一定会影响公民心目中的国家应当怎样做的态度和观点。然而,事实上,政治学家们从来没有真正能够检验这个论点。本文认为检验历史制度主义的一个方法是将一些实验社会科学的方法和技术整合到我们的分析当中。当然,大多数历史制度主义学者的兴趣不在于学科或实验室实验,确切地讲是因为这些都是过去的东西。但是,对于那些想用历史来解释现代世界中的结果和变量的话,实验方法和推理或许可以成为我们方法论中合适的一员。

【关键词】历史制度主义;实验方法;比较制度主义

历史制度主义产生于解释变化的一种兴趣。当我们开始问自己为什么在不同的历史时期和不同的国家之间政策和政治差别如此大的时候,

---

* 原文出处:Paper presented at the American Political Science Association meeting, August 29, 2014. Forthcoming in: Oxford Handbook on Historical Institutionalism, Orfeo Fioretos, Tulia Falleti and Adam Sheingate (eds.), Oxford University Press, 2015.

** 斯文·斯坦默(Sven Steinmo):意大利佛罗伦萨欧洲大学学院公共政策与政治经济学系主任。

*** 段宇波:山西大学政治与公共管理学院政治学理论专业博士生,山西财经大学讲师。

政治制度就迫使自己成为了分析的中心。我们认为制度构成了政治。现在，这个基本的观点已经成为了常识。尽管这个常识曾经是一个创新贡献，但是今天很少会有人反对这样一个命题：制度之所以重要是因为它们构成了战略性激励和约束。

但是我们也知道制度不能决定结果（制度也不能决定历史的路径）。这不仅仅是因为人们能够创造和改变制度，还因为人们在接受制度时由于之前的期望和认知偏差的影响，会影响到其接受和适应制度的程度。例如，我们都知道不能简单地将一套制度植入一个民族（不论是20世纪中叶的日本还是21世纪初的阿富汗）并且期望很容易地就预测这些制度怎样被诠释、使用和（或）操控。

我相信为了理解不同国家的实际政策选择，我们必须研究其历史、政治制度、公共政策和公民偏好之间的相互作用。我过去的研究集中在两个因素的相互作用上——公共政策和政治制度。我已经认识到，国家做了什么和如何做的，一定会影响公民心目中的国家应当怎样做的态度和观点。然而，事实上，政治学家们从来没有真正能够检验这个论点。

本文中，我认为检验历史制度主义的一个方法是将一些实验社会科学的方法和技术整合到我们的分析当中。当然，大多数历史制度主义学者的兴趣不在于学科或实验室实验，确切地讲是因为这些都是过去的东西。但是，对于那些试图用历史来解释现代世界中的结果和变量的学者而言，将实验方法和推理添加到我们研究的工具箱中或许是适宜的。

在我看来，历史制度主义的核心观点中，历史之所以重要不仅因为它为理性行动者作出选择提供了不同的背景，还因为历史影响了行动者的信仰、价值观和偏好。我们对政治的理解来自于历史事件，这是因为历史给我们提供了经验，这些经验能够改变民众及其上层集团的信仰和偏好。但是，如果扪心自问，我们通常没有工具去检验这些假设。

一、支付意愿？将历史制度主义和实验方法结合起来研究福利国家

我想通过激发了我目前研究的一个简单案例来解释我想要探索的东西：

21世纪初期，所有的现代福利国家在适应人口、经济和财政压力的同时也面临了一系列的困难和挑战。这些压力包括：（1）"核心"人口老龄化的财政压力；（2）在不断增长的种族多样性的背景下，为了充足的社会福利和教育机会而维持公众支持的政治挑战；（3）越来越多的公众失望甚至不信任官僚国家机构和政治权力；（4）为强大的政治选民减税（或者说至少不增加税收）的强烈压力；（5）从制造型经济向服务型经济转变的持续压力。这些竞争压力深深地限制了所有发达民主国家政策制定者的政策选择。然而，这些压力并不是将所有民主国家都推向了同一个方向。恰恰相反，实证证据显示现代民主保持了相当多样的政策轨迹——尽管都面对了广泛而相似的政治、经济和财政压力。①

不同国家的公民对如下命题有不同的反应："你愿意支付更高的税负来为需要的人们提供更好的健康和教育服务吗？"（Svallfors, 2011; Taylor-Gooby, 1995）。② 但事实上我们无法真正了解为什么不同社会的公民对这个问题会有不同的反应。一个合理的解释是，公民之所以有不同的反应是因为他们对自己缴纳的税款如何支出有不同的期望。也有可能是他们对税收体系的公平性有不同的理解，这种理解是一种一以贯之强制执

---

① 例如，尽管欧洲存在强烈的"税收竞争"，但是近年来税收负担并没有下降。事实上，经济与合作组织的平均税负由1990年的33.5%上升到了2007年的38.5%。甚至在税负相对稳定的重税负的欧盟15国的税负也从1990年的38.2%上升到了2007年的38.7%。相近的，经合组织的卫生支出也是巨大的，虽然我们已经看到一些国家私有化的介绍，但是没有证据证明不同的系统在同一个政策下"趋同"。

② Svallfors Stefan, "A Bedrock of Support? Trends in Welfare State Attitudes in Sweden, 1981 – 2010", in *Social Policy and Administration*, Vol. 45, No. 7, 2011, pp. 806 – 825; Taylor-Gooby Peter, "Who Wants the Welfare State?", in Olli Kangas and Stefan Svallfors (eds.), *Stockholm Umeå: Bank of Sweden Tercentenary Foundation*, 1995, pp. 11 – 51.

行的信仰，以及（或）关于税收遵从的不同社会规范。这些似乎都是合理的假设，但事实上我们不知道这些解释当中哪些是正确的，因为当我们能够在态度和政策结果之间建立一种联系，以及（或）用一些观察证据来证明我们观点的时候，没人能够真正意义上检验不同国家公民对于政策选择的理解，也不能够检验不同的制度是怎样影响这些选择的。

现有的传统福利国家研究（我们从中发现了税收政策）聚焦于：（1）不同政权类型及其进化史的公共政策比较（例如，税收和公共支出在不同的国家是怎样安排的）；（2）公民对税收的态度。但是，我们不知道怎样将这些相关问题串联起来，调查研究也不能给我们提供一个足够满意的方法去理解税收观念或者公民愿意作出的真正让步。与此同时，当我们在不同的国家背景中作出一些假设试图将给定国家系统和公民为其支付意愿之间的结构联系起来时，我们也不能检验这些假设。简单来讲，我们并不知道为什么公民在不同的国家愿意支付不同的税负。我们甚至解释不了以下命题：不同国家公民愿意支付的税收类型是什么，或者他们愿意以什么条件来为社会安全提供资金帮助。

以上这些问题，至少在我看来是最基本的问题，随着我们进入一个竞争日渐激烈、预算约束日渐收紧、人口日渐老龄化的时代，这些问题对所有发达民主体都有十分重要的意义。

为了检验这些联系，我现在正在不同国家进行一系列的实验，检验在不同的情况下不同社会当中个体所作出的不同的权衡。确切地说，我们聚焦于两套再分配政策问题：税收和公共养老金。虽然条件不允许对每一个实验中的确切问题给予充分的解释，但是我的首要目的是建立一系列的情景，让我们可以检验不同的制度形式如何造就或者形成公民的决定，从而更好地理解公民怎样理解和处理不同的政策选择以及权衡。

诚然，在不同的国家情境中对这些基本假设进行微妙的检验是需要时间的，对于国家情境本身的细微理解也是需要时间的。简而言之，为了更好地检验这些想法，我们需要理解这些国家的政治制度、税收和福利系统，以及理解它们的历史和政治文化。

养老金系统提供了一个很好的例子：所有的福利国家都有一些混合

了不同养老金系统的特征（通常称为"支柱"），其中，一个基本的公共养老金系统可以结合各种职业年金制度和不同的税收补贴私人储蓄方案。我们还知道在所有发达国家对于养老金和老年人的社会支出的支持是非常普遍的。与此同时，显而易见的是，这些养老金制度的巨大成本需要财政约束。我认为，为了更好地理解存在于不同政治制度中的现象（我称之为"回旋余地"），我们需要更好地理解公民的信仰和期望，这些信仰和期望是关于怎样最好地管理群体行为，以及公平和责任的标准应当在何种程度上假定和加强。简要来讲，一些政策选择在瑞典被采用，但是在意大利则不是，因为公民看待这些公共政策和政治制度的方式恰恰造就了这些公共政策和政治制度。

本研究的一个显著特点是历史制度主义中的国家论者和实验学家正紧密配合，这样我们在不同的政治背景下就可以使实验更为现实化，同样重要的是，我们也能够检验这些国家论者提出的各种精确假设。比较制度主义学者的力量在于他/她不仅对一个现存国家的正式制度有很深层次的理解，同时对存在于这个国家的非正式准则和期望也非常了解。实验科学家的力量在于他/她可以更好地设计精确的实验来帮助我们检验标准、期望、对公平的观念、对再分配的态度以及支付意愿等之间的区别。本研究的根本观点是通过结合这两种力量，我们将能够建立更好的模型，来检验历史制度主义中的国家论者提出观点和假设，从而建立更好的和更多的可验证的理论来解释跨国家的变化。以我的经验来看，不同的国家形式中不同的制度和政策安排有不同的影响（至少是显著的）。我们想知道这个观点是否正确以及是怎么被理解的。[①] 经济学家和心理学家已经试图在不同的文化和制度安排中进行一些实验，但是缺乏历史制度主义者带来的实质历史和制度知识，这些实验依然很抽象。确实，许多经济学家仍然对行为变量无法纯粹被制度激励和约束解释而表示奇怪。

---

① 一个重要的区别是"主体之间"和"主体内部"的设计。主体之间的设计是将一个条件同时应用于所有主体以及对这些主体进行比较。主体之内的设计是将许多不同的条件应用于每一个主体。我们应用上述两种方法来试图分离出个体差别以及在使得更多的变量保持不变的情况下来操纵数据。

(一) 实验和制度——新方法，新答案

近年来，学者们在社会科学领域应用实验方法取得了重大的进展，这些进展帮助学者们更好地理解了个体在作出选择时的认知过程。早期对实验方法的应用是心理学家发展起来的，但是经济学家很快就发现这些方法可以用来检验他们关于人们决策的一些假设（Smith，2008）。[①] 大量的研究并不支持人类是理性自利的决策者这一简单的概念（Gintis et al.，2006；Kahneman，Slovic，Tversky，1982），而是引向了对一个更为细致和复杂的问题的理解：人们是怎样和为什么作出决策的。[②] 有证据能够清晰地表明大多数人是被包括自我利益、对被社会赞誉的愿望和尊重等级等几种力量所驱使的，例如，实证研究也说明这些基本的模式同时分布在群体内部和不同的群体之间。

早期，经济学家用实验研究试图探索个人在不同时间和空间的基本偏好。最早，他们认为他们发现了"多重均衡"，但是很快他们也意识到这些"均衡"是动态的。这些研究引发了大家对于不同文化国家背景如何影响个体决策过程这一问题的兴趣（Cumings et al.，2004）。[③] 这个领域里最有意思的工作是那些接受了大量实证证据的学者，这些证据表明人的理性不仅是有限的（Simon），而且是被一套复杂的考虑和限制所框定的。这一领域的创始者之一 Vernon Smith（以及 Nobel Laureate）认为理性是有"生态有限"的。换而言之，甚至什么是理性都被限制在我们作出决策的生态之中。这个领域的先驱之一 James Alm 这样解释这个问题："这些问题新古典范式都给出了明确的理论回答。然而，这些'回答'

[①] Smith Vernon, *Rationality in Economics: Constructivist and Ecological Forms*, New York: Cambridge University Press, 2008.

[②] Gintis, Herbert, Samuel Bowles, Robert Boyd, Ernst Fehr (eds.), *Moral Sentiments and Material Interests: The Foundations of Cooperation in Economic Life*, Economic Learning and Social Behavior, 2006; Kahneman, Daniel, Paul Slovic, and Amos Tversky (eds.), *Judgement Under Uncertainty: Heuristics and Biases*, New York: Cambridge University Press, 1982.

[③] Cummings, R. G., J. Martinez-Vaszquez, M. McKee, B. Torgler, "Effects of Cultureon Tax Compliance: A Cross Check of Experimental and Survey Evidence", in *CREMA Working Paper Series*, Basel, 2004.

经常是误导人的或者是错误的。在实验室中检验行为公共经济学的概念体现了能够更准确和真实地阐明行为反应的可能性,这表明了社会背景和社会决策过程的相关性,也表明了政策制定有'外部性'的必要。"(Alm, 2010: 648)。[1]

确切地讲,政治科学(特别是历史制度主义)带来的是"背景"。特别地,历史制度主义是政治决策"生态"的研究。经济学家和心理学家在政治科学当中应用实验方法已经很有技巧了。然而,政治学家对于确切的制度结构、决策过程和限制选择的历史背景过于关注了。在我看来,如果我们能够把这些不同的专业知识结合起来,我们对制度如何造成和(或者)限制个人的选择的理解,还有我们对不同政治中真实制度的选择的理解都会大大加强的。

因此,我希望在这个研究中完成的是将比较历史和制度分析的最基本的观念和方法与实验研究设计的观念和方法结合起来。我对政治制度和公共政策领域(也就是公民经验)是如何影响公民对政治选择的思考的特别有兴趣。

比较历史分析帮助我们更好地理解了不同国家政治制度和公共政策之间的关系。更进一步,比较历史税收政策和财政社会学方面的研究帮助我们更好地理解了不同税收系统下政治制度发展的原因和方式(Prasad, 2006)(Peters, 1991; Peters, 1979)(Steinmo, 1993, 2002)。[2] 但是,比较历史分析并不能解释公民对税收和国家的态度之间关系等一系列重要问题。举一个具体的例子:我们知道瑞典比意大利有更高的税率。我们可

---

[1] AlmJames, "Testing Behavioral Economics Theories in the Laboratory", in *National Tax Journal*, Vol. 63, No. 4, 2010, pp. 535 – 658.

[2] Prasad Monica, *The Politics of Free Markets: The Rise of Neoliberal Economic Policies in Britain, France, Germany, and the United States*, Chicago: University of Chicago Press, 2006; Peters B. G., *The Politics of Taxation: A Comparative Perspective*, Edited by G. Peele of *Comparative Politics*, Oxford: Basil Blackwell, Ltd., 1991; Peters Guy, "Determinants of Tax Policy", in *Policy Studies Journal*, Vol. 7, No. 3, 1979, pp. 787 – 793; Steinmo Sven, *Taxation and Democracy: Swedish, British and American Approaches to Financing the Modern State*, New Haven: Yale University Press, 1993; Steinmo Sven, "Globalization and Taxation: Challenges to the Swedish Welfare State", in *Comparative Political Studies*, Vol. 35, No. 7, 2002, pp. 839 – 862.

海外专论
历史制度主义和实验方法

以在此猜测这个现象的原因,而这个原因比较历史分析无法解开。例如,不同的税率可能和以下任何一个因素或者所有因素有关:

(1) 意大利人相比瑞典人来说不太担心被发现逃税。

(2) 意大利人可能认为其他人都不交税,因此,他们不去确定他们应当交税这条社会准则。

(3) 意大利人更相信他们缴纳的税收与他们得到的利益不相匹配,因此他们对交税更有敌意。

(4) 意大利人可能更相信他们的政治是腐败的,比瑞典更腐败,因此,他们不情愿交税。

(5) 相比瑞典人,意大利人在与其政府交锋过程中有着更多不愉快的经历。

(6) 意大利人可能相信富人可以逃避交税(这种情况甚至比瑞典更厉害),因此,他们觉得税负不公平,导致他们不愿意交税。

事实上,这些变量的组合可能能够解释意大利的低税负水平。我希望通过控制和检验精确的变量来知晓在哪种情况下这些变量最为突出。据我所知,没有人试图系统检验和比较对意大利、瑞典和美国这样政治选择多样化的国家的深层理解。综上,我们可以认为我们了解了当公民在考虑政治选择或支付税收意愿、亦或是愿意接受何种养老金改革时的想法,但是我们无法知道他们的真实观点。相似地,我们可以构建情景来试图解释为什么当前一些美国人出于对现任总统和(或)政客本能的厌恶而希望他们的国家破产。但是,我认为在假设我们知道公民心中所想之前还是应当持谨慎态度(Frank,2004)。[①] 或许我们应当分析一下?

是不是意大利人更自私或者比瑞典人更为个人效用最大化?我不这么认为。但是,似乎许多意大利人都相信他们国家和领导人的事业,必

---

① Frank Thomas, *What's the Matter with Kansas? How Conservatives Won the Heart of America*, New York: Henry Holt and Co., 2004.

然地，改革者和领导人就会陷入局部最优选择。一个国家如果约有30%的GDP被隐藏起来，那么是很难通过提高税收来达到预算平衡的。如果一个国家的民众认为他们的领导人是小偷，那么他们会如何作为？当马里奥·蒙蒂（Marion Monti）总理在2011年谴责"意大利人不交税"时，意大利人则反问"我为什么应当交税"？这并不是意大利人不遵纪守法或者不关心其他人，而是社会规范和准则并不一定是与国家法律相一致的。

我猜测，我和读这篇文章的许多人一样，相当反感民族固有印象和简单的"文化论"的论断。我是一个纯粹的制度主义者。我坚信制度可以而且能够塑造人们的行为，大多数时间人们可以而且能够对激励和约束作出回应。但与此同时，我并不满足于仅仅对人们的信仰和偏好给出简短的制度解释就假装物质利益和制度约束／激励就能够告诉我们足够的东西。不可能像我这样在意大利生活了五年，还不能相信意大利人对他们社会的理解及其群体行为是意大利治理问题的一部分。简单讲，这不仅仅是"制度，愚蠢！"（Watts and Steinmo，1995）。①

我认为我们能够而且应该进一步实证检验制度规则、历史／文化背景和政策选择之间的关系。这样做可以让我们超越疲惫的利益争论点和理想解释，从而更好和更细微地理解制度规则如何构成政策选择，以及认知对制度如何被理解、操控和解读的影响。最后，我们向这个方向发展，审视观念、利益和制度之间的相互关系能够使我们对制度变迁和为什么福利国家在趋同性压力下仍然保持他们的不同。

认知经济学家的少量跨国研究显示税负的差别与社会和制度因素的差别有关。实验研究显示当人们相信他们会接受到公正的回报时他们参与公益的意愿会增加（什么是公正，公正在不同的文化背景中的表现不同，也根据不同的再分配政策而有不同的表现）。有趣的是，横向公平的分析产生了不同国家背景下的混合结果。我们知道这些变化的部分解释与制裁（被抓

---

① Watts Jon, Sven Steinmo, "It's the Institutions, Stupid! Why Comprehensive National Health Care Insurance Always Fails in America", in *Journal of Health Politics*, *Policy and Law*, Vol. 20, No. 2, 1995, pp. 329 – 372.

的风险)、对其他人行为的理解、社会准则以及税率变化有关(Torgler, 2002)(Gerxhani, Schram, 2006)。① 也有证据表明高信任的社会很有可能会是高税率的社会。Torgler 总结说应当做更多的实验来得到更好的结果,同时,将跨国研究的范围扩大来分析公平考量也是有趣的(Torgler, 2002)。事实上,Feld 和 Frey 指出:"大多数研究将'税收道德'视为黑箱的研究并没有讨论甚至考虑税收怎样增加或者怎样维持不变。"通常认为作为纳税人的元偏好以及分析中使用的参变量对于逃税有着不可知的影响。更有趣的问题是那些因素影响了税收道德的出现和维持(Feld, Frey, 2002: 88-89)。②

James Alm,可能是当今世界上运用实验经济学探索税务政策问题的领先学者,他的观点是(1)审计税率的概念影响遵从;(2)税率影响遵从(例如对于财政不公平的理解);(3)简单比复杂更影响遵从;(4)过程比结果更影响遵从——换句话说,最初被用于构建或设计税收系统的决策型制度似乎也影响了公民遵从的意愿。遵从远不是纯粹对于试探和惩罚的财政考虑所驱使的,而是有目前无法完全理解的其他动因(Alm, 2010: 647)。对我们的目的同样重要的是,Alm 的研究说明公民对国家好的方面的认知也会影响遵从率:尽管不确定环境中的个体行为已经在实验室中进行了广泛研究,但是由政府提供的社会保险带来的广泛的行为暗示已经完全被忽略了。将社会保险计划的公众有益方面及其不确定的影响联系起来似乎是一项特别有前景的研究。简而言之,我相信应用实验方法来研究行为公共经济学的前景是令人激动的和无限量的。此处的挑战是设计与现实利益世界一致的基本元素的精确实验,这样这些实验可以解释必要政策的外部有效性(Alm, 2010: 649)。③

政治学家们已经得出证据表明在是否交税的意愿(逃税的倾向)在国

---

① Torgler Benno, "Speaking to Theorists and Searching for Facts: Tax Morale and Tax Compliance in Experiments", in *Journal of Economic Surveys*, Vol. 16, No. 5, 2002, pp. 657-683.

② Feld B., L. Frey, "Trust Breeds Trust: How Taxpayers Are Treated", in *Economics of Governance*, Vol. 3, No. 2, 2002, pp. 87-99.

③ Alm James, "Testing Behavioral Economics Theories in the Laboratory", in *National Tax Journal*, Vol. 63, No. 4, 2010, pp. 535-658.

家间存在着很大的差别（Edlund，1999；Svallfors，1997；Taylor-Gooby，1995）。[1]这些差别与社会信任度及预算的利好面是相关的（Coughlin，1980；Svallfors，1997；Taylor-Gooby，1995）。[2] 这些差别与社会信任的程度有关（PIPA，2006；Rothstein，2005）[3]，也与对预算利好方面的理解有关（Coughlin，1980；Svallfors，1997；Taylor-Gooby，1995）[4]。例如 Svallfors 和 Edlund 就对瑞典居民缴纳高赋税的意愿是因为他们相信他们可以从付出的税赋中得到更多持不同观点，例如，美国和意大利（Scholz, Lubell，1998）[5]（Edlund，1999；Svallfors，1997；Taylor-Gooby，1985）。[6] 由于一些学者的争论，可以合理地预见：如果公民认为公共支出是被合理地和有效地分配的话，他们是愿意交税的（Rothstein，1998）。[7] 但是实际上我们并不知道这样是对还是错。

政治科学的关键问题是制度对政治系统来说是内生的（Steinmo，2010）。[8] 运用实验，我们可以将制度变量分离，从而阐明内生性的问题。为了证实这些假设，我们需要进行能够控制多种互相作用的变量，正是这些变量能够提高公民缴税的意愿。这样做，我们能够更深地了解公民对政府和赋税的态度。我们还能够知道公民对什么样的赋税体系有着最大的敌意及为什么会产生这种敌意。此外，通过实施例如交易这种实验，尤其是

---

[1] Edlund Jonas, "Trust in Government and Welfare Regimes: Attitudes to Redistribution and Financial Cheating in the USA and Norway", in *European Journal of Political Research*, No. 35, 1999, pp. 341-370; Svallfors Stefan, "Worlds of Welfare And Attitudes to Redistribution: A Comparison of Eight Western Nations", in *European Journal of Sociology*, Vol. 13, 1997, pp. 283-304.

[2] Coughlin Richard, *Ideology, Public Opinion, Welfare Policy: Attitudes towards Taxing and Spending in Industrial Societies*, Berkeley: Institute of International Studies, 1980.

[3] PIPA, *20 Nation Poll Finds Strong Global Consensus: Support for Free Market System, But Also More Regulation of Large Companies: Selected findings from GlobeScan Report on Issues and Reputation Questionaire and Methodology*, Washington DC: Program on International Policy Attitudes, 2006.

[4] Rothstein Bo., *Social Traps and the Problem of Trust*, New York: Cambridge University Press, 2005.

[5] ScholzJohn, Mark Lubell, "Adaptive Political Attitudes: Duty, Trust and Fear as Monitors of Tax Policy", in *American Journal of Political Science*, No. 42, 1998, pp. 398-417.

[6] Taylor-GoobyPeter, *Public Opinion, Ideology, and State Welfare*, London, Boston: Routledge & Kegan Paul, 1985.

[7] Rothstein Bo., *Just Institutions Matter: The Moral and Political Logic of the Universal Welfare State*, New York: Cambridge University Press, 1998; Rothstein Bo., *Social Traps and the Problem of Trust*, New York: Cambridge University Press, 2005.

[8] Steinmo Sven, *The Evolution of Modern States: Sweden, Japan and the United States*, Of Cambridge Series in Comparative Politics, New York: Cambridge University Press, 2010.

不同时代和时期的交易,我们可了解在不同的国家福利背景下,什么样的交易(税赋和利益)是更可或更不可接受或者适合,及为什么会这样。

(二) 历史、制度和认知框架

在过去的几年里,制度理论发生了巨大的进步。就像我之前提到的,制度塑造利益及决定选择的论点已经被政治科学广泛接受。我们理解路径依赖理论的动力,关键时刻的角色和时间的重要性。但是普遍认为,我们仍缺少对这些角色、"理念"(例如信念、价值观和规则)如何运行和存在以及它们与制度之间关系的清晰和统一的理解。至今,即使实际上所有的学者都相信我们需要理解理念、制度和利益之间的关系,制度主义者也已经出现了一些分裂,这些分裂产生在那些注重理念角色(或者更确切地说是政策理念(Blyth, 2002; R. Lieberman, 2002)的制度主义学者与注重利益角色(Levi, 2006; Weingast, 1996)的制度主义学者之间(Katzenstein, 1996; I. Katznelson, B. Weingast, 2005; North, 2006; Weingast, 2005)。①

理解制度如何塑造和设计人们的行为及他们的选择应该成为解释变量的核心。此外,更好地理解具体的制度如何及在何种程度上塑造和决定人们的选择可能能够使我们通过更有效的和慎重的方式来改革和采用制度。"理念"是重要的这一点被广泛认可,制度和人们的理解或者认知之间的关系却鲜为人知(Conte, Castelfranchi, 2006; D'Andrade, 1993; Jacob-

---

① Blyth Mark, *Great Transformations: Economic Ideas and Institutional Change in the Twentieth Century*, New York: Cambridge University Press, 2002; Lieberman Robert, "Ideas, Institutions, and Political Order: Explaining Political Change", in *American Political Science Review*, Vol. 96, No. 4, 2002, pp. 697 – 712; Levi Margaret, "Why We Need a New Theory of Government", in *Perspectives on Politics*, Vol. 4, No. 1, 2006, pp. 5 – 19; Weingast Barry, "Political Institutions: Rational Choice Perspectives", in *A New Handbook of Political Science*, (ed.) H. D. Klingemann R. E. Goodin, Oxford: Oxford University Press, 1996, pp. 167 – 190; Katznelson Peter J., *The Culture of National Security: Norms and Identity in World Politics*, of *New Directions in World Politics*, New York: Columbia University Press, 1996, p. 21; Katznelson Ira, Barry Weingast, *Intersections between Historical and Rational choice institutionalism*, in *Preferences and Situations*, (eds.) Ira Katznelson and Barry Weingast, New York: Cambridge University Press, 2005, pp. 1 – 24; North Douglas, "What Is Missing from Politicial Economy", in *The Oxford Handbook Onpolitical Economy*, (eds.) Barry Weingast and Donald Wiltman, Oxford: Oxford University Press, 2006, pp. 1003 – 1009; Weingast Barry, "Persuasion, Preference Change, and Critical Junctures: The Microfoundations of Amacroscopic Concept", in *Preferences and Situations*, (eds.) Barry Weingast and Ira Katznelson, New York: Cambridge University Press, 2005, pp. 161 – 184.

sen，1995）。① 制度是人们解决各种问题的规则（North，1990；Thelen，2003）。② 为了理解这些非正规的规则如何能够改变及发展，需要考虑个体行为之后的认知特性和方式（Bowles，Choic，Hopfensitzd，2003；Hall，1997；R. Lieberman，2002）。③

人们的思想并非空白一边，文化、规范和社会信息已经被简单地记录：不同的个体有着不同的信念、价值观和行为，这些内在的代表因素影响信息的储存和组织（Checkel，1999；Young，1998）。④ 社会信息不是简单地被复制而是主动存储于人们的思想中：一旦这种信息从一个个体转达到另外一个、几个，即使是轻微的改变也会发生而且这些变化使得制度改变和演化。

奇怪的是，如今很少有学者，不论是哪个制度主义阵营的学者，能够精确地实证检验制度规则、历史/文化背景及政策选择之间的关系。做这个检验可以让我们摆脱关于利益和理念解释的无谓争论，而更好地去理解制度规则如何构成政策选择，以及认知框架形成过程中制度如何被理解、操控和解释。最终，朝着这个方向发展下去，就会发现理念、

---

① Conte Rosaria, Cristiano Castelfranchi, "The Mental Path of Norms", in *Ratio Juris*, Vol. 19, No. 4, 2006, pp. 501 – 517; D'AndradeRoy, *Cultural Cognition in Foundations of Cognitive Science*, (ed.) Michael Posner, Cambridge, MA: MIT Press, 1993, pp. 795 – 830; Jacobsen J. K., "Much Ado about Ideas: The Cognitive Turn in Economic Policy", in *World Politics*, No. 47, January 1995.

② North Douglass, *Institutions, Institutional Change and Economic Performance*, Cambridge: Cambridge University Press, 1990; Thelen Kathleen, "How Institutions Evolve: Insights from Comparative Historical Analysis", in *Comparative Historical Analysis in the Social Sciences*, (eds.) James Mahoney and Dietrich Rueschemeyer, New York: Cambridge University Press, 2003.

③ Bowles Samuel, Jung-Kyoo Choic, Astrid Hopfensitzd, "The Co-Evolution of Individual Behaviors and Social Institutions", in *Journal of Theoretical Biology*, No. 223, 2003, pp. 135 – 147; HallPeter, "The Role of Interests, Institutions and Ideas in Comparative Political Economy of the Industrialized Nations", in *Comparative Politics: Rationality, Culture and Structure*, (eds.) Mark Lichbach and Alan Zucherman, New York: Cambridge UniversityPress, 1997, pp. 174 – 207; Lieberman Robert C., "Ideas, Institutions, and Political Order: Explaining Political Change", in *The American Political Science Review*, Vol. 96, No. 4, 2002, p. 697.

④ Checkel Jeffrey, "Norms, Institutions, and National Identity in Contemporary Europe", in *International Studies Quarterly*, No. 43, 1999, pp. 83 – 114; Young H. Peyton, *Individual Strategy and Social Structure: An Evolutionary Theory of Institutions*. Princeton, N. J.: Princeton University Press, 1998.

利益和制度之间的相互关系会使我们对于制度变迁和福利国家表现出在趋同压力下仍然保持它们的鲜明特征有一个更好的理解。

(三) 为什么是实验方法?

不可否认,实验方法已经迅速融入了政治科学当中 (Green and Gerber, 2002)。[①] 但许多政治科学家会发现我们将历史传统和行为传统联结起来的命题很奇怪,或许会表示很厌恶。但是,如果我们考虑到这些方法是解释原因的关键的话,那么这些命题也就不奇怪了。在 Morton 等 (2010) 的研究中,他们认为新制度主义本身是政治科学实验和实验推理近期发展的原因。政治科学也已开始关注政治行为中的制度影响。新制度主义认为制度是重要的,它影响了个人的规范、信仰和行为。新制度主义建议"在一些案例中,实验研究更能衡量这些制度差异"(Morton et al., 2010, p. 15)。

在我看来,实验政治科学和历史制度主义学术之间有亲和力,确切地讲是因为它们共享了 Morton 等所称的"实验性推理"。历史比较分析的角度是检验政策和制度变迁中的替代路径的选择、反事实以及节点。比较历史分析 (而不是描述) 使得历史制度主义和传统制度主义分析之间区别开来,使得实验政治科学区别于传统行为主义方法的事实是基于同一个问题:都是对"为什么"这个问题感兴趣。但两者都提供了一种独特的方法来发展和检验因果关系理论。

John Gerring 和 Rose McDermott 近期指出,根据"一个实验模板概念化"的案例研究能够使定性研究达到最佳状态。他们进一步建议:"我们希望将实验目标列为一种识别所有因果分析研究优缺点的方法。特别地,我们建议做一个概念化的研究设计来体现项目能够在何种程度上偏离经典的实验。"(2007, p. 698) 但是,为什么我们应该就此止步?我认为"多重方法"的途径将更为精确地结合制度分析和实验方法,进而我

[①] Green Donald, and Alan Gerber, "Reclaiming the Experimental Tradition in Political Science", in *Political Science: The State of the Discipline*, (eds.) Helen Milner and Ira Katznelson, New York: Norton, 2002.

们就能够检验我们历史课题中产生的命题了。

苏珊娜·梅特勒（Suzzanne Mettler）最近的新书《隐形政府》是一个优秀的方法例子。她深入的历史分析提供了丰富的例子，这些例子解释了美国人如何看待政府的行为已经笼罩在了政府经常通过隐秘的方式来追求其政治目标的阴影之下，以及这些看法如何成为有头脑的政策制定者在改革和变革制度时的阻力。她自信地认为这个被贴上"烟雾和镜子"标签的政府有感性甚至认知结果的特点，可以用我们建议的一些技术来检验这个假设。她总结道："调查研究和实验能够使我们检验一些问题，例如那种政策设计使政府行为能够明显作用于公民；公民怎样了解政策以便提出观点；以及何种信息可以使公民建立与他们价值和利益相一致的观点。"（Mettler，2011：30）①

Theda Skocpol 说："为什么我是一个历史制度主义者，因为我相信对变量的因果分析和假设检验在方法论上来讲是进步的。"仅仅探索人们怎样说话和思考是不够的，我们必须发现人们的行为模式（Skocpol，1995：105）。② 当然，Skocpol 提出了行为的历史模式，但是我主张实验可以作为我们检验人们怎样在不同条件下作出实际行动的另一方法。

可以肯定的是，实验的"条件"（特别是实验室实验）是不同于现实世界的。一开始，"目标"清楚他们参与了一项实验，这项实验可能会改变他们的行为。此外，大多数实验的目标池可能代表了整个人类群体的有偏样本（也许所谓的基于人口的调查实验除外）（Mutz，2011）。③ 这就是为什么好的实验不仅需要好的理论还需要良好的实际观测值。实验就是一个数据生成过程，这个过程中研究者操控了不同的环境和情况来检验实验情境对结果的影响。这些方法允许研究者去检验关系问题，而其他更多的传统研究方法则在分离和鉴别因果关系时表现出了严重的问题。例

---

① Mettler Suzzanne, *The Submerged State*, Chicago: University of Chicago Press, 2011.
② Theda Skocpol, "Why I Am an Historical Institutionalist", in *Polity*, Vol. 28, No. 1, Autumn 1995, p. 105.
③ Mutz Diana, *Population Based Survey Experiments*, Princeton, NJ: Princeton University Press, 2011.

如，调查研究给我们提供了方差观点，但是并没有为我们提供因果关系。在实验中，我们可以干涉实际数据的生成过程，因此能够使我们鉴别以及保持因果联系。这些不可能通过规则的、已经生成的观测数据来实现（Gerber & Green, 2002）。① 但是如果缺失了基础问题以及从观测数据中提炼的观点，那么实验研究就会落入解释显而易见的现象的陷阱。起初，观察实验怎样解释单薄理性选择方法的不足是件有意思的事情，但是现在甚至经济学家都对在现实世界中进行他们的实验而感兴趣。随着这些技术和方法的发展，已经长期研究实际制度和人的社会科学家们也开始对这些技术和方法进行应用。

Nobel Laureate 和 APSA 主席埃莉诺·奥斯特罗姆（Elinor Ostrom）经常公开支持将实验方法加入到社会科学家的分析方法中。"当进行某个领域的实验时，一个令人沮丧的方面是在众多变量当中我们无法确定可以准确地隔离某个或者限制某一组能够产生结果的变量。理解资源池中的元素如何影响行为和结果的好的方法是在实验室中研究一个简单的实验版本。在实验室，研究者们仔细建立用于研究的理论情形的确切元素，来控制其他变量以便不会混淆分析。我们需要结合使用内部和外部都有效的方法来充分检验一种理论。"②

奥斯特罗姆（Ostrom）总结道："相比单一方法来讲，我们总是能从多研究方法中获得更多的知识。进一步讲，实验研究能让我们在重复控制变量集下检验对确切变量的冲击——这个作用是学者仅在研究现实变量时无法获得的（Ostrom, 2007: 1）。③ 可以在现实研究中获得外部有效性，但是在实验室可以获得内部有效性。当政治学家使用内外部两种方法来研究

---

① Green Donald, and Alan Gerber, "Reclaiming the Experimental Tradition in Political Science", in *Political Science: The State of the Discipline*, (eds.) Helen Milner and Ira Katznelson, New York: Norton, 2002.

② 对实验的一种批评认为实验有降低外部有效性的弊病（例如，在实验室实验当中，人们与政治环境相隔离，从而做出的行为会与现实世界当中有所不同）。

③ Ostrom Elinor, "Why Do We Need Laboratory Experiments in Political Science?", in Paper Presented at the 2007 Annual Meeting of the American Political Science Association, Washington DC, 2007.

一套理论命题,我们理解的优越性就会成倍增加。"Falk 和 Heckman(2009)的《实验室实验是社会科学一个主要的知识来源》一文中指出:

> 具有因果关系的知识需要可控的变量。近年来,社会科学家激烈争论的热点就是哪种可控变量最能有效地提供信息。这种讨论非常有成果并将持续进行。在这样的背景下,承认实验方法和数据源的完整性和不可替代性是非常重要的。现场数据、调查数据和实验室及现场的实验,包括标准经济方式都可以推动社会科学的知识范畴。这些方法是没有等级之分的,且结果的概括化对它们来说是普遍适用的(Roth, 2010: 22)。①

像奥斯特罗姆一样,我的兴趣并不是要用实验来取代政治科学的传统方法。相反地,我相信能够而且应该用这些方法增强我们的工作,因为这些方法可以帮助我们获得几种类型问题的答案,而这些答案是通过更传统的方式(例如那些我曾经使用过的方法)无法达到的。应该注意到历史制度主义对因果推断非常敏感。对这些学者来说,比较案例研究方法已经更加适合,因为它们是一种变量。然而,历史制度主义传统上都是在宏观和中观层面的集合。② 但是,如果我们考虑下一步该如何进行及/或我们如何建筑我们的基础,将行为甚至微观层面的分析纳入其中可能是一条道路。

二、历史,制度和认知框架

许多制度主义学者已经逐渐采用整合社会、认知和制度分析的方法

---

① Roth, Alvin, "Is Experimental Economics Living Up to Its Promise?", in *The Methods of Modern Experimental Economics*, (eds.) Giulluame Frechette and Andrew Shotter, Oxford: Oxford University Press, 2010, p. 22.

② 感谢 Adam Sheingate 对于此处的观点。

来研究制度,他们较少地采用化约论的视角,视制度为复杂的而不是有统一标准的。学者们不再仅关注结构或者能动,他们越来越认识到结构和能动之间的相互影响能够推动变迁这一事实。

列举 Thelen 引用 Ferejohn 的成果作为一个例子,Thelen 认为从许多战略性均衡当中进行选择时文化共享的理解和意义是至关重要的(1991:285)。

> 在社会行为中,人们在进行战略和配置选择的同时制定(本体论地)对于战略形势的事先理解,参与者的特征和身份(包括他们自己),以及对游戏怎样进行的一般理解和期待。因此,当解释行为的时候,理性的部分必须与个体能动的外部原则相匹配(Ferejohn,1991:285)引用(Thelen,1999:376)。①

如 Blyth, Lieberman, Lewis 和 Steinmo, Mahoney, Streek 和 Thelen 以及许多其他学者近年来在众多公开出版物中指出的:制度主义者已经将他们对制度的观念做了修正,从制度是独立的、自我约束的以及对于行为约束本质上是稳定的这一观念修正为制度是嵌入在更广泛的政体中的规则集。为了更好地解释变迁,制度主义者也接受了制度的复杂性(Blyth, 2002; Lewis and Steinmo, 2012; R. Lieberman, 2002; Mahoney and Thelen, 2009; Streeck, 2009)。②

这些学者持续关注了制度结构和代理之间的相互作用。例如,Henry Farrell (2009) 通过研究代理在哪些情况下采取行动进而促进了变迁来

---

① Thelen Kathleen, "Historical Institutionalism in Comparative Politics", in *Annual Reveiw of Political Science*, No. 2, 1999, pp. 369 – 404.

② Lewis Orion, Sven Steinmo, "How Institutions Evolve: Evolutionary Theory and Institutional Change", in *Polity*, Vol. 44, No. 3, 2012, pp. 314 – 339; Mahoney James, Kathleen Thelen, "How Historical Institutionalists Explain Change", in *Explaining Institutional Change: Ambiguity, Agency, and Power in Historical Institutionalism*, (eds.) James Mahoney and Kathleen Thelen, New York: Cambridge University Press, 2009; Streeck Wolfgang, *Re-forming Capitalism: Institutional Change in the German Political Economy*, New York, NY: Oxford University Press, 2009.

重点关注制度规则和代理战略之间的相互关系。① 一般来讲，理性选择学者已经提出了一套更为细致彻底的代理偏好和决策制定复杂性理论，部分原因是他们更习惯于代理交互和响应的制度刺激方式（I. Katznelson, B. R. Wringast, 2005; McDermott, Fowler, Smirnov, 2008）。② 在我看来，个人的理解和偏好与制度之间的相互作用是类似于"正反馈和负反馈"（Pierson, 2000）、"摩擦"（R. C. Lieberman, 2002）、"分层和转换"（Thelen, 2004），"非正式自适应制度"（Tsai, 2006）这些已经成为理解制度变迁的一般概念的核心所在。③

早期的比较主义学者研究了偏好的差别，同时暗示了不同的民主国家政策不同是因为这些国家的公民想要不同的结果（Almondand Verba）。这些学者本质上抵制更广泛的历史的和马克思主义的传统，他们相信至少在民主国家里，政府会对公民的偏好和观点作出回应。制度主义学者以及一些权力理论的理性选择学者对上述假设有异议。我们新制度主义学者认为政治和政策结果很少成为表达公众偏好的产品。更进一步，我们明确指出，公民的偏好很少是清晰的。事实上，甚至在民主国家，很难从政府追求的政策当中分离出来公民想要什么。

Farrell, Finemore, Blyth 指出了我们的历史制度主义传统的偏见：偏向"理念"的历史制度主义传统还没有成为研究的主流。或许这是因为历史制度主义学者还没有合适的工具或者方法去检验"理念"途径所

---

① Farrell Henry, *The Political Economy of Trust*: *Institutions, Interests and Inter-firmcooperation in Italy and Germany of Cambridge studies in comparative politics*, Cambridge, New York: Cambridge University Press, 2009.

② Katznelson Ira, Barry R. Weingast, *Preferences and Situations*: *Points of Intersection between Historical and Rational Choice Institutionalism*, New York: Russell Sage Foundation, 2005; McDermott Rose, James H. Fowler, Oleg Smirnov, "On the Evolutionary Origin of Prospect Theory Preferences", in *Journal of Politics*, Vol. 70, No. 2, 2008, pp. 335 – 350.

③ Pierson Paul, "Increasing Returns, Path Dependence, and the Study of Politics", in *American Political Science Review*, Vol. 94, No. 2, 2000, pp. 251 – 267; Thelen Kathleen A., *How Institutions Evolve*: *The Political Economy of Skills in Germany, Britain, the United States, and Japan*, of *Cambridge Studies in Comparative Politics*, Cambridge, New York: Cambridge University Press, 2004; Tsai Kellee S., "Adaptive Informal Institutions and Endogenous Institutional Change in China", in *World Politics*, Vol. 59, No. 1, 2006, p. 116.

倡导的基本命题。坦白讲，确实很讽刺的是行为主义和理性主义传统学者用这些方法去检验历史制度主义的基本观点——为了理解制度是怎样运作和变迁的，我们需要更好地理解构成这些制度的人们的信仰以及他们是如何行动的。

　　总之，为了检验理念和制度是相关的这一命题，我们需要审视黑盒子。在我们能够真正理解制度真实的运作，制度怎样变迁以及制度变迁为什么这么困难之前，我们需要更多地理解人们的思维（更确切地讲是人们的思想）。与其把参与者视为被制度结构限制和激励的理性决策者，我们更应该精确地探索制度和人们偏好之间的交互关系。将不同的研究传统和方法论结合起来，能够让我们更好地检验理念、利益和制度之间的动态关系，从而帮助我们更好理解不同文化和不同时期政策和偏好的变化。 CPS

《比较政治学研究》投稿须知

本刊热诚欢迎海内外作者投寄稿件或推荐优秀作品。为保证学术研究成果的原创性和严谨性，倡导良好的学术风气，推进学术规范建设，请作者赐稿时务必遵照本刊如下规定：

第一，所投稿件须系作者独立研究完成之作品，对他人知识产权有充分尊重，无任何违法、违纪和违反学术道德等内容。按学术研究规范和《比较政治学研究》编辑部的有关规定，认真核对引文、注释和文中使用的其他资料，确保引文、注释和相关资料准确无误。如使用转引资料，应实事求是注明转引出处。本刊采用页下注（脚注）方式，引文出处请遵照《〈比较政治学研究〉投稿格式》关于引文注释的规定。

第二，凡向本刊投稿，须同时承诺该文未一稿两投或多投，包括未局部改动后投寄其他报刊，并保证不会将该文主要观点或基本内容先于《比较政治学研究》在其他公开或内部出版物（包括期刊、报纸、专著、论文集、学生网站等）上发表。如未注明非专有许可，视为专有许可。

第三，所投稿件应遵守国家相关标准和出版物法规，如关于标点符号和数字使用的规范等。

第四，本刊整体版权属《比较政治学研究》编辑部所有，未经许可，不得以任何方式复制、选编。经许可需在其他出版物上发表或转载的，须特别注明"本文首发于《比较政治学研究》"字样。

第五，本刊实施编辑三级审稿与社外专家匿名审稿相结合的审稿制度。

第六，来稿论文要求格式规范、项目齐全，包括：文题（含英译）、作者姓名、工作单位、关键词、正文、专业学位、联系方式（含邮编）、电子信箱；研究论文需要提供200—300字的中、英文摘要和3—5个中、英文关键词。

第七，文稿请参照刊物版式。内容为简体横排，论文为5号宋体通栏，41字*40行；文章标题：要求简明、具体、确切，字号为四号黑体，居中，字数不应超过20字为宜，必要时可加副标题。正文：正文应先空两格，字号为五号宋体，行间距为单倍行距；文中小标题前后要空一格，字号为小四黑体。中文摘要：直接摘录文章中核心语句写成，具有独立性和自含性，字数应以150—200字为宜。"内容摘要"字样为黑体小五，冒号之后的部分为宋体小五。英文摘要（Abstract）：与中文摘要基本对应。中文关键词：选取3—8个反映文章最主要内容的术语，"关键词"字样为黑体小五，冒号之后的部分为宋体小五，多个关键词之间用分号隔开。英文关键词（Key Words）与中文关键词完全对应。中、英文摘要与关键词一并放于文后。注释：采用页下注的形式，注号为"①，②，③……"上标的形式，每页单独计算而不采取依次排序的方式，字号为小五宋体。

第八，译稿请附：（1）作者简介；（2）译者简介。

第九，为了进一步促进学术交流，便于和国际出版物接轨，积极推进编辑工作的规范化，本刊决定从2014年第6辑开始采用新的投稿格式，请来稿参考新的规定。

第十，本社有权对来稿做文字修改。

第十一，稿件一经采用，即付稿酬并寄样刊2册。

如违背上述规定，给《比较政治学研究》造成任何不良影响，作者自行承担全部责任，并接受编辑部所采取的相应措施予以警示，如：停发或追回稿费、书面批评、载名通报、禁止其作品在《比较政治学研究》上发表。

投稿联系邮箱：cpshnu@163.com

《比较政治学研究》投稿格式

为了进一步促进学术交流,便于和国际出版物接轨,积极推进编辑工作的规范化,本刊决定从 2014 年第 6 辑开始采用新的投稿格式。在采用通用的人文社会科学学术期刊注释规则的基础上,本刊特制定新的规定。

一、注释体例及标注位置

文献引证方式采用注释体例。

注释放置于当页下(脚注)。注释序号用①,②,③……标识,每页单独排序。正文中的注释序号统一置于包含引文的句子(有时候也可能是词或词组)或段落标点符号之后。

二、注释的标注格式

(一)非连续出版物

1. 著作

标注顺序:责任者与责任方式/文献题名/出版地点/出版社和出版年份/页码。

责任方式为著时,"著"可省略,其他责任方式不可省略。

引用翻译著作时,将译者作为第二责任者置于文献题名之后。

引用《马克思恩格斯全集》、《列宁全集》等经典著作应使用最新版本。

示例:

张小劲、景跃进:《比较政治学导论》,北京:中国人民大学出版社 2001 年版,第 84 页。

《马克思恩格斯全集》第 31 卷,北京:人民出版社 1998 年版,第 80 页。

2. 著作、文集的序言、引论、前言、后记

(1) 序言、前言作者与著作、文集责任者相同。

示例:

李鹏程:《当代文化哲学沉思》,北京:人民出版社 1994 年版,"序言",第 1 页。

(2) 序言有单独标题,可作为析出文献来标注。

示例:

黄仁宇:《为什么称为"中国大历史"?——中文版自序》,见《中国大历史》,北京:生活·读书·新知三联书店 1997 年版,第 2 页。

(二) 连续出版物

1. 期刊

标注顺序:责任者/文献题名/期刊名/年期(或卷期,出版年月)。

刊名与其他期刊相同,也可括注出版地点,附于刊名后,以示区别:同一种期刊有两个以上的版别时,引用时须注明版别。

示例:

王沪宁:《新政治功能:体制供给和秩序供给》,载《学术季刊》,1994 年第 2 期。

2. 报纸

标注顺序:责任者/篇名/报纸名称/出版年月日/版次。

示例:

《西南中委反对在宁召开五全会》,载《民国日报》(广州),1933 年 8 月 11 日,第 1 张第 4 版。

(三) 未刊文献:学位论文、会议论文等

标注顺序:责任者/文献标题/地点或学校/论文性质/文献形成时间/

页码。

示例:

李乐为:《公民社会与现代国家的建构研究》,华中师范大学硕士学位论文,2007年,第80页。

(四)电子文献:电子文献包括以数码方式记录的所有文献

标注项目与顺序:责任者/电子文献题名/获取和访问路径/访问时间。

示例:

黄宗智:《中国被忽视的非正规经济:现实与理论》,http://www.politics.fudan.edu.cn/view.php?id=2490(访问时间:2013年5月5日)。

(五)外文文献

1. 引证外文文献,原则上使用该语种通行的引证标注方式。

2. 本规范仅列举英文文献的标注方式如下:

(1)专著

标注顺序:责任者与责任方式/文献题名/出版地点/出版者/出版时间/页码。文献题名用斜体,出版地点后用英文冒号,其余各标注项目之间,用英文逗点隔开,下同。

示例:

Karen Henderson, Slovakia, *The Escape from Invisibility*, London and New York: Routledge, 2002, p. 81.

(2)译著

标注顺序:责任者/文献题名/译者/出版地点/出版者/出版时间/页码。

示例:

M. Polo, *The Travels of Marco Polo*, trans. by William Marsden, Hertfordshire: Cumberland House, 1997, pp. 55 – 88.

(3)期刊析出文献

标注顺序:责任者/析出文献题名/期刊名/卷册及出版时间/页码。

析出文献题名用英文引号标识,期刊名用斜体,下同。

示例:

Heath B. Chamberlain, "On the Search for Civil Society in China", *Modern China*, Vol. 19, No. 2, April 1993, pp. 199 – 215.

三、其他

(一)再次引证时的项目简化

同一文献再次引证时只需标注责任者、题名、页码,出版信息可以省略。

示例:

赵景深:《文坛忆旧》,第 24 页。

(二)间接引文的标注

间接引文通常以"参见"或"详见"等引领词引导,反映出与正文行文的呼应,标注时应注出具体参考引证的起止页码或章节。标注项目、顺序与格式同直接引文。

示例:

参见〔美〕塞缪尔·亨廷顿:《第三波——20 世纪后期民主化浪潮》,刘军宁译,上海:上海三联书店 1998 年版,第 3 章。

图书在版编目(CIP)数据

比较政治学研究. 第8辑 / 李路曲主编.
—北京：中央编译出版社，2015.9
ISBN 978-7-5117-2780-0

Ⅰ. ①比…
Ⅱ. ①李…
Ⅲ. ①比较政治学－研究
Ⅳ. ①D0

中国版本图书馆 CIP 数据核字(2015)第 219271 号

比较政治学研究. 第8辑

| 出 版 人：刘明清
| 出版统筹：董 巍
| 责任编辑：侯天保
| 责任印制：尹 珺
| 出版发行：中央编译出版社
| 地　　址：北京西城区车公庄大街乙 5 号鸿儒大厦 B 座(100044)
| 电　　话：(010)52612345(总编室)　(010)52612339(编辑室)
| (010)52612316(发行部)　(010)52612317(网络销售)
| (010)52612346(馆配部)　(010)66509618(读者服务部)
| 传　　真：(010)66515838
| 经　　销：全国新华书店
| 印　　刷：北京时捷印刷有限公司
| 开　　本：787 毫米×1092 毫米　1/16
| 字　　数：269 千字
| 印　　张：18.75
| 版　　次：2015 年 9 月第 1 版第 1 次印刷
| 定　　价：68.00 元

网　　址：www.cctphome.com　　邮　箱：cctp@cctphome.com
新浪微博：@中央编译出版社　　　微　信：中央编译出版社(ID：cctphome)
淘宝店铺：中央编译出版社直销店(http://shop108367160.taobao.com)
　　　　　(010)52612349

凡有印装质量问题，本社负责调换，电话：(010)55626985